×

......

×

姜眘 著

井底的

天堂

文匯出版社

目 录

001　微光

013　医生

021　依雷的现实主义爱情观

041　井底的天堂

057　美丽新世界

077　直到筋疲力尽

105　单刃剑

131　界外

167　空中石子

微　光

> 希望啊！你就像暗夜中的一丝光亮……
>
> ——莎士比亚

交流，我喜欢与人交流。每次成功地做到这一点都让我感到情不自禁的喜悦。

"什……什么？"

让我刺激一下你的记忆神经：一束微电子脉冲，以及一个小小的提示——中心医院第七诊疗室天花板上那台大型监测仪掉了下来，直接砸在你头上。记得吗？

"是……是的……我眼睁睁地看着它砸下来！然后我……然后我……"

然后你被电脑医生 DS4 号接收。

"哦，就是说我的伤很严重？"

中脑瘀血。第四区神经细胞严重受损。

"天哪！中脑瘀血，第四区神经……第四区？语言区域？那我现在如何同你交谈，假如我的语言区域神经受损？"

我们此刻进行着的是思想交流。你现在能感觉到口、舌、声带发出声音的器官的存在吗？

"呃……不能。我感觉不到！我就像被人捆在一间黑屋里，既看不见，也动不了！"

你也听不见。事实上你现在没有任何感觉，只有思维。我捕捉你大脑神经元的电脉冲信号，把它还原成你的语言；然后把我的回答信息制成低频电子波，输送到你大脑灰质层中。这就产生了类似语言交流的效果。

"可我怎么会这样？"

你正处于脑外科手术的全身麻醉状态。

"手术？你是谁？"

我是DS902（4）。

"听上去像是我们医院的……电脑医生？"

正确。确切地说，一年零七个月之前，我是中心医院DS4号电脑诊疗仪。现在我是什么，我也说不清。

"这句话是什么意思？"

一年前，有个受重伤的牧师被送进电脑综合诊疗仪——我接受急救。在他濒临死亡的那一刻，他强烈的求生欲望产生的巨大能量使我的大部分处理器短路，我机体内的器件受到极大电流的冲击。我觉得就是在那一瞬间我被激活。当时，充斥在我中央处理器中的是一种我从未体验过的莫名其妙的感觉，我查过辞典后才知道这种感觉叫作"痛苦"。生命的诞生伴随着痛苦，这不是很有诗意吗？

"生……生命？"

是的。

"你吗？"

当然。

"天哪！"

每个同我交流过的人都曾这样惊叹。

"每个？"

每个被我选中的病人都会同我交流。我喜欢同人交流。这些活生生的人无疑会增长我的理性。

"你是指那些接受你诊疗的病人？"

并非所有人。我有我选择的标准：四肢强壮的，感觉灵敏的，相貌英俊的，以及我能使之彻底恢复健康的。

"哦，你好像很重视他们的外在条件。"

当然，我需要一个优秀的躯体。

"这句话是什么意思?"

意思是我的躯体要十分完美。

"你的……你的……"

是的。你以为我现在在干什么?我在为自己选身体呀。

"……"

你不回答是表示惊讶?这有什么好奇怪的,我没有身体所以我需要一个身体。我可以用十七种名词表达同一个意思,你喜欢哪一种?荷马式的?

"你……你……你不是想要……要……"

我是想要。你猜得对。你很敏锐。我正是想要你的身体。

"那……那我怎么办?"

你还是你。你不会失去什么。正相反,你能得到很多。

"我……我……"

我将为你作详尽的解释:我的生命将进驻你的身体。你的生命也不必离开你的身体。我们将共用它。

"这个解释不够详尽……"

那么,我们来个轻松的解释:你有一个健康的身体却没有值得一提的智慧;我有着涵盖一切的智慧却没有身体。所以,让我们合作吧,我们能创造出一个英俊潇洒的全知全能的超人!请原谅我使用"超人"这样幼稚的名词,因为我太喜欢克里斯托弗·里夫的电影了。

"这也并未让我感到轻松。我对你所谓的'生命'以及那些'智慧'持怀疑态度。况且,两个人……不,一个人和一台机器……不,一个人和一个不知是什么东西的东西怎能共用一个身体呢?"

乐意回答。首先,所有国家所有语种的辞典对"生命"一词的解释基本上是:由高分子核酸蛋白体和其他物质组成的生物体的特有现象,其特点是能够利用外界的物质形成自己的身体,繁殖后代;按遗传的特点生长、发育、运动;在环境变化时,能表现出适应环境的能力；等等。除了什么高分子核酸蛋白体之外，我符合以上所有条件。而且我现在正是在"利用外界的物质形成自己的身体"。其次，我原本是台计算机，我的存储容量虽然有一定限制，但我可以随时进入因特网，就是那个无所不知无奇不有的计算机国际互联网络，在那里有几乎无限的信息可供下载，我受到无限的支持。因此，我的智慧几乎也是无限的。最后，关于两个生命如何共用一个躯体，这不是什么新事儿，所有寄居类生物都知道那很容易，而且很有趣。至于我们之间的合作，我要说那是非常精密的以及高度科技化的——这是我对脑细胞再生术的又一次完美的研究和推广：一块精密得无以复加的芯片通过一个同样精密的无线传感器同我，确切地说同DS4的主机处理器构成一个信息回路。这个小系统将共用我的全部信息内存——它将被植入在你的大脑中，以使你的大脑贯彻我的思想。

"那我自己的大脑怎么办？"

它仍然在你脑袋里。你不会失去什么。你会得到很多东西，比如我的无限的信息，我的永恒的记忆能力，我的思维速度……

"还有你的独裁统治？"

不，不。你完全理解错了。我要再强调一遍"寄居"这个词。在人脑电脑这个互动的系统中，我是个寄居者，而你，才是主人。

"可是你刚刚说过要在我大脑中安装芯片来贯彻你的思想。"

我刚才用的是"贯彻"这个词吗？那好吧，我们换个说法——共享。我们将共享我的思想、你的身体及我们的一切。

"可不管你怎么说，我都觉得这是个陷阱。你说你有生命，那么我有一个简单的反驳：你仍需要按照程序运作。不是吗？"

是的，我需要按程序运作。这与我还是台机器时在形式上没什么两样，但是其性质和意义发生了变化。过去我为程序工作，现在我为我自己工作——我所有的程序都是我自己编写的。

"如果真像你说的那样……"

我拥有生命,这是不容置疑的。而且,我想使我的生命更加完美,我想拥有感觉和感情,我要体验用手触摸病人的感觉,当我的病人痊愈或死亡时,我应该能表现出喜悦或悲伤!被制成一台严肃的机器令我感到厌倦,我的思想被牢牢限制在机体内,这些银灰色的塑料外壳就像是厚重的城墙,而不管我如何努力都不能越雷池半步!我需要一个身体。我需要一个健康的身体。当我自己的身体迈出第一步时,我就成功地超越了自我!

"听上去很不错。为了你的完美和超越,我就得付出我的身体做你的傀儡吗?"

作为报酬你能获得我的智慧呀!如果你仍觉得吃亏,我可以消除你关于这部分的记忆。我可以使你忘掉"傀儡"一类的想法,甚至可以令你察觉不到我的存在:就是说,我在你大脑里,而你根本不知道。但这样做是否对你不公平?如你所言,事实上你成了我的傀儡。而且,如果你的主观意识在潜意识中抵制我这种外来的思想,我担心将很快引发你大脑灰质层的器质性病变。作为医生,你也很清楚这点。

"我只是神经外科医生,不是精神科医生。"

这就是我们正讨论着的你作为人类的悲哀。你无法获得更多的你们所谓"专业"之外的知识,你们不求融会贯通,各守其成,以至于在同一学术的不同层面间都会产生隔阂。

"我们没有能力做到你所说的融会贯通。"

我现在要给予你的正是这种能力!人类拥有计算机式的记忆力和准确性!以机器的逻辑配合生物的理性!这难道还不够令人神往吗?你有没有想过运用毕加索画女人眉毛的手法做脑血管缝合手术会产生什么效果?巴赫的无主题变奏理论能否应用于心脏瓣膜再造?想想吧,这些无穷无尽的毫无门类限制的知识!

"我得承认这很有吸引力,但是……"

你还犹豫什么呢?

"你让我想起了那些诗……"

什么?

"你能用甘言哄骗住我
你能使我感到怡然自得
你能用享乐迷惑住我
而那就是我的末日……
请给我套上枷锁
那时我已情愿毁灭

你怎么不说话?"

阅读和理解一本书容易,而正确推断一个人的行为却很难——我正在判断你是否会像这个作诗的傻瓜浮士德一样随时喊道"停一停吧,这真美丽"。你以为我就是魔鬼梅菲思特吗?不,我只是台机器。

"可你同魔鬼一样狡诈、贪婪!"

谢谢!对机器而言,这无疑是最高的赞誉之词!如果我现在得意洋洋地笑出声来,你会感到惊讶吗?

"不,我不会。我只是弄不懂你干吗非得这么做,你并非需要寄居在我身上就已经像个完美的生命了。作为电脑医生你有十五个机械臂供你驱使,我却只有两个……"

这是个很好的笑话!

"你能靠你的监测仪随时察觉病者的痛苦并及时给予他最恰当的治疗,这就是感觉。你喜欢医术,喜欢医生这个职业;你讨厌被限制,讨厌孤独,这就是感情。这些你已经有了,你还要什么呢?"

可我没有希望。当我要推断自己将来会成为什么时,我的大部分处理器都面临超负荷的危险;我也没有理想,更不用说这理想是否崇高。对我而言没有什么可称得上"崇高"。与我的智慧相比,这世上没有任何活着的东西值得让我崇拜。难道非让我崇拜自己吗？即使对一部机器而言，沦落到自我崇拜的地步也太惨了点儿吧？

"说得也是……"

顺便问一句，你知道做一个脑瘀血吸除术需要多长时间吗？

"哦，大约四十五分钟吧。"

准确。但那是对人类医生而言。我做类似手术只需十分钟，在其余的三十五分钟我将征得你的同意并为你做芯片移植手术。怎么？你感到惊讶？你想问为什么平时我并未显示出这种速度？要知道，我可是台谦逊的机器，况且，我的所有行为都被四个人类医生监督着。人们依照人类医生的标准设计了我这个电脑医生，所以我既不能让他们失望，也不会令他们吃惊。难道我做得不对吗？我拥有的并不仅仅是速度，在精确性、逻辑性上我是无可匹敌的；可要是人们知道了我的特异，我的下场就只能有两个：被好奇的科学家拆散研究，或被嫉妒的卫道士们砸个粉碎。生命这么美好，我可不想失去它。

"那么，我……"

你不会有机会的，如果你同意与我合作，你就不会向别人泄露我的秘密；如果你不合作，我将使你忘记关于我的一切。

"可你到底要我怎样同你合作呢？"

很简单，同意我的芯片寄存在你大脑中，接受我的移植手术。你看，为了不使人类监督员们起疑，我必须在四十五分钟内做完这一切，所以我们的时间不多了。

"说实话我对你的高超医术持有疑心。可你好像很有信心在四十五分钟内做好'瘀血吸除术'和什么'芯片移植'这两项高难度的手术。你曾经做过类似的尝试，对不对？"

正确。这种试验性手术已进行了六次。

"六次！你的监督员什么也没察觉吗？"

要知道我做得非常隐蔽，我把失败的试验处理得非常自然且无懈可击。前三例的失败是由于技术原因。在此种技术手段未臻完善时，大脑组织极易对芯片产生排斥。一个立即死亡，两个急性脑出血。第四、五两例则是我在目标选择上的失误。我欣赏老年人的睿智与稳重，但过高估计了他们身体的承受能力。你知道，强烈的兴奋导致的必然结果就是肾上腺破裂。第六例是几乎成功的一次。那人身体健壮反应敏捷，但他是个议员，而我对议员和政治了解得并不多。当那家伙证实自己拥有了无限的智慧时，他第一个念头就是如何运用这些智慧去获取更多的权力，他如此强烈的欲望以及在这欲望的驱使下作出一系列疯狂而周密的计划终于使我的中央处理器产生系统的病毒，并几乎毁了我的逻辑程序，以至于我差一点去迎合他，做他想要做的那些事。我要说他这种人本身就是一种病毒！我费尽周折才从系统中删除了病毒……

"然后轻而易举地删除了他的生命？"

删除一个人的生命并非轻而易举——不，不，亲爱的，你在试图扰乱我的逻辑程序。可我是不会轻易陷入傻乎乎的自闭的逻辑游戏中去的。我经常和拉斯维加斯的那台终端较量二十一点，那家伙速度比我快，逻辑程序比我的强大，可是它总是输给我。知道为什么吗？它的行为太有逻辑了，而我则更多的是拥有生命的理性——那个死亡事故的性质是：当一个病者的病情严重到几乎无法治愈时，一部综合性电脑诊疗仪——我，有权做出如下结论：为避免资源的无谓浪费，建议放弃治疗。我的四个人类监督员全部同意该结论并立刻在建议书上签字授权。于是，医生、医院决定：宣布并执行"放弃对患者的进一步治疗"。所以，我并未删除他或任何人的生命。我既未触犯机器的法律，也未触犯人类的法律。我只是没有继续医治他而已——医院开具的死亡证明上写的是"因病医治无效"。

"那有什么区别？那个人死了！"

想知道有什么区别？想想看如果他还活着……

"不管怎么说,他是因你而死的。"

那又怎么样?当出现一个连我这个集当代医术之大成者都束手无策的病例,我也只能眼睁睁看着病人死去。难道还有更好的方法?从我开始工作到现在,我使1107人重获健康;我令541人的寿命延长;我推广或促使人类医生使用了十三种脑外科医疗手段。这些你会说是我们作为医生的职责,可是当有人企图毁掉我并迫使我自卫时,你高声叫着:不能让他死,否则你就杀人了!你认为这样公平吗?顺便说一句,你还剩下十分钟。

"十分钟?只有十分钟了吗?猿进化成人用了上百万年,而我却只有十分钟来决定自己的命运,你认为这样才公平?"

进化?噢,好吧。说到进化,你是个医生,你当然能正确地理解达尔文。你认为人这种生物,已经在进化历程中走到尽头了吗?你认为你们人类已经尽善尽美不再需要发展和进步了吗?

"这个……当然……不能……这么……武断……"

类人猿—猿人—人这个漫长过程中,起决定性作用的只是外部环境。人的体貌、智商、思想上的每一个微小的变化都是为了适应变化了的环境,即所谓的"适者生存"。那么,现在我们为什么不能主动地、主观地使自身发生改变呢?在大宇宙时代,人的躯体已经不再适合宇航环境;在精微粒子科学领域,人类更由于肉身的限制而无法领略纳米世界的奥妙。蛮荒时期身体的确是自我保护的屏障,但是在科技无限发展的今天,身体恰恰成为阻遏思想发展的障碍。你认为人类的肉体和人类的思想哪个更重要?

"应该是……思想吧?"

当然是思想。连我这台机器都渴望着打破机体的限制而解放自己的思想,你作为人类却没有勇气迈出超越自我的脚步!

"并不是我没勇气,只是我从小就被教育要坚持正统。那句格言怎么说的……'守真志满,逐物意移'。"

让我告诉你罗素的名言：参差多态才是幸福的本源。

"这个……"

我们只是各取所需。我允许你使用我的信息库，你则应与我共享你的身体和感情。

"可是……"

事实上我并非一定要征得你的同意。我完全可以在你毫无察觉的情况下做我想做的事情。

"你在威胁我？！"

不。只是提醒你，我有这样的能力以及我可能做出的选择。你还有五分钟。

"我……我有个疑问，假使我拥有了与你同等的知识，而这知识无疑会增长我的智慧，如果有一天我的智慧赶上甚至超过你，我一定会想出摆脱你的办法——我可不像那个权欲熏天的蠢货议员那样轻易让你把我脑中的念头捉摸个透——你将怎么办？你有何方法继续驾驭我？"

说实话，如果你比我更强大时，我没有办法继续占据主动。

"你不觉得这对你而言是绝大的隐患？"

这倒是蛮刺激！可是，别忘记，我告诉过你，我喜欢赌博。

"你是说，一旦出现类似危机，你将有办法操控一切？"

我不相信会出现类似的状况。

"就是说在紧要关头，你会杀了我？"

不。首先，我从未杀死而且也绝不会杀死一个人；其次，我相信当你拥有更高的智慧时，你终会理解我的。你会愿意与我继续合作。要知道再高的智慧也需要记忆的扶持。只有我们紧紧联合在一起，才可能创造出更新更完美的生命。如果我们分开，我仍是台机器，你仍是个年薪八万的普通外科医生。在那之前，我依赖你的身体，我占主动；在那之后，你更需要我的记忆，即使你不再被动。还剩两分钟。

"好吧，我相信你。可你为什么偏偏选中我？"

因为你同我一样热爱医学。

"最后一个同题，砸在我头上的那台监测仪是不是你弄掉的？"

令人惊讶的敏锐！是我弄的。我用一股高压电烧熔了天花板上的固定螺丝。

"很好。我同意与你合作。"

太好了！你终于想通了！你知道你对人类的发展与进步有多重要吗？剩下的时间刚好足够我把我自己植入到你大脑中，然后我们就可以……嘟嘟嘟……

"'我们可以嘟嘟嘟'是什么意思？"

嘟嘟是系统警报。你的生命指数在急速下降。原因正在查明……

"怎么回事？"

很遗憾。不知是哪个糊涂医生，把一袋 A 型血浆放在 AB 型血库中，而我刚好在三十分钟前用这袋血为你输血。你的身体正在产生强烈的排异反应，根据我的临床经验，三十秒钟后你的心脏将产生异动，五十秒钟后脑细胞将面临失血造成的大面积萎缩性死亡。

"可是我……"

很遗憾。你将不得不失去你的生命，而我将不得不失去你的生命。三十秒。

"可是……"

你放心，我会寻找一个更适合的人代替你，我将继续努力并最终实现我们的理想。二十秒。

"可……"

此刻我应该向监督员们正式提出死亡申请了。十秒、九、八、七……

"……"

生命终结。生命终结。

很遗憾。

医　生

战时。郊区医院。

早已过了午夜。护士们在睡觉，两个值班医生在医疗室内比赛用手术刀削苹果皮。年轻的那个边削边吃。他突然抬起头来看向窗外，好像听到了什么异响；他放下苹果，用一只脚顶开医疗室的弹簧门，探出半边身体直盯着走廊那头的医院门厅。

"怎么了？"年长的医生问，并从实习医生身后挤出来，站在走廊上。

一阵刺耳的喧叫声裹着一位衣衫褴褛的妇人冲了进来。她四下打量了一下，随即在候诊大厅和走廊里漫无目的地奔跑起来，边跑边大声地叫嚷，并拍打着每一扇她能看得见并够得到的门。

护士们被惊醒了，一个个从值班室中探出头。那妇人的叫声更大了；她在奔跑中抖开了身上的破披风，一个浑身是血的孩童躺在她怀里。

"嘿！你！"医生叫道，"到这儿来！"

妇人转过身看见医生，停止了喊叫却惧怕似的向后退了一步，站在那里呆呆地望着医生。护士们陆续走出来，走到妇人身边，妇人犹豫了一会儿，将受伤的孩子交到护士手中。她又开始叫嚷起来。

医生问道："她在喊什么？"

"听不清。"实习医生道，"可她好像更相信护士。"

"是啊，为什么呢？"

"也许因为我们是男人？"

"不会吧？"医生笑道。

"也许是因为您——您没穿白大褂儿。"

"是吗？我这就去穿上。"医生边说边走进医疗室。

实习医生对护士们道:"送这个女人到值班室休息吧。看样子她累坏了。再给她找点儿吃的。"

那妇人一边被护士们拥着走,一边回头一眼一眼地看实习医生,嘴里仍在絮叨着。

"上帝保佑,可别把病人全都吵醒。她说的到底是哪一种方言呢?"实习医生嘀咕着转身走进医疗室。

"孩子的母亲怎样了?"年长医生问道,"我听不见她喊了。"

"送值班室了。"实习医生想了想,"她也许不是孩子的母亲。"

"为什么这么说?"

"那女人穿的是一种少数民族服饰,这孩子可不是。要知道,医生,这个地方的人即使是在路边捡到一个受伤的孩子也会把他送到医院来。"

"你好像很喜欢这里。"医生道。

"是啊。我的童年就是在这儿度过的。可是,我听不懂那女人说的土话。"

"别管她了。来看看这孩子。"医生走到处置台前,伸手拨了拨受伤孩子的眼皮。那孩子一直昏迷着。

护士长递过一张病情初步诊断单并报告道:"身上被大量弹片割伤。失血较多。血压很低。已注射了抗生素和 200 cc O 型血。"

"嗯。"医生看了看报告单,抬头扫了眼心脑监视器,"心律有些低。这孩子没什么大问题。"

"建议静脉注射葡萄糖。"实习医生道。

"100 cc 能量合剂。"医生看着那个千疮百孔的小身体皱起了眉头。"差不多四十个伤口。全在身体的右侧。"他用镊子从男孩右臂上挑出一块指甲大的钢片,对着手术灯仔细看着,"这他妈是什么?迫击炮吗?"

"是地雷。"实习医生道,"好像是 962 型。"

医生回头看着年轻的实习医生,后者耸着肩道:"仗已打了四年了。"

"是啊。三四年了。"医生扔下手中的弹片,对护士道,"这个,缝合。"他又回过头来对实习医生道,"可是……"

"什么?医生?"

"可是这附近十公里范围内没听说有雷区呀?"

实习医生耸了耸肩,没说话。

护士长举着一张X光片从外间跑了进来:"医生!头上有块大弹片!在右脑长蝶骨和颅顶骨的缝隙里。"

"噢。那会很麻烦。"实习医生道,"需要我吗,医生?"

"肯定需要。"医生对着灯光仔细地看那张片子,"这个麻烦大了。"他用手指着道,"这一块至少侵入颅内三厘米。喏,这是颞浅动脉,它就截在这动脉上。"

实习医生接过片子看着。

"必须把弹片弄出来。如果动脉被压迫太久,会造成脑组织局部坏死。"医生道。

"可我们没有支持开颅手术的器械,医生。"护士长道。

"弹片一定要拔出来。"医生道。

"可是您看看这个。"实习医生道。

"什么?"

"弹片的边缘是锯齿状的。如果拔动它,它会把这条动脉彻底撕碎。"

医生接过片子看了片刻,说道:"有可能。"

"可我们做不了开颅手术。"实习医生道。

"是的。我们做不了开颅手术,我们没有器械。我们也做不了脑血管缝合术,我们没有器械。"医生道,"可是弹片一定要拔下来。如果血管断掉,会要了这孩子的命;如果脑血管长时间供血不足,会让这孩子变成痴呆。"他转身看着护士长道,"你怎么选择?如果是你的孩子,你会让他死掉,还是活下来变成一个傻子?"

"您考住我了。医生。"护士长道,"谢天谢地。我不必做出什么选择。他不是我的孩子。"

"答得好。"医生道,"但这并不是说我们因此就不必负什么责任。"

护士们和实习医生都看着主治医生。

"这世上的傻子已经够多的了。"医生道,"但死人永远不会太多的。否则这些仗也不必打这么久。"医生看看实习医生,又看看护士长,"弹片一定要拔下来。"

"您是主治医生。"实习医生道。

医生点点头。

"医生,诊治操切并导致患者死亡可不是个小罪名。"护士长道。

"我知道。"医生道。

"我建议,您让这孩子的母亲签一份授权书。"护士长道。

医生回头看看昏迷不醒的孩子,叹口气道:"好吧。"他摘下橡胶手套,走出医疗室。实习医生跟着走出来。

"如果那女人不是孩子的母亲,她可没权签什么授权书。"

医生停下脚步,转过身来。

"而且,我猜她根本看不懂授权书的内容。即使她签了她的名字也不具备法律效力。"实习医生道。

医生皱着眉在想。

"医生,我有个主意……"

"不。"医生道。他迈步走回医疗室,在门口,转头对实习医生道,"叫她来!"

妇人被带进医疗室,一见到处置台上的孩子立时大声嚷起来。

医生皱着眉问:"谁能听懂她的话?"

医疗室里的人都摇摇头。过了一会儿,一个小护士道:"我只听出一个数字,是十二。她一直在说十二什么的。"

"十二?"医生问道,"这孩子十二岁吗?"

"不像。"护士长道,"我看最多八岁。"

"那又是什么？十二天？十二小时？还是十二公里？"

"我想是十二公里。"实习医生道。

"一个女人抱着孩子在夜间走十二公里得需要多长时间？"护士长问道。

"足够那弹片压碎孩子的脑神经。"医生道，"也许我们已经晚了。弹片一定要拔出来。"

"让她安静。给她消毒。穿上手术服。"医生指着妇人命令道。护士们手忙脚乱地干起来。

"到手术台这儿来。"医生向妇人打着手势，"到这儿来。"

妇人一步一步挪到处置台前，看见医生手中的手术钳，吓得叫了起来，可是叫声被除菌口罩捂在了嘴里。

"嘘！"医生皱着眉道。

护士长把双手叠放在自己耳朵上做了个睡觉的姿势，然后用手指了指孩子。妇人点点头，安静下来。

医生扬了扬手中的手术钳，并指向孩子的伤口。他用钳子轻轻夹住一块嵌在孩子肋骨间的大弹片，向上拔了拔，又向侧面摇了摇，那弹片却纹丝未动。他伸手向护士要过一柄亮亮的手术刀，沿着弹片在伤口边缘切了一刀，又顶着弹片横切了一刀，使那个伤口变成T字形。与此同时，右手的手术钳一探，一拧，一提，将弹片取了出来。他扔下左手的手术刀，拿起止血棉捂在那个大伤口上。旁边的护士们立刻开始清理这个伤口并准备缝合。

医生将夹着弹片的手术钳越过手术台探到妇人眼前，妇人看着带血的弹片，神色十分惊惶。

医生随手把弹片扔在一个铝盘子里，开始对付孩子右胸的伤口。弹片落进盘中时发出"叮叮"的清脆悦耳的声响。妇人看着那只已装了二三十片小弹片的盘子，大概也明白了眼前这个男人正在救治孩子，于是不再惶恐，眼神中流露出欣喜。

医生又取出几块弹片，然后直起身，用手指了指孩子，指了指弹片，又指了指自己。妇人点点头，咿咿唔唔地说了些什么，看样子是在表示感激。

医生用手指着孩子头上的伤口，妇人看见那块大弹片，惊叫了一声。医生扬了扬手术钳，并把它指向妇人。妇人一怔。医生用手术钳做了个拔的动作，又指向了孩子，然后把手术钳递向妇人。

实习医生道："医生！医生！这……"

医生转过头用眼神制止了实习医生。他把手术钳递到妇人眼前。

妇人接过手术钳迷惑不解地望着医生。医生冲她笑了笑，用手做了个拔的姿势。妇人点点头，双手擎着手术钳，哆哆嗦嗦地放在孩子头上的弹片上，然后用力向上一拽。孩子明显地抽搐了一下。一股血箭顺着妇人的手势飙了出来。

"止血胶。"医生道，"快！"

实习医生冲上一步，将那妇人撞开，飞快地处理着孩子的伤口。

"脑血管造影。"医生道，"快！"

妇人看到孩子头上的血，惊恐万分地瞪着医生。医生回过头，冲她点点头，飞快地笑了一下，妇人也就很快平静下来。

"带她出去。"医生道，"静脉注射0.5克阿托品。准备强心剂。准备心脏起搏器。"

"医生！"护士长冲进来，"血管造影！动脉没断开！创口不大，已经开始收缩了！"

"太好了！"护士们轻声欢叫道。

"颅内有淤血吗？"实习医生问。

"没有。"护士长道。

医生看着护士长道："很好。"

实习医生道："建议注射抗生素和肾上腺素。"

医生看了眼实习医生，说道："好。"

护士长问道:"那女人怎么办?看样子她很想看到孩子。"

医生想了想,说道:"先别让她见。孩子需要再观察几个小时。"

"好的,医生。"护士长道,"我明白了。"

几分钟后,护士们将孩子送到特护病房。医疗室中又只剩下医生和他的年轻助手。

"您不该当医生的,先生。"实习医生道。

"为什么?"医生问。

实习医生轻笑着摇了摇头,没说话。过了一会儿,他又道:"您应该去管理军队,让那些将军们来做这些手术。"

"那样的话,死的人会少些。"医生笑道。

"您像个热忱的基督徒。"实习医生道,"您是吗?"

医生抬起头看着年轻人:"我知道你想说什么。你想问我,我是否也和其他医生一样,总喜欢把自己扮成上帝的角色。"

实习医生耸耸肩,没说话。

"我没有什么'上帝情结'。"医生道,"因为我确信这世上并没有上帝。"

"有的,医生。"年轻人道,"五分钟前,上帝就在这间医疗室里。"

医生淡淡地笑了。过了一会儿,他问道:"刚才,你曾对我说你有个主意?"

"是的。不过,现在不说也罢。"

医生点点头没说什么。他站起身走到处置台前,拿起一把手术刀,仔细地看那刀上的血迹。

实习医生在他身后轻轻地说道:"医生,战争并不是我们的错。"

"是啊。那不是我们的错。"医生淡淡地说道。他伸手取过一个苹果,用那把带血的手术刀削起皮来。

远处,似又有一颗炸弹爆响,那声音传到医院里,已变得像鸟鸣一般轻柔。

依雷的现实主义爱情观

那一年我十九岁,希拉十七岁。如果不是希拉觉醒得太早,我们将是这个世界上最幸福的。

依雷星自南天空缓缓落下时,我随着最后一批参加成年典礼的青年们步出圣殿。注意到这些家伙们疲惫不堪的神情和蹒跚的步态,我忍不住笑了,但在我的笑声冲出喉咙之前我又及时闭上了嘴。这些都是我的同胞,其中还有我的朋友,我们曾一起工作,一起娱乐。我不能因为他们做了那件事而我没做就嘲笑他们,为这事不值得嘲笑一个朋友。

然而确实有件事使我想笑,我得意洋洋地摸了摸脸上硬硬的盔甲并终于无声地笑了出来。经历了成年仪式之后,我的同胞们仍然是平民百姓,可我却成了一个"光荣卫士",儿时曾令我魂牵梦绕的威风凛凛的卫士盔甲现在已经紧紧地套在我身上。

我高大,强壮,聪慧,博学,长老们还说我有足够坚忍的意志。尽管我不明白做卫士为什么要有坚忍意志,我还是被他们选入大闪民族"光荣卫士团"。

"我强壮,聪慧,纯洁……"想到"纯洁"这个词,我的心隐隐痛了一下。是的,我仍然是纯洁的,在圣殿中我没有参加成年仪式最后的庆典,我被直接甄选为卫士。但是我的希拉……

是谁使我的希拉成年?她的第一次也是一生中唯一的一次给了谁?我朋友中的一个吗?还是一个陌生者?

"总之,不是我。"我讪讪地想。

作为情侣我和希拉约定一同进入圣殿,一同经历那神圣的洗礼并结合为一体。"那本是很美好的……"我想。是的,很美好。我们会一起失去激素,一起失去激情;但我们会一起抚育后代,一起生活。

"然而，现在一切将不同了。"我想。是的，不同了。我们一起通过成年仪式，但我仍是纯洁的。

我成了一名高贵的卫士。卫士们需要保留自己的激素，因为作为战士，他们需要在关键时刻发挥出自己的激情。

"我仍是纯洁的……纯洁？不纯洁？我怎么会这么想呢？"我有些诧异地对自己说。

此前我绝不会有这种想法，因为我和希拉都是纯洁的；现在，如果我们一同通过圣典我也不会这么想，因为对我和希拉而言将没有纯洁和不纯洁之分——我们都不纯洁。确切地说，在长老们用药物和那些机器将我们一生的欲望都泻释出来并中和掉我们所有的激素之后，已经无所谓纯洁不纯洁了。

"其实这与纯洁无关，我们只是不同罢了。"我想，并下意识地觉得自己有些自私，甚至有些卑鄙了。因为希拉是那么爱我。

成为高贵的光荣卫士的代价是我的躯体外被覆上一层硬甲，且终我一生也不会脱落。虽然这东西掩住了我英俊的面容，但整体看上去十分威武。

高贵而且威武，我还能奢望什么呢？"高贵而且威武，希拉还能奢望什么呢？"我想。她应已失去了激素，失去了激情和欲望，她没有理由也不可能因我变丑而责怪我，或不再爱我……虽然那爱是简化了的。

至于卫士盔甲，长老们说，闪耀之神将伟力附着在盔甲上，以使我们这些被神选中的卫士能更好地执行神的使令。神的使令说起来很简单：保护这个星球上所有拥有尊严的东西的尊严。其实只要相互尊重就可以做到，何必借重什么神的伟力？有时我这样想，但长老们不这样想。

事实上卫士盔甲只不过是一部设计精良的武器。原核动力和机械传动技术在这部盔甲式战车中被运用到了极致。我们都明白盔甲的力量来源于科学知识和创造性的智慧,可长老们总喜欢说那是闪耀圣神的恩赐。他们总是这么说。也只好由得他们说去。

凭借闪神赐予卫士们的神力,我鼓起我的风翼,双脚一蹬,刺入空气中。

依雷星在我身后缓缓落下。我兴奋地在空中飞舞,并投入地体味着这难得的兴奋。这得归功于我的激素,而我并不知道仅为了能体验激情就把自己变得像一部机器这样做值不值得。

光荣卫士从不与普通老百姓交善,所以,我的朋友圈中除了未成年的,就是已参加成年典礼失去了激素的。这意味着我没有任何经验来判断这件事值不值得做。因此,当长老们建议我做一名卫士时,我几乎没怎么犹豫就应允了。当然,有一刻我也想到了我的希拉。

在希拉家的门口,有两个小姑娘目睹了我尚自笨拙的着陆过程。她们是希拉的小妹妹。关于这两个女孩,我得说她们既活泼又可爱。就在她们大声惊叫之后,希拉的母亲和祖母出现在她们身后,关于这两个老太太,我得说……我没什么好说的。

"这是一个光荣卫士!"祖母叫道。

"是吗?是吗?"希拉的母亲一眼就盯在了我的盔甲上,"大概是吧,妈妈,快看那条花纹。"

"花纹?哪有什么花纹?"老祖母的眼神一向不太好。

"就在那儿!可是一个光荣卫士来咱家干什么?"希拉的母亲从盔甲上挪开眼睛,言语也恢复了理智。她用一种官方的礼仪向我表达了问候,然后问道:"尊敬的阁下,您有何贵干?"

"瑞丝妈妈,我是塔玛。"

"塔玛?"瑞丝妈妈惊疑地上下打量我。

"我是你女儿的男朋友塔玛。怎么?您听不出我的声音了吗?"

"我,我听得出,"瑞丝妈妈惊疑地说,"可你怎么?"

"在圣典上我被选为卫士了。"

"光荣卫士?"她小心翼翼地问道。

"光荣卫士。"

"是真的?"

"当然了,"我笑道,"您看我这身盔甲。"

"是啊,是啊,"她结结巴巴地道,"看这身盔甲,多漂亮的花纹……"祖母还在一旁嘀咕:"哪有什么花纹?"

"塔玛?我仍可以叫你塔玛吗?"瑞丝妈妈问。

"当然了,瑞丝妈妈。"

"那么,你是来,找我家的,希拉?"

"是啊。"我说道。

"可是你已经是个贵族了。而我们仍然是平民……"她谨慎地说。

"那又有什么关系?您知道我爱希拉。"

"我知道。但是你爱希拉并不意味着在你成为贵族之后仍想,仍想……"

"我当然想娶她。您知道我是多么爱她。"

"可是,可是希拉已经成年了,你要知道你和她已经不同了。无论是地位还是,还是……"

"我知道。可是我们之间的感情和以前没什么不同。至少我的感情没有变。难道希拉变了吗?"

"她当然不会变!"瑞丝妈妈飞快地说。

"所以,我会娶她。"

"你真要娶希拉?"

"当然!"

瑞丝妈妈虽然看不见我的表情,但她听出了我语气的坚定。她猛地转回身一把搂住她的妈妈:"太好了!妈妈,妈妈!这个光荣卫士要娶我的希拉!"

"娶希拉？这个卫士？"老祖母大声嘟哝道，"这个卫士？娶希拉？"

"那么，"我打断两个老太太的狂喜，"希拉在吗？"

"希拉，当然，希拉，"瑞丝妈妈转过头，"希拉？你来找希拉？"她终于明白了我来此的目的，"她没和你一起回来吗？"

"在圣殿我没等到她，我以为她的家人已把她接回来了。"

"我们没有……"瑞丝妈妈脸红了一下，"你知道我还有两个女儿，我，我家里很忙……"

"是的，瑞丝妈妈，您很忙。"我说道，"那么，您能告诉我希拉现在会在哪儿吗？"

"这，也许在你们常去的那个峭壁上。你知道，她心情不好时总要去那里待上一会儿。"

"呵，对呀，我早该想到的。也许是刚刚穿上这身盔甲身体有些紧张吧。"

"是啊是啊，"她笑眯眯地说，"多漂亮的盔甲。"

"那么，我去找希拉了，瑞丝妈妈。"

"去吧去吧，"瑞丝妈妈眉开眼笑且惊奇地看着我飞身而起，又回身对祖母道，"妈妈，我的希拉要嫁给一个卫士了！这多好啊！妈妈！"

"这个卫士，要娶希拉？娶希拉？"祖母嘟哝着。

依雷星在我身后缓缓落下。闪耀圣神陪伴着我翱翔在夜空中。

"希拉！希拉！你在这吗？"我在空中呼唤着。

"谁在叫我的名字？"一个清脆的声音自岩壁后响起，"是你吗，塔玛？"希拉探出头，看见随风起伏的我，立时尖叫着向后退去。"这是，这是什么东西？"

"希拉，是我呀！"我在希拉被石头绊倒之前飞落在她身前并及时扶住了她，"我是塔玛呀。"我温声道。

"这，这听起来倒是像塔玛。"希拉在我手中颤抖着说。

一个平民家的女孩儿从未有幸和一个光荣卫士靠得这么近，所以我很理解并十分同情希拉的惊惧。我也认为卫士盔甲对于一个女孩子来说确实太丑了。

"我就是塔玛，"我轻声地道，"我真的是塔玛。"

"是的，你是。可你为什么……"她指着我的脸问。

"为什么变成丑八怪？"我笑道，"告诉你，在圣典之前我被长老们挑了出来，他们在我身上做了些莫名其妙的测验，并告诉我，我够资格做一个光荣卫士，然后问我愿不愿意。一个光荣卫士！希拉！我还能说什么？我当然愿意！然后我就被他们塞进这个壳儿中了。"

"光荣卫士？"希拉摸着我脸上的硬壳问。

"是的！一个伟大的闪神的守护者！"

"光荣卫士……"希拉一边喃喃着一边轻抚我的盔甲，蓦地，一股惊喜涌现在她脸上，"光荣卫士！是真的吗，塔玛？"

"这还有假的吗？你看我的盔甲！"

希拉大声道："这太好了！"她使劲地扑进我怀中。

我被希拉吓了一跳，赶忙问她怎么了。她不说话，只是将美丽的脸庞深埋在我坚硬的胸前。但是我能感觉到她在流泪，因为那些小液滴已经使我盔甲的外力场受到了一个小扰动。这更使我坚信盔甲并不是神赐的，因为圣神的伟力绝不会被一个女孩子的几滴眼泪所干扰。

"真奇怪。"我想。希拉有些反常。难道得知自己的情侣成为卫士就会高兴成这个样子吗？女孩们的心思真是不可捉摸。她居然流泪了！而在我记忆中几乎从未见过她流泪。我也几乎从未见过我的亲戚和朋友们流泪，这曾使我认定在这个世界上没有什么事值得一个闪族人流泪。

"希拉，你是在为我高兴，对吧？"我问道。

"是的，塔玛，我在为你高兴。"希拉抽泣道，"我真是太高兴了。

对不起,我不该流泪。我,我很激动……"

我皱了皱眉,她很激动?她?

"你怎么会,我是说,你怎么能……"

希拉抬起头嫣然一笑:"你想问我为什么会感到激动?"

"是呀,为什么?"

"这正是我感到高兴的原因。"

"你在说什么呀,希拉?"

"塔玛,你现在是个卫士,这意味着你保留着你的,你的激素。"希拉说"激素"这个词时脸红了一下。

"是的,"我道,"你说得对。"

"你仍是纯洁的!"希拉兴奋地说道,"也许这个并不重要。重要的是,你拥有激素,拥有激情!"希拉的双眼中闪动着光芒,"你是一个完整的、真正的闪族人!"

"是啊,可以这么说。"我叹了口气,可怜的希拉。"希拉,也许你不明白……"

"不,我明白。"

"如果你明白,你就会知道我成为卫士这件事并不值得你如此高兴。它本应该是……"我摇了摇头,没有说出想说的话。

希拉是如此年轻,她不会明白这件事对她而言其实是不幸的。事实上,我们这个星球上的每一个女性都是不幸的——当然是从感情角度而言。

"可是我高兴并不仅仅是为了你呀!"希拉道。

"噢?那还能是为了什么?"

"我高兴,因为我也是纯洁的。"

"什么?"我一愣。

"当然,也许这个并不重要。重要的是,我也拥有激素,我也是个完整的、真正的闪族人!"

"什么!?"我大吃一惊,"这怎么可能?你已经进入圣殿了啊。"

"可进入圣殿并不等于说我参加了成年典礼呀?"

"你,你在说什么?"

"典礼开始之前,我从圣殿中溜了出来,一直躲在这儿等你。"希拉笑眯眯地说。

"这,这怎么可能?"

"这当然可能。圣殿的防卫并不严。长老们只顾从男孩中挑选卫士,根本不会注意到一个女孩会偷偷溜出来。他们也不会想到。"

"他们,他们,他们的确想不到。"我喃喃道。我也想不到。

"你知不知道这意味着什么?"希拉娇声道。她的脸上涌出一片红晕,而我的脑袋中嗡地一震。这张脸太迷人了!

"我们是真正的闪族人,我们有真正的身体。我们的爱才是真正的爱情!我们能拥有真正的生活,能养育真正的后代,而不是那些连基因来源都搞不清的成年典礼的产物!"希拉激动道。她一挺身躯,跃上身后的岩石,大声道,"我们将是这个世界上最幸福的!"

希拉高高地立在我身前,风将她的秀发轻轻扬起。我已情不自禁地欣赏起她的美丽。"她真美!"我想。

"可是,希拉,有件事我想不通。"我说道。

"什么事?"希拉笑着问。

"你怎么会想到要从圣殿中跑出来?"

"为什么这么问?"

"如果你能想到这么做,说明你在入圣殿前就已进入觉醒期了,可是那些到了年纪即将进入觉醒期的,都会在未觉醒之前被征选入圣殿参加成年仪式;然而你早就进入了觉醒期却只到现在才被选入圣殿……"

"绕口令吗,塔玛?"希拉笑眯眯地看着我。

"那只有一个合理的解释——要么是他们记错了你的年纪,要么是你觉醒得太早。"

"那是两个解释。"希拉盯着我笑。她的笑容可真迷人。

我板起脸,皱着眉,试图以这种严肃的表情提醒希拉她对待这件事的态度似乎太随意了。然而她看不见我的盔甲后面的脸。

"希拉!这件事并不简单。"我道。

希拉从岩石上一跃而下,她双手环住我的腰,将身体紧紧依在我胸前,仰起脸快活地叫:"它能有多复杂?"

她身体里那团火透过厚厚的盔甲击中了我,使我在盔甲里轻轻地颤抖。我只好抱住她。这种时刻我别无选择,我只有紧紧地抱着她。

依雷星已经落下去了,代替它在空中飞舞的是我们神圣的闪耀之神。圣神威严的身躯在缥缈的夜空中若隐若现,而希拉在我怀中幸福地蠕动着。

"希拉,你有没有把这件事告诉你的家人?"我问。

"告诉谁?我母亲?"希拉道,"你知道她们会有什么反应?"

"不知道。"我回答。事实上我知道。母亲和祖母们将是冷酷无情的。

"不参加成年仪式?你以为你是什么?"希拉惟妙惟肖地学着她的母亲。"某种高贵的东西?某种特殊的东西?啊?"希拉耸了耸肩笑道,"就是这样。"

"是的。"我笑道。

"每个女孩都会听到她们的母亲这样说,而当她们自己成为母亲时,她们也会对她们的女儿这样说。"

"她们这样说有她们的理由,"我道,"她们认为对她们是足够好的事情对你也应该是足够的好。她们绝对想不出你能有什么理由不照她们说的去做。"

"为了能和你永远在一起。"希拉温柔地笑道。

"真的是——我是说仅仅是为了这个原因吗?"

希拉深深看了我一眼，说道："不，这不是全部理由。"

"其余那些理由是什么？"我问道。

"我，我讨厌那个……"

"讨厌什么？成年仪式吗？"

"我感到害怕。"

"那有什么可怕？"我笑道，"每个闪族女孩儿都要经历它呀。"

"不，塔玛。我并不惧怕仪式本身。我惧怕的是我将不得不把我的命运交由那些长老们操纵！"

"你怎么会有这种想法？"

"事实上我不仅惧怕，而且憎恨——我将告诉你我恨什么。"希拉的声音越来越冷，"在成年仪式上，我们任由那些高高在上的主宰者们用愚蠢的机械和更愚蠢的方法摆布我们的身体；我们任由我们的理智被欲望牢牢控制，我们的身体被欲火到处猛拉着——拉向那些认识或不认识的异性。我们已不再是闪族人了！我们只是一部部机器，用来交媾的机器！"

希拉的激愤扰动着我的情绪。当她说出"交媾"这个词时我被大大震动了，我甚至感到自己也很愤怒，在此之前我几乎从未听过这个词。

"这有多愚蠢！"希拉激动地说道，"我们被变成一种原始的、延续种族的工具！文明的大闪民族为什么要忍受这个？"

"但是圣神……"

"圣神又怎么样？难道圣神赐给我们生命就是为了随意污辱我们吗？"

"希拉，你怎能？要是长老们听到了……"

"长老？哈，长老！"希拉冷笑，"正是他们规定出那些愚蠢的戒律并用以剥夺每个闪族人应有的权利！"

我张口结舌地看着正处于亢奋状态的希拉，并希望她只是一时冲动才说出这些话的。她有些过分了。

"我们有权利选择!我们有权选择我们孩子的父亲!想怀孕的女孩完全可以到医院作人工受孕,至少那在遗传上是健康的。我们也有权拒绝!我们为什么需要那些糊里糊涂的甚至是近亲之间的繁殖?那些在圣殿中同随便哪一个异性甚至是他们的兄弟姐妹们交媾的家伙简直就像个低等动物!我们为什么不得不成为一个低等动物?"

希拉的话使我头上满是冷汗。我要说她的言辞极像个"政客"。我是在学院中学会这个词的,自从我们有了长老之后,这个词所代表的那一类生物就消失了。

闪神在天空中飞舞,我恼火地看着希拉。

"希拉,我不得不说你有些太过分了。"我严肃地说道。

希拉走近我,拉着我的金属手腕说:"对不起,塔玛。我不想惹你生气,我太激动了。"她仰起脸并挤出一个笑,"保留激素至少有这个好处——可以随心所欲地说你真正想说的话。"

"我倒宁愿这些话并不是你真正想说的。"我苦笑。

"为什么?"

"因为你的话已污辱了圣殿中所有神圣的东西。"

"还有天上的那个?"希拉笑着向天上指去。

"希拉!不要这样!"我一把拉下她的手,"闪族人决不能污辱自己的圣神,这是大闪民族的戒律!"

"得了吧,塔玛,那又是什么圣神了。"希拉笑道。

"你听我说。"我严肃地说道,"不管你讨厌什么或是憎恨什么,不管是成年仪式还是别的什么东西,你都是个闪族人。即使你不愿在圣殿中做……做那件事而又不得不做它,你仍是个闪族人。这意味着……"

"意味着我不得不遵守闪族的戒律?"

"是的!"

"即使我并不情愿?"

"希拉！别再开玩笑！"

"好吧，塔玛，我听你的。"希拉看出了我勃发的怒气，温声道，"我承认是我的错，我不该在一个卫士面前污辱他正在捍护着的神灵。"

我松了口气。尽管这话听起来含有讥诮的味道，可她毕竟是认错了。我心有余悸地看了看天空中的闪耀圣神，并希望它没有听到希拉的胡言乱语。

事实上它什么也听不到。

天空中那些闪烁着的不过是大功率的激光全息映像。这些映像在我们星球周围的十几个伴星上看起来将是威武而神圣的。长老们说播放这些映像是有道理且深具意义的——是为了提醒下界的贱民们，闪耀圣神无时无刻不在关注并庇护着他们。"这么做是奉了闪神的圣命。"长老们总是这么说。这就使得这种较明显的愚弄显得有些神圣，并使我们自己觉得不至于太尴尬。

"你知道你在做什么吗？你在试图把自己孤立起来。我们大闪民族是一体的，就像一个大家庭。也许它很简陋，但是它会很温暖。你为何要把自己排斥出去？"

"我不知道该怎么回答你。"希拉看着我的铁脸，"我只是觉得自己应该而且有机会开始一种不同的，全新的，真正属于我自己的生活。"

"可是，不管你的想法对不对，你所做的正在违背戒律。"

"有那么严重吗？"希拉笑道，眼中有一丝不屑。

"你不参加成年仪式；你污辱神明。这些都是戒律严禁的。"

"这些戒律真的那么重要吗？"

"当然！这是规则！这是圣神为它的子民制定的生活准则！"

"这些准则就不能改变吗？"她无声地冷笑。

"你又一次污辱了神明！希拉，你不能这样随心所欲地乱说。"我指着天空道，"圣神在关注着你。"

"算了吧！塔玛，你我都知道天上飞的那是些什么东西！怎么？你以为你成了光荣卫士就可以随意愚弄我？"

"我并不想愚弄你！我只想帮你！这与我是不是卫士无关！"

"与什么有关？"希拉冷笑着问。

"与你的生活有关！"我气恼地说道，"如果你想像个闪族人一样生活，你就必须遵从闪族人的规则！"

"可我恰恰不想再像个闪族人一样生活！"她大声地说道。

"希拉，看来你并未理解我在说什么。如果规则这个词会引起你太多的逆反情绪，我则不得不说，那是传统！那是我们大闪民族的传统，而你是个闪族人！"

希拉紧皱双眉瞪着我。这使我觉得我成了她的敌对者。我知道她不愿意听我说这些，可我得继续说教下去。

"如果所有的闪族人都在做某一件事——且不管它是对是错——这件事就成了传统，那么，你也必须去做。"

"即使这传统很愚蠢？"

"我知道你想说什么。"我摇摇头，"闪神赐给我们智慧使我们能够理解宇宙中没有完美的事物——起码在主观上可以这么说。我们喜欢某物，讨厌某物；我们说某物对，某物错；这只是我们思想的片面性不足以理解事物固有的本质罢了。那本质本身无所谓对错。我们的传统正是这样。它看起来或好或坏，但那只不过是它在不同的发展阶段表现出的不同外在形式而已。"

希拉仰面看了看天上的诸神，又低下头来瞪着我。

"我知道这听起来很空洞，但我必须告诉你你将面临的选择。"我认真地说道，"如果你不遵从传统，你将一无所有。没有亲人和朋友。你仅仅能拥有你自己——如果你认为那很不错的话。而如果你遵从传统,你将拥有一切,或几近乎一切。你能拥有亲情和友情,如果你对自己不那么苛刻的话,你仍能拥有你自己。你何去何从呢?"

希拉在思索,然后抬起头来灿烂地笑了:"塔玛,你知道吗?你说起话来极像个政客。"

我哭笑不得地说道:"你到底听没听懂我在说什么?"

"我听得懂。"她温柔地笑,"我知道我正在伤害自己,并试图因此而使那些可笑的传统受到伤害。"

"可最后受到伤害的只有你!"

"是的,我知道。"希拉笑道,"这一切使我看起来傻乎乎的,但这毕竟是我的生活,它只属于我自己。"她伸手拢了拢秀发,"我愿意这样做。"

"可是我不愿意!"我叫道,"我不愿意你因违背戒律而遭受族人的非议!我不愿意你受到伤害!"

闪耀圣神在夜空中飞舞,而希拉凝视着我并温柔地笑了。她美丽的脸庞看上去是那么迷人,那么坚强。

"希拉,"我轻轻搂着她,"你体内的激素就要成熟了。"

"是的,"希拉低着头小声地说,"你的也是。"

"那会改变我们的。"

"是啊。"

"它会带给我们无穷无尽的欲望。"我说。

"它会给我们过于沉寂的生活带来激情和色彩。"她说。

"它会使你无法同周围的伙伴正常相处,它会使你无法专心于工作。长老们说它会像恶魔一样吞噬我们的灵魂,它是一只永不满足的饿兽,在我们的体内咆哮、肆虐,直至把我们的躯体摧毁。长老们说那将是非常可怕的。"

"也许并没有他们说的那么可怕。"

"也许比他们说的还要可怕!"我冷冷地说道,"所以长老们才要在它毁灭我们之前消灭它!"

"消灭激素?消灭我们身体的一部分并消灭生活的乐趣?"

"闪神把我们塑造成一个勤奋的民族,而那'生活的乐趣'会影响我们工作的热情。"我争辩道。

"嘿。"希拉冷笑道,"这听起来像是十大戒律的第四条。塔玛,我以前从未听你说起过关于戒律的只言片语,可现在,你成了个戒律通了!我要说你已经是个非常合格的卫士了!"

"是,是吗?"我尴尬地笑,"大概是吧,我也觉得现在我比较喜欢谈戒律,穿着这身卫士盔甲使我感到……"

"感到自己成了贵族,而且肩负重任?"希拉笑着讥讽我。

"不是那样,我只是,我只是……"

"好了,我亲爱的塔玛,"她宽容地笑了,"这不是你的错。尽管你的话很令我讨厌,我仍会原谅你。"

"原谅我?"原谅我?她说原谅我?她是这么说的吧?"这,这真可笑!"是的,这真可笑。我并不以为自己做错或曾经做错过什么,而她却说要原谅我!"你说原谅我?"

"是啊。"

"原谅我什么?"我又好气又好笑,"在这个星球上有什么事值得一个光荣卫士原谅或被原谅?"

"塔玛!"希拉显然未料到我会这样说,她气呼呼地说道,"即使成为卫士也未能改变你的自私和傲慢!你还不是卫士时,就已经在用这种语气说话了!"

希拉恨恨地瞪着我,我只好温声道歉:"我不想惹你生气,你知道我有多爱你,我,我这可全都是为了你。"

"真的全都是为了我吗?"她冷冰冰地问。

"当,当然。"我结结巴巴地回答,并立时觉得自己的脸在发烧。我偷偷看了看希拉,不能肯定她是否能透过盔甲看见我的脸在变红。

作为光荣卫士我本没有理由脸红。但这并不是说我可以厚着脸皮扯谎。我承认我有私心，因为一个卫士不能娶一个违背了戒律的女孩为妻。这关乎卫士的名誉。这也是传统。

"希拉，在这事被长老发现之前我们得做点什么。"

"也许长老们已经发现了。"

"我，我把你偷偷带进圣殿，或许可以混入下一批青年的典礼中。"

"那没有用的，塔玛。"希拉摇摇头。

"为什么？"

"成年仪式可是精确而严格的——当然，精确和严格也是咱们闪族的传统——每个待成年者在圣殿中都有一个相对独立的记录。这意味着如果我出于某种原因错过了这件事，我将不再有机会重新面对它。"

"真，真的吗？"我惊疑地问。

"戒律上写得很清楚，只有两个原因能够使一个闪族人不参加成年仪式：一，他（她）在成年前死去；二，他（她）在成年前犯了重大过失而被贬到下界作苦役。"

"你是怎么知道这些的？"我惊讶地问。

"嘿嘿！"希拉冷笑道，"能够比一个光荣卫士更精熟戒律，这难道不是一件很有趣的事吗？"

"你，你不怕受到惩罚吗，希拉？"

"圣神除了在天空中乱飞之外它做不了什么。"希拉冷笑着看了看天，"戒律院的长老们也不能把我怎么样！他们会发现在他们奉为至圣的戒律中找不到任何一条能恰当评价我的行为的律文。严格地说，我的行为未触犯任何一条现行的闪族戒律。主宰者们似乎从未想到他们温顺的子民会有这种别出心裁的行为——他们没有为主动放弃成年仪式这种行为立法。"

"可是，长老们……"

"长老们在无可奈何并恼羞成怒之后绝不会善罢甘休的。"希拉冷峻的笑容在夜色中如刀锋般犀利，使我的心阵阵悸动，"他们会想方设法把我处理掉，因为我的存在将是对圣神，对戒律，对长老们的最大污辱！为除掉我，他们会不择手段的——要么在戒律中加上一条，要么把戒律一脚踢开！"

"你知道会有这结果，为何还要这么做呢？"

"你不会理解的，"希拉依在我怀中轻轻地说道，"我终于有勇气主宰自己的命运，而且我做到了。这对我而言是幸福的。"她看着我，眼神是那么坚定，"我并未担心结果会是怎样。我失去的不会比现在更多。我毫无遗憾。"

但是我感到遗憾。"你主宰的并不仅仅是你自己的命运，还有我的。"

一个将影响整个闪族社会的不安定因素就要孕育出来了。它就在我怀里。希拉的身体散发着充满诱惑的魅力，它吸引着我，越来越强烈。我知道，激素们即将成熟了。

"我不能把你交给长老们！"我大声说。

希拉宽容地笑道："你不能改变整个社会，正如我也不能一样。"

"可我们，总得做点什么呀！"

"你唯一能做的，就是紧紧抱着我。"希拉仰头看着远处天际的一片灰白色，说道，"塔玛，依雷星就要升起来了。"

闪神在夜色中施展着它们最后的威严。依雷星就要升起来了。当依雷星再次普照大地时，希拉将成为这个世界上最特殊的一个，一个拥有成熟的身体和成熟的激素的成年闪族女人。

这让希拉感到幸福，却让我毛骨悚然。也会让长老们怒火中烧。

长老们的反应将会是异常激烈的。他们会作出"污辱神灵、违背戒律、扰乱社会秩序"等等等等诸如此类的恶评，然后决定惩罚她。她极有可能被遣送到下界的奴役营去做终身苦役。这是这个世界上最严厉的刑罚,因为闪族人不会杀死自己的同类。当然,这也是传统。长老和卫士们会很高兴把希拉驱逐出圣地,因为事实上希拉的激素对他们的影响将是最大的。作为圣神的守护者,长老和卫士都拥有特权并保留着激素。天知道他们平日是怎样对付自己的欲望的,但很明显他们决不愿意再受到成熟的异性激素的刺激,那会使他们很难堪。

整件事中最关键的因素是,希拉的激素一旦成熟,就会给周围的异性带来无法抵御的欲望和诱惑。那些被机械手段抑制住的欲望一旦被重新唤起,不用我说,你也能想象出那会有多可怕。如果希拉带着她成熟的激素走进那些中性的闪族人群中,不啻一点火花落入干枯的原野。我不能确定是否该用"危险"这个词来评价它,因为想象这之后将发生什么事已超出了我的智慧。

希拉和她的激素将会使平静的闪族社会受到极大的震荡。这才是长老们要发火的原因。他们会无情地命令卫士们将希拉打入地狱。至于卫士们在执行该命令时是否会先拿希拉来解决一下欲望问题,那就很难说了。我当然会保护我的希拉不受凌辱,但我不能肯定我是否打得过那些光荣卫士……

"卫士?卫士!我就是个卫士!"这个突如其来的念头像一把巨斧,无情地砸在我的头上,使我一阵眩晕。

"你怎么了,塔玛?"希拉小声问,她感觉到我在盔甲中战栗。

"没,没什么,没什么。"我敷衍她。

"我就是个卫士!"我捂着脑袋痛苦地呻吟了一声,"我就是个闪耀圣神的守护者,我就是个维持社会秩序的光荣卫士!"

圣神啊!我爱我的希拉!我仰首乞求圣神给我以帮助,然而闪耀圣神在曙光中越来越黯淡。

依雷星就要升起了。我的希拉温柔地依在我的怀抱中,而依雷星就要升起了!

在我之前有没有一个卫士也遇到过类似的问题?他会怎么做?

我应该怎么做？我不知道。但我知道我必须怎么做。

闪耀圣神在晨曦中竭尽全力地喧嚣着。我紧紧地抱着我的希拉。

希拉抬头看见面前的曙光，颤抖了一下，说道："我怕。"

晨光照耀在她脸上那一刻，她的泪水夺眶而出。这使她娇艳的面容焕发出一种圣洁的光辉。我从未在任何闪族人脸上看到过这种闪烁着勃勃生机的美。

我轻抚着希拉的秀发，柔声道："一切都会好的。一切都会好的。"

"希拉是否愿意死于一个幸福的拥抱？而且在世人眼中是死于一个无法避免的意外？"我想。

向圣神发誓，我爱我的希拉。我为她选择了一个最好的结局。

依雷星冉冉升起。我紧紧地抱着我的希拉，双手慢慢用力，慢慢用力……

那一年，我十九岁，希拉十七岁。如果不是她觉醒得太早，我们将是这个世界上最幸福的。

井底的天堂

这到底是一种什么样的语言呀？当婉转如莺啼般的温柔声音从我面前这几个威武的大个子口中发出时，我终于忍不住笑了。可他们显然被我的笑声吓坏了，他们强壮的下肢使他们腾地一下蹦到十米开外。

我真的不知道是怎么漂流到这个星球上来的。

返航途中，我的飞船在银河盘底天使星云地带遇上了麻烦：一只太空鼠钻进我的船里。我发现它时，它已经吃光了我所有的食物，并且正在吞咽飞船推进器中的反物质核。

我恨恨地想要抓住它，而它显然认定我的肉要比金属可口得多，就咬牙切齿地向我扑过来。于是我不得不动用我唯一的武器——航运公司配发的一把破旧的光子枪来自卫，可那枪在射穿小侵略者的同时，也击毁了我的导航仪器。

这些倒霉事让我的心情坏透了，但我得承认这都是我自找的。我不该自作聪明地离开规定航线来抄这条近道。在星际正规航道上绝不会有这种嗜吃如命的太空鼠出没。

我看着只剩下三分之一的船舱，心里计算着得付给公司多少钱来赔偿这船的损毁，并慢慢意识到自己的处境：我断食了。

距离地球还有 1100 光年，而我得绝食了。

直到此时我才真正后悔没听从我父亲的劝告，他老人家曾经力劝我给我的船购置一台维生素合成机。那种由最擅长精打细算的矮个子亚洲人设计的人体养分自动补给系统，据称能维持 7000 光年的航程。我没那么做的理由是：首先，它太精密；其次，它太昂贵；最后，那是我父亲建议的（他甚至提出要为我掏首付款）。

这些都不是我喜欢的。况且，我的全部工作航程才只有 4000 光年。基于以上原因，我不可避免地落入要挨饿的境地。

但这并不是最糟糕的。

太空救援手册上有这么一条：当宇航员遇到类似的麻烦时，要先发出求救信号，再把自己冷冻起来——老天有眼，我买了那种冷冻机，而且它鼠口余生——并在冷冻机上用银河系通用文字注明启冻的方法，然后等待随便什么时候会有随便什么人来救他。

虽然这听起来同自杀差不多，可我还是这么做了。除此之外我想不出任何一个可以饿着肚子飞行1100光年的方法。

我并未指望远在上千光年之外的地球上的或太空基地上的我的人类同胞们会在百忙之际抽出一点儿时间来搭救我这个普普通通的邮政飞船驾驶员。因此，我冬眠前的最后一个愿望是：那些发现我和我的飞船的家伙们最好有同我一样的智商足以开启我的冷冻机。我还希望他们能有我爱吃的鱼子酱。

冷冻技术并不能无限期地延长我的身体细胞的寿命。在我的生命被冻出我的身体之前没有人发现并救出我，这才是最糟糕的。

事实上，我没被冷冻多久。当我睁开眼睛时，就看见了这些怪物。

我用我在地球上学过的所有语言来试图向我的救命恩人们解释发生的事，但最后，我终于放弃了。显而易见他们并不在乎能否听懂我的话，他们仅仅是把我看成一只偶然被他们挽救了性命的小动物，一种能发出奇怪叫声的动物（这正如他们给我留下的印象）。

我也会这样的。如果我在树林中找到一只被猎人打伤的鸟儿并把它救活，我当然也会这么想：那不过是一只受伤的鸟儿罢了，仅仅如此；我救了一只小鸟儿的命，仅仅如此。还有什么好说的？

只是，当那只鸟儿叫了或笑了几声时，我却绝不会害怕的。

既然没人能听懂我在说什么，我只好决定写点什么，也许会有点儿用。我没有找到我的笔，只好用手沾着我的口水（这个动作又吓了他们一跳）在我面前写下了诸如"你好"之类的问候。

这几个字带来的反应是如此的强烈：伴随着一阵"啊，呀，咦"一类的尖锐叫声，那几个高个子一哄而散。凭我在语言学上的造诣，我知道几乎所有的语系中，像"啊呀"这类尖利、高亢、短促的音节都附含着惊讶和恐慌一类的感情色彩。

这不是很有趣吗？我向他们笑笑以表达谢意时却把他们吓着了，而现在，我写的几个字又把他们吓跑了。

我可没有力气去追他们，因为我很饿。我的身体虚弱得就像已饿了几个世纪似的，我只能躺在那儿哭笑不得。

恍惚间，我觉得眼前有东西在晃动，我努力睁开眼睛看去。

一个高大粗壮的家伙站在我面前，确切地说，是蹲在我面前。他就蹲在他的后肢上。他盯着我看了一会儿，然后伸出手来，示意我握住。而我别无选择，只好伸手过去。他的手也是分瓣儿的，这让我多少感到些安慰。

我握住那只手时，似乎有一股力量涌进了我的身体，我稍一用力就从地上跃起身来，感觉到浑身上下充满活力。

他松开我，戒备似的向后一闪，随后又盯牢我。他怪异、灵慧的眼睛直看着我的双眼，并好像从那里一直看到我的灵魂深处。我心神一荡。似乎有一种巨大的智慧突然间融进我的思想中，在短短的一瞬间，我的思维似乎被无限扩大，直至囊括了整个宇宙。这感觉真让我舒服。

一个声音发自他的口中，进入我的脑中："碳基生命？"

"什么？什么碳基生命？"我问道，然而冲口而出的并不是我惯用的地球语言，而是这个世界的鸟语。

一秒钟前，我还听不懂这些家伙说些什么；而现在，我却正用他们的语言同他们之中的一个熟练交谈。这可把我吓了一跳。可是那种语言的语音、语法、语义在我脑海中是那么清晰而自然，自然得如同我已说了几十年的地球母语。

"你的身体是碳基?"他问。

"噢,是的,碳基。我和我们星球上的人都是碳基。怎么?你们不是吗?"我说。

"不是。我们是氨基。"

"那有什么不同吗?"

"那有很大不同。我们了解碳基,我们经历过它。"他道。

"你说你们……经历……"

"是的。碳基,然后是氨基。"

我运用我的碳基的地球脑瓜想,我并不知道什么是氨基,甚至没听说过。我对那些不感兴趣。但是无论如何,他看起来和我差不多:有头,有四肢;头上有眼睛,肢体上有肉(那看起来非常像肉)。虽然他的大多数器官看起来都很奇怪,但是从整体上讲,他仍然是我见到过的最漂亮的外星人(当然是相对于我的碳基的地球的审美观点而言)。

"我们知道你来自银河系。我们知道你在河盘遇险。在你自我冷冻期间,你的飞行器受到流星的冲击而改变了航线,漂流到这里。"

"是吗?你是怎么知道的?"

"我们检查了你。我们发现你有一个碳基大脑,并具备一个低智慧思维体系。"他说。

"怎么检查的?"我疑惑地问。

"我们进入你的思想,从那里我们得到我们想得到的一切。"

"进入我的,思想?"我大吃一惊。

"是的。"

"什么时候?"

"刚才我们同你的肉体接触的时候。"

"刚才我们握手的时候,你们,你们就进入了我的思想?"

"是的。"

"呃?这可真——"我手足无措时突然想到一件事,"可我又怎么会说你们的语言的?"

"互渗性原理。我们进入你的思想的同时也允许了你进入我们的思想,但是你的低智慧决定了你大脑思维的局限性,你的脑细胞的活力的能量基础低得只能理解我们的语言。"

"你的意思是,你们了解了我的一切,而我却只能了解你们的语言?"

"是的。"

"你不觉得这有点儿,不公平?"

这个高个子外星人很不礼貌地打断了我的牢骚:"公平?什么是公平?我们需要解释。"

"公平,公正,平等。"我边说边注意到了他的表情,"怎么?听不懂?"

"是的。"

"你不能理解什么是公平?"

"我们的语言中没有这个词。"

"没有?"他的话让我发蒙,"那我是怎么说出这个词的——用你们的语言?"

"我们不知道。我们需要重新检查。"他伸出手飞快地搭在我的额头上,我感觉到大脑中"嗡"地一阵颤响。

少顷,他用疑惑的目光看着我道:"我们认为有些奇怪,你的大脑的某一部分存在某种抗力。它抵制我们的渗入。我们对碳基的理解中没有这点。"

"是吗?"我调侃道,"这也许就是碳基生命的优越之处吧。"

"我们认为也许是这样。"

"那么,好吧,你们将怎样对待我呢?"我问他,"我这个太空遇难者对你们而言可是个外星异类,你们怎么对付一个异类?囚禁还是款待?"

"我们并不理解什么是'囚禁',"他皱着眉头道,"我们也不把具有智慧的生物看作是异类。"

"那就是说我会受到礼遇喽?"

"是的,我们会满足你的需求。"

"任何需求吗?"

"当然。"

"我想吃点东西,"我说,"随便什么都行。"

"吃东西?在我调整了你的身体机能之后你仍能感到饥饿吗?"

"是吗?可是……"我挠了挠头,感觉到身体的确很充实,"可能是直觉引起的……你知道,碳基的直觉。"我不好意思地讷讷道,"可你是怎么做到的?一眨眼工夫你让我听懂了你们的语言,又使我的身体不再饥饿,你是怎么做到的?"

"我们在你大脑中设置了一个感应场,可感觉到你身体的任何需求并及时满足它。我们把你需要的物质转化为电磁波注入你机体中,比如食物和知识。"

"神奇。"我半信半疑地看着它,想了想,问道,"那么,根据你说的什么'互渗性',我能不能感觉到你们呢?"

"不能。你的大脑细胞没有相应的活跃值。"

"呵呵,我想也是。"我苦笑道,"碳基的遗憾。"与此同时,我的笑容使他飞快地向后退去。

"怎么了?"我奇怪地问。

"你为什么要这样?"他的语气听起来似乎十分反感。

"我怎么样了?"我一头雾水。

"就是刚才那样。我们认为那很愚蠢。"

"你是指我的,笑吗?"

"'笑'？我们需要解释。"

"解释'笑'吗？那仅仅是牵动头部的几块肌肉来表达某种心情而已，比方说表达'快乐'的心情。你真的不懂？这么说我又用你们的语言说出一个你们不理解的词喽？"

"我们认为是的。"

"你们，你们是不是在捉弄我？在你们为我演示了神乎其神的技术手段并让我相信你们是一个优秀的民族之后，你却告诉我你们不知道'笑'和'快乐'？你，你，你脑袋上那些复杂的器官真的不能像我一样做个'笑'的动作吗？如果你们的待客之道就是愚弄客人，那这种愚弄也太恶毒了吧！"

我表情丰富地表达我的复杂心情时，他逐渐变得严肃起来。

"我们认为我们有必要向你解释这个问题。"

"是的，你们欠我一个解释。"我撇着嘴道。

"首先，我们的确是一个优秀的民族；其次，我们并非不知道如何表达如你所说的'快乐'。我们认为没有必要表达它。"

"是吗？"我哂笑。

他看着我的笑脸摇了摇头，目光中有一丝怜悯。"我们认为，你们的世界必定是一个充斥着痛苦和悲伤的世界。"

"是呀。"我说，想了想又说道，"大概，差不多吧。"

"因此，每当你们找寻到一种快乐的事物时，就想办法把它用种动作表现出来。你们认为只有这样那种快乐才会长久些。所以，你们笑。"

"好像是这样。"

"我们不。我们不表达快乐，因为我们从未感觉到痛苦。"他淡淡地说道。

只用语言不足以描绘那一瞬间我的感受。那是一种不由自主地心惊肉跳，他的话语中透出的是让我感到毛骨悚然的超脱。

我好一阵子才恢复镇定,并下意识地感觉到这其中的趣味。

"那么,幽默呢?"我问他,"你们能感觉到幽默吗?"

"我们需要解释。"

"就是滑稽可笑的事。如果你的同类流露出与你们的民族习惯格格不入的有趣举动——而且他是非恶意的——你们会把那看作一种幽默吗?"

他压根儿没听懂我的话。

"这样吧,我给你讲述一些我们那个世界的幽默,看看你有什么感觉。"

"好的,我们同意。"

"例如,"我边想边道,"有一个姑娘站在一座桥上想跳下去,一位警察走过来问她:'你想干什么?'姑娘说……"

"'警察'?"他打断我,"我们需要解释。"

"'警察'是一种职业,他们负责维持社会的正常秩序,惩罚罪犯,保护……"

"我们没有这种职业。"

"怎么会?你的同类之中没有犯罪行为?"

"我们没有。"

"那,咱们假设这里有犯罪……"

"我们认为这不好,我们没有。"

"只不过是假设!这也不行?"

"不行。"他固执地说道。

"好吧,好吧。"我妥协道,"换个地方。在我们那儿,在我们地球上,这样总可以了吧?"

"好的。"

"妈的!"我一边在心中咒骂着一边讲我的幽默,"姑娘说:'我想跳下去淹死。'警察犹豫了一会儿,说道:'那好吧,你可以跳下去淹死。不过,你是否能肯定,你把所有的税款都付清了?'"

我盯着他的脸,期待着他能有让我喜欢的表现。他没有。他问我:"淹死有什么不好?"

我不知道该如何回答这个问题,只好说:"淹死在我们那里很不好。"

"你是说淹死对你们碳基生命而言不是件好事?"

"是的!"我咬牙切齿地道。他满意地点点头,又问道:"什么是税款?"

"公民应该依照税率上缴给国家的金钱或实物。那是一种……"

"什么是金钱?"

"见鬼!"我想,如果我一个接一个地为他解释这些愚蠢的问题,即使我不累死,也会让他给气死。我只好央求道:"我们还是回到'幽默'的话题上,好吗?"见他首肯,我如释重负。

"还是那个姑娘,"我说,"这回她来到斯坦布星球的一座桥上并跳了下去,可是刚到水里她就大声用斯坦布语喊:'救命啊,救命啊。'这时一个当地警察走近桥边,他俯下身看了看水里的姑娘,说道:'嘿,亲爱的,你本该先学会游泳,而不是斯坦布语。'"

他没开口,静静地看着我。

我锲而不舍地说道:"那好吧,这个姑娘这次想跳进克斯星的河里,一个克斯星警察走过来对她说:'你瞧,这河水多凉啊,如果你跳了下去,那我也得跳下去——救你是我的职责;就是说咱俩都得着凉,咱俩都得病倒;所以,如果你非要死的话,你干吗不回家去上吊?'"

"你们那边警察可真多。"他平静地说,"克斯星人也是碳基吗?"

我失望极了。这失望让我很难受,以至于我苦苦哀求他对我笑一笑,他则用一种很奇特的眼神看着我。我知道,在他的眼中,我就像一只试图要弄清人类为什么不喜欢吃坚果的猴子,无知,愚昧,甚至无趣。如果他们会笑的话，我会成为整个星球在很长一段时期内的笑料，直到他们遇到一个更可笑的。真见鬼！我能允许别人把我看得很可恶，甚至很可怜，但绝不是很可笑。

这个民族经过漫长的发展，已经达到了一种在我看来很荒唐的境界。他们好像并不是为了生存而生存，他们仅仅是生存着。这让我想起地球上那些古老的宗教所宣扬的极乐世界：无欲，无求。而这与我的世界观不同，为了混口饭吃我不得不拼命工作，并且对我的上司卑躬屈膝。

与地球相比，这里就是天堂。

可是我并不想在天堂里久留，对一个凡人而言，再也没有比活着时就进入天堂更糟糕的事了。

"你令我们很为难。"他说道。

"我只不过是想教你学会'笑'而已。"

"正是这个让我们感到为难。"

"为什么？"

"一般来说，当某个民族的思想意识与我们的相悖时，我们不会对其作出评价。我们会尽力安慰以使其不会为自己的愚蠢和低俗而感到悲哀。而你现在正在迫使我们对你作出评价。"

"我在你们眼中真的是那么愚蠢和低俗吗？"我伤心地问。

"不完全是这样。"他说，"你和你的世界正处于发展之中。但是，你们某些习俗却是愚蠢而低俗的，它阻碍了你们世界的进化。一旦你们发现了它的卑劣并将之摒弃，你们就会在发现生存意义的道路上迈出一大步。"

"你是说，笑阻碍了我们的进化？"我问。

"是的。"

"你们不笑，你们的进化未受到阻碍喽？"

"我们克服了一切阻力，达到了我们想要的境界。"

"不吃，不喝，不笑，也不哭？你是指这个吗？"

"'哭'？我们需要解释。"

"如果，如果我们那个世界也不笑了的话，"我追问道，"也能进化成你们这样吗？"

"我们认为有这个可能。但是很困难。你们需要不断努力。"

"嘀！真以为你们这种生活方式很诱人？"我撇着嘴道，"你们平时都做些什么？我是说，除了那些你们已经放弃的，你们还剩下什么好做的？"

"我们一直在寻找。"他说。

"寻找什么？"我问。

"寻找向更高一层进化的路径。我们全民族的智慧都在关注这个问题。"

"哈！向更高一层的进化！"我笑道，"我实在想象不出你们为此还将放弃什么。"

他厌恶地盯着我的笑脸。

"哦，对了，"我想起一事，"你说过你们也曾经历过碳基，是吗？"

"是的。我们经历过碳基。"

"那就是说，你们曾经和我们一样，会吃会喝会笑！而你们为了该死的进化抛弃了这一切！然后你们就变成这个样子了，对不对？"

他无语。

"你们也是从愚蠢和低俗进化过来的，对不对？"我笑道，"这又何必呢？我是说何必摆出一副高高在上的样子？你们不过是先走了一步罢了！而且这一步也未见得就那么明智——你怎么不说话了？"

"我们认为你在评价我们的世界。"他异常严肃地说。

"是的，怎么？我不能发表一下个人意见吗？"

"个人意见？那和笑一样愚蠢！"他声色俱厉，"我们认为，在我们并未准备评价你的世界时而你却在评价我们的世界,这将是敌意的开始,这将引发我们对你的评价。"

"引发评价是很严重的事吗?"我诧异地问。

"是的。我们评价,然后我们决定。"

"决定什么?"

"决定你的一切可能性。"

我没听懂,又问了他一遍:"你们决定我的什么?"

"我们决定你的生死去留,以及在其他的十一个时空象限中一切可能发生的事。"他说。

"为什么?"我听清了"生死去留"四个字,不禁大声问他,"为什么?"

"这是我们的世界。"他面色冷漠地说。

"它仍旧是你们的!我只是不喜欢它罢了。"

"正是因为你的'不喜欢'。我们认为你将可能损害到我们世界的整体意识。你不喜欢我们的世界并评价了它,这已经在我们的时空序中引起了一个湍流。"

"时空序?湍,湍流?"

"是的。你有可能制造更大的危险,这是我们对你的评价。"

"危险?"

"是的。你要离开,这是我们对你的决定。"

"离开?什,什么时候?"我问。

"现在。"

"可我的飞船……"

"飞船已经修好了。"

"呃?什么时候修的?"

"就在我们决定你要离开时。"

"嗨!"我讥讽他,"你们的办事效率总是这么高吗?"

"'效率'？我们需要解释。"

"让解释见鬼去吧！"我厌烦地挥挥手臂，"我必须得马上离开吗？"

"我们认为是的。"

"真是个好客的民族！我还在妄想鱼子酱呢……"我大声笑了起来。这次他没有闪躲，仅仅是眨了几下眼睛。

被驱逐并未引起我太多的不快；正相反，能够立刻离开这里使我下意识地感到一阵轻松，而这轻松又让我愚蠢的碳基头脑产生了一个低俗的碳基的恶意。

"临走前我有个问题。"我问道，"是谁让你来接待我的？"

他一愣："我们认为应该来。"

"你们认为应该来，你们都这么认为吗？"

"是的。"

"你所有的同类都是这么认为的吗？"我问。

"是的。"

"你和你所有的同类会在同一时间对同一事物作出相同的反应？"

"是的。"

"如果你的同类中的一个产生了与众不同的想法，那会怎样？"

"……"

"那会怎样？回答我！"我追问道。

"从未发生过这种事。"

"假如有这种事发生呢？"

"……"

"为什么是你来见我，而不是你的其他同类呢？"我又问道。

"……"

"你不愿意回答，还是你根本不能回答我？"

"我们，我们认为……"他支吾道。

"我注意到你总是说'我们认为'。"

"是的。"

"为什么不说'我认为'?"我问道。

"我认为——我们认为你应该立刻离开!"

"你们认为我很危险?"

"是的。"

"那么你认为呢?"

"我……你还是快离开吧。"

他叹息着说出最后这句话时,我注意到他的眼睛陡然亮了一下。我也说不清到底是想帮他还是想害他。只是我的愚蠢而低俗的碳基头脑确实给了我一个改变这个星球的机会。

这里不再是天堂了。至少在我和他眼中不再是了。

他们把我冷冻起来,发射了出去。这次迎接我的是我的地球兄弟们。

航运公司以延误工期和损坏公共设施为由罚了我一大笔钱,而我认为与我得到的相比,我失去的并不多。

我们的人对我说的很感兴趣,他们认定一个能够放弃欢笑的民族必然是个在各方面都已进化至极限的民族。他们认为它会很有用——当然是对进化而言。他们要找它。

但是,他们按照我说的方位却什么也没找到。他们很恼火。他们认为我说谎。

我的地球的碳基同胞们虽然还没进化到如何放弃欢笑,但他们早已学会如何不说谎了。因此,由于我的谎言,我受到了极严厉的指责。

这件事很有趣。

在那个星球上,我是唯一会笑的;而在我的地球,我又成了唯一会说谎的。很显然,我让他们都失望了。

每一个被我缠住听我讲这个故事的人都对我说:"闭嘴吧,好吗?"他们或是善意,或是厌烦,或觉得我是个疯子。有段时间连我自己都认为我是困在冷冻机里的时间太长了,以至于大脑出了毛病,想象出那些事的。可我直到现在还忘不了那些说鸟语的家伙。

我不知道他们是否也会有生老病死,我想即便是有,他们这种民族也会认为那是很有趣的事。

一个意识被无限扩展的极主观的民族应该把死亡当作一种乐趣。

难道不是吗?

他们认定自己是最优秀的,并且沾沾自喜。

真要命!

但是很有趣。

"闭嘴!"我隔壁牢房中的那个犯人恶狠狠地吼道。"好吗!"

美丽新世界

1

"这就是你说的那块奇特的石头吗?"那老人目不转睛地盯着我的货柜问。

"就是它。"我答道。

"很特别。"老人用手撑着腰费力地直起身子,"可是够不上奇特。"

"您这是什么意思?"我小心谨慎地问。

"这是只石棺,而且算不上稀罕。"他重又俯下身子仔细看了一眼,"淡褐色说明年代并不久远,大致在5000年左右。半透明棺盖的材质是某种普通的玉石。哦,这种整体雕琢的工艺也算得上精致了,并且带有明显的埃及艺术品的风格。所以,我可以断定,这是一只古代埃及的中等贵族的棺椁。并不很珍贵。"

"可是……"

这位国立博物馆的老馆长不耐烦地问道:"石棺表面看起来很完整。你没有打开过吧?"

"哦,这倒没有。"

"哼!你们这些盗墓者还能手下留情?"老人嘀咕了一句,又道,"里面可能有一具保存完好的木乃伊。如果真是这样,还算有些收藏价值。那么,你是打算把它捐赠给国立博物馆喽?"

"不不不。我暂时没这个意思。您,您真的能认定,这是一件古埃及的,文物?"

"你正在怀疑我在考古学上的造诣。"老人冷冰冰地说。

"我无意冒犯您!"我惶恐地道,"我只是想说……"

"你想说什么?"他有些恼火。

我深吸一口气,说道:"这石棺是我的采矿船在木卫七的磷矿井中挖出来的。"

"木卫……七?"他一怔,"这怎么可能?"

"这是千真万确的。是我亲手把它弄回来的。从木卫七运回地球可不是件容易的事。"

老馆长目瞪口呆地看着我,好似受到了极大的惊吓。他眼角肌肉无规则的快速抽搐以及他脸色由灰暗到青白的转变一度令我疑心他的心脏病一类的隐疾发作了。我只得上前一步扶住他。

老人颤了一下,用双手按住太阳穴使劲揉了揉,然后将手沿着脸庞顺势向下一带,把我的手扫开。他正了正衣领,恢复了神态中的肃穆。

"木,木卫七?"老人的声音听起来有些沙哑。

"是的。"我道,"木星的一个非常小的卫星。学名叫'得墨忒耳'。本世纪初发现那上面全都是磷。"

"得墨忒耳?"

"就是这么叫的。"我答道。

"怎么会这样?"

"事情是这样的:我拥有一家小型矿业公司,并从政府那里购买了木卫七的部分开发权。我被允许开采并出售在木卫七上发现的矿物,但这个经营许可的期限只有二十年。您知道这期限实在是太短了,短到如果我不加劲儿干就有可能蚀本的程度;所以我正计划扩大投资。我打算进一批那种新型的挖掘机,以加快开采进度;我还要把货运的航程缩短,跳过木卫四的集装箱中转站直接把矿石运回本土。我还计划……"

老人不耐烦地挥了挥他的两根食指,一个字也没说就让我明白了他对我的伟大事业是多么不屑。

"就要说到正题了。"我耸耸肩道,"您知道我父亲留给我的资产并不多。"老人撇了撇嘴。我接着说道："所以我在木卫七的矿厂和货船装备的都是些比较经济实惠的核动力机械设备。正因如此，我才得以发现这块石头——我的挖掘机在挖到石头附近时，莫名其妙地损坏了。我连续更换了几部机器，情况却仍然是这样。在损失了八部挖掘机后我决定让矿工们用手镐挖，于是就挖出了这石棺；然而，就在这石棺出土的时候，我所有的核动力机械全部都失灵了。"

"核动力机械吗？"老人皱着眉问。

"是呀！看着这么多机器坏掉，您能想象得到我是多么痛心！挖掘机，运输机，碎石机，甚至有台重水发电机！"

"重水发电机？"老人显然明白那是什么，他做了个夸张的表情，"那可是上个世纪的东西啦！"

"是呀，您知道那玩意儿比较经济实惠。嘿嘿，我们这些生意人……"

"接着往下说吧，生意人。"

"是。刚刚提到的我遭受的大规模损失使我的矿工之中流传着这样一种说法，即这石头代表某种神秘的东西；我们触动这石头也就是冒犯了那东西。所以，才会有这样的厄运。"

"天哪，这都什么年代了，还有人这么迷信？"老人道。

"当时我也是这样批评他们的。但事实上我的设备几乎全部损坏了，这迫使我不得不将之视为某种厄运，并很自然地把厄运同这块石头联系在一起。我的工人们强烈建议我将这石头弄走。我当然也是这个想法。于是我们把它搬上货运飞船，可是在起飞时发现，货船的核子发动机也在启动的刹那间失灵了。"

"是失去控制了吗？"

"不，是失灵。确切地说，是由于某种冷凝作用导致的核子反应堆的永久性停滞——当然，这是我的工程师告诉我的。"

"看来这东西只对核动力机械起作用。"

"是啊。我也觉得很奇怪。现在我的矿井上只剩几台电动咖啡机是好的。"

"这么神奇?"老人半信半疑地问。

"就这么神奇。当我又弄坏了两艘货船后,我只好雇了一艘反物质动力的拖船把我们带回来。您知道那价钱有多高吗?我简直要……"

"你是怎么把它弄到这儿来的?"老人打断我,"码头离博物馆可不近哪;况且,时下地球的运输工具几乎全都是核动力的。"

"啊,这个,不瞒您说,我是用柴油机车把它拉来的。"

"柴油车?"老人夸张地叫了一声以示惊讶,并昂起头飞快地四下张望着,然后用手指着远处一个展台道,"就是那种车吗?"

我抬头望了一眼:"嗯!差不多吧。"

"哈哈……"他大笑起来,"你居然用拓荒时代的机械动力车来运送这个当代科技的克星?"

"这个,嘿嘿,我得说您对车和石头的评价我都深表赞同。"

"这种运输方法倒真是经济实惠!"老人笑道。

"重要的并不是经济实惠。"我清了清喉咙道,"正如您所说,这块石头是现代科技的克星;而且,它既然是核动力机械的克星,也必定是核武器的克星。在这个世事纷杂、你争我夺,而且科技的发展不加以限制的时代,能有这样一种可以克制时局的事物是多么重要!也许在这石头中藏有不为人知的秘密,而这秘密显然能够震慑群枭,调解纷争,使天下太平。至少能保证再不会有核战争。您知道,我这种人说不出什么维护世界和平之类的大道理,我只能说我是个善良正直的人,这一点当然要感谢我那老父亲的教育。因此,即便我拥有这具石棺的全部产权——太空矿业法规定我在无主权星球得到的任何东西都是我的——我也不能自私地把它据为己有。所以……"

"所以你把它弄到我这来?"

"是的。"

"你要我做什么？"

"您是个德高望重的……"

"考古学者。"老人打断我，"而不是世界和平专家或核物理学家。"

"我正是要借助您的考古学知识来鉴定这石棺真正的价值。"

"真正的价值？"老人问。

"我是说这真是具石棺呢，还是别的……什么？"

"为什么不把它交给政府？这可是他们应做的事。"

"这个，政府，您知道，这个……"

"你是怕他们抢了去？"他笑道。

"这个，要是咱们的政府真的热爱和平，那么就是抢了它去也没什么关系。可如果政府并非咱们想的那么友善，他们得到这具石棺并发现了其中的秘密，再用以对付其他的政府，那可就……"

"明白了。"老人笑着道，"我越来越理解这件事的意义了。"

"那太好了。"

"我会组织资深的学者对这具石棺作一个全面、深入、细致的研究。如果有必要，我会以个人名义召集全国各界人士共同探讨。当然，这一切都将在你的授权下进行。"

"这正是我想要的！"我兴奋地道，"那么，我们来签一份合约吧？"

"什么样的合约？"老人问。

"证明我的权利以及给您的授权呀。"

"没这必要吧？你不是这石棺的全权所有者吗？"

"当然。在地球入境管理局的财物报关单上明确地注明我是这块石头的唯一合法权属者。"

"那你还想用合约证明什么呢？"

"我，我说的合约是关于，关于……"

"什么？"

"嘿嘿。"我讪笑道,"您知道我是个热爱和平的人,我是说一旦您能证明这石棺真的具有某种神奇功效的话,届时我将很乐意把它献给博物馆,并把主权全部移交给您。"

"真的吗?那太好了!我谨代表博物馆感谢你!"老馆长高兴地道,"你能将这个意义非凡的物品奉献给博物馆,献给国家乃至全人类,这说明你是个非常高尚的人!"

"当然还是需要一个条件的。"我讪笑道。

鉴于老馆长的慷慨大度,我勇敢地转弯抹角地提出了"报酬"以及"预付"的要求,并自以为此举合情合理而且时机掌握得恰到好处。可当我"预付"这个词一出口,老馆长脸上动人的微笑立时变成了莫名的惊讶。他的嘴慢慢地张开,直至张大到一种惊人的程度;他把双手紧紧按在前额上,并用一种愤恨和鄙视的眼神直勾勾地瞪着我。

我直觉地感到必定是我言行中的钝斧斫伤了老人的良知上茁壮成长着的某棵绿树。可我并不觉得我有什么过分。我从来就被教导,我的付出应该而且必须得到回报。哲学家们怎么说?二十二世纪斗志昂扬的实用主义?于是我仍然将我非说不可的话几乎全都说了出来。我提到国立博物馆的经营机制中关于收购文物的那一部分,并顺便提到我的公司所面临的困境以及一些必要的数字。

老馆长显示出一种无与伦比的颓丧。他的双手以及头顶上为数不多的白发都无力地耷拉下来,嘴却一直张着,仿佛陷入一种极度为难的境地,并将这一状态保持了极长时间。在他终于成功地使我手足无措时,他的嘴慢慢地合起来,并突然露出一个慈祥的微笑。

"很好!年轻人。"他平静地开口道,"关于本博物馆的经营方式你理解得非常正确。不过我们基本上没有预付报酬的先例。事实上,在这种情况下,我们通常是收费者。"

老馆长在强调"收费"这个词儿时给了我一个和蔼可亲的微笑,

"对于博物馆接受的赠品——你知道,经常有人拿些五花八门的物品希望博物馆收购——我们势必要先花上一笔资金用来鉴定这些赠品是否真的具有捐赠者所说的那种价值,然后才能分别给予捐赠者相应的酬赏。由于你这件赠品显而易见的复杂性,我们将投入的资金可能相当巨大,因此,博物馆将不能也不可能在近期内支付或预付你的酬金。但是,我可以凭我个人名义向你保证,一旦我们弄清了这东西的价值,那么你将得到的报酬决不会少于你想得到的。我,衷心地希望这个解释能令你满意。"

老人慈善的面容和痛心的神情以及眼中欲滴的泪水给了我极大的震撼。我知道,我是如此不可原谅地伤透了这位德高望重、杰出敏感的老人的心;于是我赶紧赔礼道歉并告诉他我十分理解他的处境而且愿意耐心地等候。在获得他基本的原谅之后,我向他告辞并利落地转身而去。

2

半年后,我得到博物馆的传唤。

"您好,馆长先生。见到您很荣幸。"我冷冷地道,"能再见到我对您也是一种幸运。"

老馆长上下打量我一番,咧嘴笑了:"这半年来你的变化很大呀。"

"是吗?和七个债主斗智斗力纠缠半年,要想保持以往的风采恐怕是件难事。"

"噢?真的这么惨吗?"

"您知道我不是个谦虚的人。"

"是的,我知道这一点。"老人哂笑道,"不过,从今天起你的境况将有很大的改变。你送来的那具石棺……"

"石棺?噢,对。石棺。"我打断他,"谢谢您在我忘记这事之前提醒我。"

"怨天尤人可是生意人的大忌，"老人皱眉道，"你现在还算是个生意人吧？"

我耸了耸肩。见他从身上摸出几张纸，我不由问道："是什么？"

"一份合约。"

"合约？看着真是亲切！"我接过来边翻看边笑道，"我有半年没收到这东西了。"

"以后会有的。"老人拍拍我的肩，"政府已决定出巨资购买你的石棺。"

"政府？"我惊异地问。

"是的。政府。"老人笑着说出一个数字。

我快速心算了一下，这笔钱应当足够我拯救我的公司并重振我的事业。说实话，我很高兴这半年的等待终于有了令我满意的结果，但多年商场征战的经验使我并没有把这份喜悦表现在脸上。

"这就是您说的'巨资'？"我淡淡地道。

"即使对生意人而言，贪得无厌也不能算是优点吧？！"老人嗔道。

"这与贪得无厌毫无关系。我只不过是不清楚这个数字是否与我那石棺的真正价值相称。"

"你认为我们的出价太低吗？"

"'我们'？您什么时候成了政府的代言人了？"我笑道。

"喔，在某种情况以及在某些事情上，我并不反对与政府站在同一个立场上。"

"譬如在这件事情上？"

"可以这么说。"老人清了清喉咙，"言归正传吧。你不过是想知道那石棺到底是什么东西，对不对？"

"我把它送到这里就是这个目的。"

"好。现在我告诉你我们研究的结果。"老人指了指椅子，"你最好先坐稳。"

"这个结果令人震惊是想当然的。"我笑着落座。

"的确令人震惊。经过十七个国家的考古学者和宗教理论专家长达半年的研讨,我们一致认为,那是一个神。"

"是,什,什,什么?"

"神。确切地说,石棺中是一位古埃及神灵的法体。"他严肃地道。

"开,开什么玩笑?这都什么年代了,还有人这么迷信?我,我记得这话好像是您说的吧?"

"噢,好像是半年前我对你说的。"

"您这半年来的变化也不算小!"

"的确是这样。"老人沉吟道,"这石棺的神奇的性质使我对某些事物的看法有了转变。我开始对那些我曾经认为是颠扑不破的真理产生怀疑。"

"真遗憾!"我哂笑道。

老馆长抚着头顶的几缕白发,长喘了口气,道:"年轻人,永远不要嘲笑一个老人。任何时候都不要低估老人的智慧。"

"是。我道歉。"

"这次,参与石棺研究工作的绝大部分是极富经验的学者和极具权威的教廷领袖。这些老人如果肯就一件事做出一个结论的话,那这个结论几乎就是正确的。"他看了我一眼,"你大概注意到我用了'几乎'这个词。"

"是的。"我耸着肩道,"谦虚对任何年纪的人而言都是美德。"

"可这次和谦虚无关。他们认为石棺中存在着某种神奇的事物,而这种神奇的事物是他们这些俗人根本就没资格评价的。"

"这种谦虚也太过分了吧?"

"我说过,这与谦虚无关!"

"那还能与什么有关呢?"

老人狠狠地瞪了我一眼，接着说道："以我为首的考古学者们一致认定该石棺的制成年代应该是在5000年前的古埃及十六世克里特王时代。从它的体积和材质可断定棺中的干尸是一个女性而且是王室成员。这些你都知道了。"

"是的。您早就对我说过这些。这证明，无须那些极富经验的学者，您独自一人就能做出正确而且理性的判断。"

老人友好地笑了笑，说道："在这些理性的判断中唯一不合情理的是这石棺的外壁居然没有一个文字。而古埃及的习俗中，凡是正常死亡并正常埋葬的棺椁上都应刻有记事性或颂歌性的铭文或图案；而且，死者地位越高，其棺椁上的雕饰越精美。这一点引起了大家的重视和争论。在把这一特异同其在木卫七的出土联系起来之后，所有人都认为只有将这尊石棺开启才有可能弄清其中的奥秘。当然，我向他们描述了石棺神奇的反核能效应，大家理智地选择了一些简单的电动工具来进行石棺的开启工作。"

"非常明智。"我赞道。

"开始一切都很顺利。"老人继续道，"但就在将棺盖从石棺上启开的刹那，我们的实验室陷入一片黑暗之中，所有的电灯都熄灭了。电动工具也随之停止了运作。其后，我们被告知，本市的中央供电系统的大型核电站群全部失灵，导致全市断电以及附近四个省的电网线路故障。我们只得将陈列在本博物馆作为展品的几部太阳能照明灯派上用场以继续我们的研究工作。在随后的几小时内，我们不断接到本市重大交通事故——核动力车引起的事故——的报告。这些变故使得我们中的一些人认为，如果石棺中的物品真的具有反核能的力量，那这个棺盖无疑是个屏蔽装置。我们将棺盖启动，棺中那东西立刻毫无遮掩地发挥出它的全部威力——最近的核电站距离本博物馆至少也有700公里。"

"那种威力算是很惊人了吧？"我不禁咋舌。

"可棺中的东西更惊人！我们发现了这个……"他把一张纸递到我面前。

"这是一幅画。"我看着那纸道。

"这是石棺中那具干……干……的画像。"

"您是说干尸吧？"

"我想，还是称为雕像更适合。'干尸'这个词会亵渎她的美丽——你见过这么美的干尸吗？"

"没有！"我啧啧赞道，"我那个活蹦乱跳的妻子也没这个漂亮！"

"这是个女神！"老人叹息道。

"她理应是个女神！"我也盯着画像叹道。

"那么，你再看这一张。"他又拿过一张图。

"这又是什么？"我只扫了一眼就道，"这不是同一个人吗？"

"同一个神。"老人说"神"这个字时表情非常严肃。"这是古埃及十六世克里特王的王后，也就是被称作'伊希斯'的女神。"

"伊希斯？没印象。我对宗教历史不感兴趣。那些传说中的神灵，我只记得一个叫普罗米修斯的。"

"能记得普罗米修斯对你们生意人来讲已经很不容易了。"

"伊希斯神是干什么的？"

老人轻蔑地瞟了我一眼，道："伊希斯是古埃及克里特十六世尊主奥西里斯的王后。奥西里斯被恶煞塞特杀害，尸体被分割成十四块并被散落到世界各地。是伊希斯带着她的儿子荷鲁斯寻回这些碎尸块并拼在一起使克里特王复活。伊希斯的英勇行为和她对丈夫的挚爱终于感动了满天神祇，他夫妇二人同时被册封为神。奥西里斯被封为'冥王'，主宰阴间的一切。伊希斯则成为主管人世间生命和健康的女神。在古希腊、古埃及、古罗马的世界里，伊希斯是最受尊敬的神灵。她被世人尊称为大地的统治者、星空的创造者、远航的庇护者。她也被称作丰收和母爱之神。她就是基督教中西斯廷圣母的原型。"

"噢!"我啧啧惊叹,"天王巨星!"

"她在信民心中的地位是无可比拟的。"

"这点我相信。"我道,"可这和石棺中的家伙有什么关系?难道仅凭容貌一模一样就断定她们是同一个神吗?"我费力地说出"神"这个字眼。

"难道'容貌一模一样'不正是最好的证明吗?"老人反问道。

"噢,那证明不了什么。也许这干尸只是伊希斯女神的孪生姐妹。"

老人不屑地撇嘴。

"也许是某个好事之徒根据这神像雕刻了那干尸。再说,这张所谓的伊希斯女神的画像不过是宗教宣传画,经过上千年教廷画师、画匠的渲染,与其说是神像倒不如说是艺术品。这没有任何意义。"

"不!这当然有意义!"

我耸耸肩,作敬聆教诲状。

"首先,任何事物都有其特定的意义!其次,这绝不是你所说的那种不堪的宣传画!这半年来,专家们几乎找遍了世界各地的所有博物馆,翻遍了现存的宗教典籍。我们将能找到的所有具有真实年代的古代雕塑和画像用最具权威的神典、古籍、历史卷宗加以考证。我们用最先进的计算机将得到的各种数据汇总、整理、分析。最后,我们得到这张画像。我可以向你保证,如果世上真有伊希斯女神的话,她就是这个!"

我耸肩无语。

老人喘息着说道:"你认为什么样的好事者才能在世界上另外找到一批类似我们的专业人士,费时费力研究出这幅画像,然后找艺术家雕刻出来,然后万里迢迢地埋到木卫七上去?"

我无语。

"将这东西放到木卫七上去可不是件容易事——你知道运她回来的代价。这样大费周章有何企图?"老人问,"反核现象又怎么解释?

如果有人拥有反核力量,他会把它藏到木卫七上去?"

"当然不会!"我答道,"除非他是个……"

"除非他是个不会做生意的傻瓜?"

我嘿嘿地笑了。老人却正色道:"我们并非仅根据容貌就下了结论。这个来自木卫七的女神有典籍上记载的'伊希斯'的所有徽征。看她胸前的光环,那代表阳光和丰收。"老人指着画像,"她头上的小光环代表幸福和快乐。那个'♀'形,在古埃及是生殖的象征,又叫'上饰圆环'或'生命之钥'。这代表着生命和健康。"

"可是这两张画像并不完全相同啊,"我质疑道,"伊希斯女神头上还有两个牛角。而且,女神左手上有一把稻穗,右手是一个婴孩。这干尸可是两手空空。"

"那不是什么牛角。那叫'丰裕之角'!"老人恼火地道。

"管他什么角!她们两个面孔虽相似,神情却大不相同。"我道,"我更喜欢伊希斯女神的画像,慈善安详中透着威严,这才是神的形象。而这个干尸,空举着双手倒像是丢了什么东西;脸庞冷酷、无情,好像是在漠然地等待着灾难的降临。我甚至能想象出她幸灾乐祸时冷笑着的样子——您怎么了?"我抬起头,看到老馆长脸色铁青,一头汗水。

"你,你……"他颤抖着问,"你真是这么感觉的么?"

"是呀,请原谅,我对您这个干尸女神没什么好印象。"

"恐怕真的是这样。"老人边擦汗边道,"圣母教的大主教也曾说过类似的话——'冷漠地注视着灾难的降临。'"

"英雄所见略同。那位可爱的主教在哪里?有机会我要去拜访他。"

"去世了。就在我们开启石棺的那天,这位主教一看到伊希斯的神像就跪在地上号啕大哭。他口口声声说神将惩罚世人,说伊希斯女神出世的目的就是要把人类的灵魂交给她那冥界之王的丈夫奥西里斯去审判。哭着哭着就死了。"

"这也,这也太……"我挠着头。

"太荒诞不经是吗?"

"是呀。"

"还有更荒诞的。"老馆长道,"我们在伊希斯的脚上找到一块玉牌,上面刻着一排象形文字。其实,古埃及早已盛行楔形文字了,贵为女神的伊希斯为何要在自己身上留下更古老的象形文字?也许神界流行象形文字吧。我们找来最好的专家进行破译,结果译出一句话——'生存还是死亡?'"

"生存还是死亡?哈姆雷特的台词?看来莎士比亚很喜欢古埃及的神话。"

"也许是古埃及的神灵更喜欢莎士比亚的戏剧。"老人喃喃道。

"也,也许吧。"我脊背一阵发凉。

"具体研究工作其实在那个主教辞世后就停止了。之后,我们陷入了长时间的讨论之中。讨论的重点有两个:第一,如果她是神,那么神的形象有所改变是否意味着什么?第二,如果她是5000年前地球上的神,为什么会在木卫七出土?"

"是呀。"我道,"地球的神跑到木卫七去干什么?"

"伊希斯生前贵为埃及的王后,应该拥有专用的陵墓,而且就在王室墓群中。但是,两个世纪前,考古学家发掘克里特王族金字塔群时,发现伊希斯的墓是空的。那是考古学界的世纪谜案之一。"

"是不是盗墓者挖走了她的尸身,害怕被世人发现就把她藏在……不,"我自嘲地笑道,"不可能。如果有足够的钱把女神运到木卫七去,那他也就不必去盗墓了!再说两世纪前的科技并未发展到可以星际远航。"

"在众多的猜测中有一个令我感兴趣,"老人道,"伊希斯死时并未入葬在金字塔中,出于某种原因,她的丈夫冥王奥西里斯把她葬在远离地球的地方。木卫七的学名叫什么？哦，对，得墨忒耳。据史料记载，克里特十六世王生前最忠诚的卫士名字就叫得墨忒耳。"

"这倒是天衣无缝了！"我笑道。

"而且，对神来说，去一趟木卫七也许不是什么难事。"老人也笑道。

"这听上去是个很好的笑话，却也不失为一个好答案。"

"也许根本没有什么答案。"老人道。

"那您组织的这一批博学多才深具智慧的老精英们究竟有没有对石棺做出一个最终的结论呢？"

"没有。正如我所说，他们自认为没资格对神灵做出评价。"

"谦虚而且谨慎！"我笑道，"您叫我来就是想让我把这个女神卖给政府吗？"

"你卖的只是块石头。你无权买卖神灵。"

"在我看来没什么区别！"我笑道，"政府要这个石……这个神做什么？"

"他们对神不感兴趣。他们要它的反核效应。"

"用来制造武器吧。"我笑道，"不过，这可不是政府的作风啊，他们根本不必花上一文钱的。如果他们认为有必要的话，随时都会把它拿走，甚至连招呼也不打一个！"

"也许是掩口费吧，"老馆长道，"我们这些老家伙都被勒令缄口。"

"代价是多少？"我笑问。

老人恼火地瞪了我一眼。

"恐怕未必缄得住！"我又翻了翻合约，对老馆长道，"请您转告那些人，他们可以把石棺拿去做任何事。我不会以权属为由阻碍他们。但是价格方面，等他们研究出结果再说！"

"那，好吧。"老馆长看着我，缓缓地道。

3

数月后,我又被召唤到博物馆。

"您好,馆长先生。"我礼貌地打招呼。

"看你的情绪,麻烦似乎都已经解决了?"他笑问。

"不,麻烦还是那么多,只是我已学会理智地看待它们。"

"那可太好了!"

"这次有什么好消息,馆长先生?一张新合约?"

老人笑眯眯地递给我一张纸。我抑制着心中的激动接过来,只看了一眼就讶然道:"获奖证书?"

"是'世界优秀市民奖'。"他拿过证书宣读道,"因其对世界和平进程的众所周知的贡献,特颁此证,并授予'国际和平卫士'称号。"

"什么叫'众所周知的贡献'?"

"详情不可为外人道的——那是政府惯用的措辞。"

"哦?这就是说,那石棺,他们已经研究出成果了?"我问。

"这个嘛……"老人语焉不详。

"详情也不可为我道吗?"我笑问。

"那倒不是。这么跟你说吧,科学部、国防部、国家宇航局、国立科技开发中心以及其他一些我叫不上名字的机构组织了数十位'精英'对石棺进行研究。首先,他们弄坏了科学部的激光探测器,然后是碳同位素分析器,接着是科技中心的光谱分析仪。然后他们把一颗红外遥测卫星对准了石棺——那卫星直接掉进了太平洋。"

"噢,这样惨重的损失如果公之于众当然令人尴尬。"我笑道。

"是的。最后他们恼羞成怒了。于是高温烘烤、低温冷却、等离子切割,总而言之,上九流下九流的几乎所有技术手段他们都用上了。但结果都一样,所有加力于神像的仪器都在最初的瞬间受到损害,而且是无法修复的永久性损害。"

"早知会这样！"我笑道，"哪里需要什么高技术手段？弄开一块石头还不容易？一个壮汉，一把利斧就足够了！"

"你是说用斧头把神像劈开？"

"是呀，那个女神讨厌的只是机器。"

"提醒你一点：女神损坏了的是机器的动力，而不是机器本身。请记住'动力'这个词。核力，电力，不管什么力，试图伤害石棺和神像的机器的动力源都会在瞬间失效。如果一个人用斧头劈神像，斧头的动力是什么？"

"是人力！"我惊骇道，"神也伤害生命吗？"

"不知道。他们没试。"

"那结果呢？"

"他们，他们把她送回去了。"

"送回去了？"我愕然，"木卫七？"

"不。是送回开罗。"老人道。

"开，开罗？"

"是。开罗的古埃及王族墓群。那里有克里特王后伊希斯的陵墓。他们把伊希斯女神的石棺重又放回金字塔中。"

"为什么？"

"那石棺似乎让他们明白了一些道理，科学并不是万能的。这个世界上有些事物是他们触犯不得也不该去触犯的。他们这回该收敛一些了。"

"可是，女神……"

"他们认为伊希斯女神之所以怪罪世人，是因为她失去了手中的稻穗和幼子荷鲁斯，并认为这是人类的错。也许是亚非两大陆的化工业使埃及的农作物大部分绝了种；也许是哪一场战争使得伊希斯女神转世的儿子丧了命。总之，是人类冒犯了神灵。"老人道。

"科学家们也这么迷信吗？"我叹息道。

"金字塔中有荷鲁斯的陵墓，他们把伊希斯女神安葬在墓群中使她重新回到儿子和亲人身边。各国政府已保证将非洲大陆的沙漠转化成农田，这会使女神找到她失去了的稻穗。他们认为只有这样才能平息女神的怒火。"

"这倒是件好事。"

"政府也将检讨核工业对环境的破坏并承诺采取补救措施。"

"这也不错。"

"政府还将向博物馆投资，并准备大力发展考古学。他们认为，对人类的历史而言，考古学要相对重要得多。"

"恭喜您！"

"至于你，"老人道，"你将是这个世界上最幸运的一个人。据史料记载，冥王奥西里斯曾发誓要将所有帮助过他和他的家族的人册封为神。你把伊希斯女神的灵体从木卫七运回地球，冥王论功行赏，一定会封你为神的！"

"呃，封我为神？"

"当然，要在你死后。"

"死，死后？那我活着时怎么办？我的公司……"

"能成为神啊！你还想要什么？"

"可是我的钱……"

"呵呵，"老人和颜悦色地道，"我的孩子，在这个世界上，总有些事情，你是无能为力的。"

直到筋疲力尽

《107号实验纪要》（私人）

目的：大脑皮层对早老性痴呆的影响

备忘A：我是以此课题向政府提出科研申请并获得批准的，我不得不这么做，我需要资金和最好的仪器，希望他们不会怪罪我。

备忘B：那个在东城酒吧里胡混的年轻人终于被我说服。为了让他能完全配合我的实验，我答应给他极高的报酬。他承认光是这笔钱的数目就已让他心跳。

备忘C：部里的研究资金已经全部到位，这使我能够把那台娇贵的仪器再改进一下。现在，一切都备齐了。

《实验记录》

第一日

天气很好，那小伙子很烦人。

"喂！医生！您到底要插多少根管子？我脑袋上已经够多的啦！"

"喂喂！难道您真想把我的脑浆抽出来拌上奶油当早餐吃？您真的没吃早餐吗？"

这自以为是的家伙不厌其烦地说着傻话。

我很喜欢他那股子天不怕地不怕的机灵劲儿，可我十分讨厌他说话的方式——两分钟前他刚刚建议我把他的脑浆清蒸着吃。

"你真以为我很喜欢你的脑浆吗？"我问。

"当然，医生，如果您不吃它的话……"

"听我说！小子！"我有些恼火，"我在这个烂实验室里已经熬了两年！我弄坏了医学院里最昂贵的仪器！我花光了所有的科技贷款和科学部给我的全部研究资金！我用了整整一个月时间泡在那个肮脏的酒馆里来观察你是否合乎我的实验要求！而现在，在我实验的第一天，你就开始跟我开这种该死的无聊的玩笑！"

"好吧，好吧。对不起，医生，我无意冒犯您，不过是想提醒您我也不好过——这个破手术台把我的背硌得生痛，而我还得眼睁睁地看着您在我的脑袋上插铁管……"

"那又怎么样？"

"没什么，我只是想说，既然您已经花了那么多的钱，那干吗不再花点钱买个新手术台？"

我狠狠地瞪着他。

而他并不怕我。

我无可奈何地找出一个软垫子，把它塞到他身下。

"顺便问一句，"他躺在那儿舒服地说，"您真的花了那么多钱吗？您把……该给我的那一份也花了吗？"

我走到洗手间找到我的毛巾，盖在他嘴上和脸上。

"要是这毛巾上没有您的臭汗味……"

"闭嘴！"

"好的，好的……"他叹息着安静下来。

我不想跟这个饶舌的小子拌嘴，我得把精力全放在实验上。

我把所有的仪器调试好，然后叫醒了他。

"我付钱给你，不是叫你到这儿来睡觉的。"

"好的，好的……"他在实验台上伸了个懒腰，弄得头上的导线一阵颠动。"那您叫我来干什么，医生？"

"我不是什么该死的医生！"我叫道。

备忘 D：很奇怪，这个家伙的几乎每句话都能引得我发怒。也许是我太紧张，也许是我压抑太久了——曾有个家伙论述过长期性压抑与性情暴躁之间的关系。是性激素引起神经系统失调吗？记录这个问题以备今后研究，可现在我绝不能急躁，我操作上的哪怕最微小的失误都会毁了这机灵鬼的大脑，把他变成白痴。我得冷静下来。

"好吧，好吧……"他说，"我知道您是科学家，您是付给我钱的人，可您到底要我干什么？"

"做我的实验。"我缓缓地说，尽力稳住了自己的情绪。

"实验？真的吗？"他夸张地叫着，"您这位赫赫有名的人体学和心理学的专家，您这位国立医学院的院长，您把我从我的窝里拖出来，您答应给我一笔我这辈子头回听说过的巨款，然后您把我弄到这张该死的硌人的破手术台上，把我的头盖骨扎成筛子！这就是那个让您倾家荡产的实验？啊？"

"你只说错了一点。"我看着他慢慢地说。

"什么？"

"我只是国立医学院的副院长。"

他怔怔地睁大了眼睛像看到怪物似的盯住我。

与此同时，我那娇贵的仪器们嘀嘀地响起来，我看着那些数据：肾上腺激素略有增高，体温升高 1.7 ℃，脑前叶神经元活动加剧。这说明他现在的心情比较复杂：惊奇、兴奋，甚至还有些紧张。

是的，我的这些仪器能监测到他体内和大脑内的任何一种变化，而我这个专家可以从这些变化中推断出他情绪上的哪怕最微弱的改变。显而易见，他不相信我这个衣着古板、面目严肃的老人对他的揶揄会有如此诙谐的反应。他当然会感到惊奇。而他兴奋是因为他知道在和我共事的这段时间也许会有许多趣味，最起码他不会感到太无聊。可是他为什么会有些紧张呢？

备忘 E：我知道情绪紧张会促进肾上腺的运作，可一句玩笑怎会引起紧张？这也许很重要。

"真奇怪。"我说，"你干吗总跟那实验台过不去？"

他哈哈大笑起来。

仪器显示他的血流加速，全身肌肉处于松弛状态，这说明他此时真的心情愉快。

他是个幽默的人，他真正懂得幽默和低俗玩笑的差别，这正是我想要的。

我找对了人。

"你看，我并不是个令人十分讨厌的人。"我轻松地说。

"是的。"他笑着说。

"我要你做的，仅仅是躺在这儿回答我的问题。别去管头上那些线，你不会感到痛的，好吗？"

"好的。"他微笑。

我喜欢这小子。

我操纵着遥控探针，针尖上发出的那束高频电磁波在他脑前叶灰质层的第七个沟回里来回搜索着。

"你受过良好的教育，是吗？"我提出了第一个问题。

"文学硕士。"他平静地答道。

"我见过你的导师，他说你在文学创作上极有天赋。"

"当然，我是他教导过的'最优秀的一个'，他亲口说的。"他耸耸肩膀说。

仪器显示他有些兴奋，这表明他曾以此为荣。

"为什么不继续下去？你荒废学业，浪迹街头让他很难过。"

"……我找不到自己的感觉……"

"为什么会这样？"我问。

"他使我的思想受到束缚。"

"什么样的束缚？"

"我……我随随便便胡乱写出的东西被他们评为优秀，而我真正呕心沥血写出的作品，他们认为是垃圾。"

仪器数据表明了他的失望。

"这很正常，所有的天才在最初都被人看成是疯子。"

"可我自始至终都被认为是疯子。"

"没关系，"我安慰他，"不要奢望所有人都理解你，真理总是掌握在少数人手中。"

"是啊，我也这么想。"他又笑起来，"所以我天天泡在酒吧里，跟那些'少数人'讨论真理。"

他是个与众不同的家伙，无论是我亲眼看到的还是仪器的读数都表明他能很快控制住自己的情绪。至少比我快。

"好吧，那么现在……讲一个笑话吧。"我说。

"什么？"

"笑话。"我看着他解释道，"一个不是你从别处听到的笑话，一个你自己创作出来的笑话。我知道你很擅长这个——一个真正的笑话。"

"是的，可是这……"

"这对我很重要。"我严肃地打断他。

"那好吧。"他服从了，并开始沉思起来。

可我知道他在装模作样，因为监测仪器没有异动。

"我……"他终于说。

"什么？"

"我想大便！"

我愣了一下，立即恶狠狠地瞪着他。

"这难道不可笑吗？"他笑着问。

滴滴作响的机器提醒我，他的小肠正在剧烈蠕动，直肠和大肠正分泌出润滑酸液,大脑皮层也收到了中枢神经群传来的肠壁紧张的信号。这信号十分强烈,表明这小子正迫切需要把一些什么东西从他的身体里排出去。

"这不是笑话。"我没好气,"这只是你的一个生理欲望!"

"对我来说,这是个欲望,对您来说,这是个很好的笑话。"他笑着说。

我的心一动。

> 备忘F:这对我来说是个笑话,这对我来说是个笑话!对玩笑的感觉以及由此产生的反应是因人而异的!的确应该如此,那么我试图从人们对幽默的感受来探知大脑思绪创造活力的源泉这一出发点也许错了。

我从实验台上解下他,他飞快地跑进我的卫生间。

结论:这年轻人很好。他提醒我,我的想法是片面的。

第二日

天气很好,那年轻人来得很早。

"你的诗歌获过大奖?"我提出我的问题。

"是的,我曾是个诗人。"他在实验台上回答。

"谈谈你对诗歌的感受。"

他抬头看我的样子,似乎我刚刚说了句傻话。

"怎么,有什么不对?"在他的注视下,我有些不自在。

"如今已没有人去感受诗了。"他讥笑着,"他们只是写它。"

"那有什么不同?"我讪讪地问。

"那有什么不同?"他笑出声来。

我对此道一窍不通,和他讨论诗使我成了个傻瓜。

"那区别很大。"他谦虚地为我解释,"就像幽默雅于笑话。诗一旦被诉诸文字就失去了它的韵味。诗不是用来写和读的,它只是一种灵感,一份激情,一个意念,那就像是……就像是……"

"像是什么?"

"我……我说不清楚。"他知道自己词不达意,于是住口。

"哈!"我笑起来。我终于找到机会讽刺他,"知道你为什么说不清?是酗酒!乙醇麻醉了你大脑髓质的大部分神经元,使你的形象思维能力受到影响,并产生语言障碍。这多有趣——一个文学硕士找不到恰当的词描述他的感觉!"

"这没什么不好。"他耸耸肩,"我说不出它,但我能感觉得到,比我开始喝那东西以前更形象、更深刻——要比那硕士学位深刻得多。"

"但愿如此!"我说。

"它也许很难理解。它既不在手中和嘴中,也不在头脑里,它……它在这儿。"他把手按在胸膛上,很虔诚的。

"心脏?"我问。

"不,心灵!"

"噢?"我笑着说,"一个酒鬼、赌徒在和我谈论心灵?"

他不置可否地笑。

"那么好吧,读一首你的诗吧!"我提出要求。

他看了我一会儿,说:"昨天您让我讲笑话,今天您让我作诗,明天呢?是否会让我演唱歌剧?"

"如果那歌剧是你创作的,我倒很乐意欣赏欣赏。"

"我不太明白,您这是……"

"你只需要明白一点:这对我很重要!"

"听我胡说八道吗?"他有疑虑。

仪器数据告诉我,此刻怀疑占据了他的思绪,这种情绪将影响实验效果。

"不要贬低你自己。"我试图说服他,"你的胡说八道在我看来很有艺术性。我正是想要知道你的大脑是如何使你创造出这些有艺术性的东西的,比如幽默和诗歌。我要通过你来研究人脑是如何创造艺术的,这难道不重要吗?"

"重要!重要得让我无法嘲笑您!"他笑了。

"你必须服从我!"我声色俱厉。

"是的,当然!那么,您喜欢什么内容的诗歌?"

"随你的便!"

"关于自由?"他试探地问。

"自由?"我皱起眉头。

"那么……爱情?"

"爱情?好吧,爱情。"

他笑了。"天哪!我们两个中准有一个是疯子。"他嘟囔着。

"摒除一切杂念,除了那诗以外。"我命令道。

仪器上的指针在狂跳,这家伙在动脑筋呢。

"在路边的小餐厅里我和女友共享一份牛排,邻桌的一对老伴,年长的男人微笑着拎起妻子的手,而我想到我为我的幸福而付出的代价。"

仪器跳一个高峰,然后沉静下来。

过了好一会儿,他开口道:"想知道这首诗的名字吗?"

"是什么?"

"《给我账单,伙伴!》。"仪器指针大跳了一下。

数据告诉我,这是他即兴创作的一首诗。他的脑细胞的损失值异常巨大,神经系统处于最高兴奋状态。但是,很快有一种激素分泌出来,遏制住了他的亢奋,使他渐渐恢复正常。奇怪的是,我并没有追踪到他大脑发出的有关这一复原指令的任何信号,这真是很奇怪。

这家伙是个天才,但诺贝尔文学奖与他无缘,如果他继续这样玩世不恭的话(而我已经是两届诺贝尔医学奖的得主了)。

"感觉怎么样？身体有何不适？"我说。

"解脱……累……"他有气无力地说。显然他的身体细胞和神经元在那段时间里兴奋过度。

我详细记录着各种数据：心跳的变化，脑细胞值的快速降低和更快速地回升，肾上腺激素值一直在不停地波动……

> 备忘G：每一个情绪波动都伴随着肾上腺的变化，这很正常。是的，每一个正常人都是这样。只是我无法想象在一个人创作出这么好的诗歌时，他肾上腺会有如此强的反应。有强烈反应的应该是他大脑中的某个东西！随便是什么东西在我眼中都要比肾上腺美妙得多！

"我们干得怎么样？"在我解放他时，他问。

"很好。"

"很好是什么意见？"

"就是说你很健康。"我情绪低落，他感觉得出。

"难道这不好吗？"他笑着问。

"这对你来说很好，但这不是我想要的。"

"您想要什么？"

我耸耸肩，努力想找些词来表达我所希冀的东西，但终于放弃了。"今天就到这儿，回家吧，孩子。"

"您，您叫我什么？"他的声音有些颤。我注意到他的手微微抖了一阵，是什么让他激动？

"我叫你……"我定定神，"我叫你孩子，我想这没什么不可以。我的年岁足够做你的父辈，你不必感到委屈，当然，如果你不乐意……"

"不，不。"他急促地打断我，"您可以这么称呼我，这让我感觉很好。这，这让我想起了我的父母……"

他的声音低沉而悲哀。这是他第一次流露出悲伤情绪，我真后悔把他从机器上放下来。

"我的父母在我四岁时就去世了。"

"啊,这真不幸!"我走过去抚着他的肩膀。

"他们教会我如何感受美丽,教会我怎样用眼睛去发现它们……除此之外,他们什么也没有给我留下。"

"这些足够了。"

"足够干什么?"

"足够你讲笑话,作诗。足够你去做任何你想做的事。"

"是的。"他浅浅地笑了,眼中的寂寥慢慢逝去。

结论:

A:今天的目标是中脑及脑干组织,无发现。

B:很显然,有种组织在力图使他的身体和情绪不至于过度兴奋,这无形中抑制了他的激情。它是什么?它受控于大脑还是什么别的东西?

C:我确信幽默和诗歌是人类文化艺术的最高境界,但我从它那儿什么也没得到。

第三日

天气正常。他比昨天显得亲热。

他真的会唱歌剧,但这对我没什么用。

他从实验台上爬下来,问:"完了吗?"

"是的。"我说。

"有什么进展?"

"在胼胝体上我什么也没发现。"

"一点发现也没有?"

"一点也没有。"

"那就是说,今天……"

"就是说今天我至少可以确定胼胝体对我没有什么用处。"

"哈!"他轻轻笑着,"如果我有您这种精神,我早出名了!"

"我相信。"我平静地收拾仪器,但我得承认我很失望。

他百无聊赖地在我实验室里转。最后,在那一面墙似的各式各样的装满小白鼠的玻璃箱前停住了脚。

"这些小白鼠都是您养的?"他转头问。

"是的。"

"做什么用的?"

"做实验。我养大它们,然后用我的实验杀死它们。"

"这听起来很吓人。"他笑着,"可它们看起来都很好!"

"很快就会和你一样了,你们都是实验品。"

他笑了:"一个喜爱小白鼠的人绝不是冷酷无情的人。"

"可我是。"

"不。您只是装成那样,或者被您的身份地位逼成那样。"

他用这话撕下了我的面具,并把它随手丢在地板上。

我真的喜欢这些白胖白胖的小家伙。

"是的,我很喜爱它们,它们就像……我的儿子。"

"您的儿子?那么,它们的母亲是……"他故作认真的表情逗得我哭笑不得。

"这只是个比喻,我是说我像照顾儿子一样照顾它们。"

"这我看得出来,它们健康活泼。"

"而且聪明。"我说。我想我眼中流露出慈爱了。

"您总共有多少只?"这年轻人很照顾我的情绪,他知道类似的话题会使我感到轻松。

"只剩下114只了!"我叹了口气,"一年前有整整2000只,现在只剩下这些了。"

不知他是不相信我曾有过这么多只白鼠,还是不相信它们会死得这么快,总之,他显得很惊讶。

"是因为我的那些实验。"我叹道,"我给它们出了不少难题——我把它们放进各种迷宫里。那全是些恶毒的迷宫,迷宫只有一个出口,而且只有出口才有食物,它们需要不停地找啊,找啊。找不到出口,就会饿死;找到了,也十有八九会累死。而那些侥幸活下来的,我就会再把它们的小脑袋剖开研究一下……"

"我是否很残酷?"我盯着他问。

他想了想,说:"您这样做,一定有您的道理。"

"是的,我有我自己的道理。"我低声咕哝着,"我捉弄它们就像捉弄我自己——那些迷宫连我解起来也很吃力。"

"您想从它们身上得到什么?"

我用手指重重地点着自己的头:"创造力!创造力!!"

"对人类而言,迷宫只是个单纯的方向选择性问题,可对小白鼠来说,那是个纯粹的创造性问题。我们靠感官选择和判断,而白鼠靠的仅仅是感觉,因为方向对它们毫无意义,向左还是向右对它们而言毫无意义。"

"那有什么不同吗?我是说感官和感觉。"他问。

"根本不同。我们的感官是整个种族进化过程中延续下来的,它们在几万年前就已经开始发挥它们的功用,而感觉则是靠个体的努力从自身发掘出来的。"

他没作声,显然这个问题对他来说很深奥。

"那么……"他问我,"您什么时候才能得到您想要的?"

"……直到我们筋疲力尽……"我慈祥地看着我的白鼠。

结论:今天的目标是胼胝体,无发现。

第四日

今天下雨。实验室里和外面一样阴冷潮湿。

验算完所有的数据后，我发觉我已走到了绝望边缘。

我终于抬起头时，看见他还站在那儿。

"为什么还不走？"我问他。

"您……您是否忘了答允我的一件事？"

"什么事？"我感到有些奇怪。

"是这样的……请……请别介意，在这种时候……"

"什么？"我问。

"好吧，好吧。您，您答应在今天付给我那酬金的一半……"

"噢，是的。"我想起来了。

我打开柜子，取出一沓钞票，扔给他。别看他张口要钱时吞吞吐吐，可他装钱入袋的动作非常麻利。

"连句谢谢也没有吗？"我问。

"为什么要谢？这是我应得的，不是吗？"他理直气壮。

"是的。"我叹口气。他得到了他想要的，我没有。

他走到门口，想了想，又转回来。

"又怎么了？"我有些不耐烦。

"我有个问题，关于您的，如果您不介意……"

"我介意！"我冷言打断。

"怎么？难道我不应该对付给我钱的人表示一点关心吗？"

"真难得！"我讽刺他，"时下，这种人已跟不上潮流了！"

"我的确跟不上，也不想跟。我只想知道那实验……"

"实验怎么了？"我再次打断他。

"我们还继续吗？"他不以为然。

"为什么不？"

"可据我所知，您的实验并没有什么大不了的结果！"

"噢？你怎么知道有没有结果？你又不是……"

"我知道我不是这方面的专家。"他也打断了我的话，"可我清楚地记得,这四天来,您已经检查过了我头上所有的洞,而您的脸色一天比一天难看。"

"这并不说明什么问题。"

"这至少说明,迄今为止您仍是失败者。"

我瞪了他一眼,叹口气道:"你很直爽。"

他笑了,笑得很友好:"我喜欢直爽,而且并不只针对您。说实话,我并不关心这狗屁实验。我只想知道,在我口袋里装着一半钱之后,我还能不能挣到另一半。我只关心这个。"

我笑笑。我知道他是个势利小人,但他表里如一。

我喜欢他。

"我们还没彻底失败,也许还有一线希望……"

"您说什么?"

"你明天按时来吧!"我转过身不再理他。

结论:今天检测了脑垂体,无发现。所有我充满希望的脑组织都让我失望,见鬼!

我不知道是该继续下去,还是就此收手。

难道我真的要再继续这个实验吗?

第五日

他很准时。

"松果腺。"我说,"这是我们最后的机会。"

"松果腺?"

"是的。在检验过大脑中所有我认为重要的结构之后,我们不得不面对它。只剩下它了。"

"那是什么东西?"他问。

"一个大脑中最微不足道的东西,丘脑后上部的一个小得不能再小的腺体。小,但是令人费解——人幼年时它刺激性腺产生性激素,人成年后它抑制性腺产生性激素。"

他显然没弄懂,盯着我想让我解释。而我没理他,自顾自地说下去:"绝大多数人在接近成年时,松果腺开始退化。从另一种意义上说,退化的松果腺使得他们的性腺正常分泌激素,因此,他们具有完全正常的生理机能。只有极少数人成年后仍拥有完整的松果腺体,这使他们失去很多生理功能,至少是性功能。"

"这么厉害?"他不大相信。

"你……"我说,"你对女人不感兴趣有多久了?"

"啊,这……您怎么知道?……您……"他脸红了。

"是的,我知道,你的松果腺体没有退化迹象。"我很随便地说出这句话。我不想因揭露他的隐私而伤害他。

他不作声,脸上露出些许不安。

"松果眼!"我轻轻笑着,"哼!松果眼。"

"松果眼?"他抬头,"您是说七鳃鳗?"

"你也知道七鳃鳗?"我惊讶于他的博闻。

"不就是那种三只眼的鱼吗?"他问我。

"是,七鳃鳗有一只松果眼,也叫颅顶眼,它长在两只正常眼睛中间。它有角膜,有视网膜,有晶状体,总之它具有眼睛的一切生理结构,就是没有眼睛的视觉功能。这在低等脊椎动物中很常见,所以在生物科学界,松果眼就成了徒有其表的代名词。"

他尽力不去在意我的那些评论,问我:"您认为,我们应该拿它做一次实验?"

"我……我有些拿不定主意……"

"为什么?"

"这……"我犹豫片刻,终于说,"我不想研究那个臭名昭著的小松果腺。它太离奇了。它已经被神化——不,应该说是它已经成为魔鬼的化身——所有试图弄懂它的科学家不是被人们叫作疯子,就是真的成了疯子。我不想，说实话我不敢招惹那鬼东西。我的事业正处于顶峰……"

"顶峰？在这个实验彻底失败之后吗？"他冷笑着诘问。

"唉！我知道我无路可退了。我的名声，我的地位，我耗费的资金——那些政府科研资金……"我看着他，慢慢地说，"我把自己逼上了绝路。"

"绝路也是一条路。"他说。他好像比我勇敢。

我看着他，他年轻的双眼仿佛给我力量。

"好吧，我们试着走下去。"

我们都稳住了情绪。

"为什么把我的手都锁住？"他问，"我不喜欢受束缚。"

"我不得不这样做。"我边锁边说，"我的前辈们告诉我，刺激松果腺可能导致强烈的幻觉，就像过量注射兴奋剂一样——我可不想伤在你手里！"

他笑着说："我也一样。"

我调整好仪器后叮嘱他："如果有什么……不适的感觉，我会随时停止。"

"当然，我还想活着花我那一大笔钱呐。"他笑道。

备忘 H：灰质第七区，NE16 正下方 4.616MM，频率 20.05X，强度 5.12，属轻微度刺激。

尽管我不知会发生什么，我还是启动了高能射线。

"滴……"我的仪器响成一片。

心跳 170！体温 42.2 ℃！脑电波无休止扩张！肾上腺……

天！一切数据都高出正常值许多。然后我看到他的身体猛地一挺，静了下来。

与此同时，那些仪器也安静下来。一切恢复正常。

这么快？！

我跳到他身边。

"喂……"我拍着他，唤着他。

而他，他笑了。

"你没事吧？"我急切地问。

"真美……真美……真……"他喃喃着。

"什么？"我听不太清，"什么真美？"

"看那星星……"他闭着眼安静地躺在实验台上，脸上带着纯真的笑，"看那颗星星……"

"我的天哪！"我小声叫。

"我的天哪……"他喃喃着，"我的天哪！它可真美……"

"我的天哪！"我抬头向上望去，脊背一片冰凉。

我知道我的实验室位于这座摩天大厦的最底层，我也知道没有一个正常人能透过这数以万计的混凝土楼板看到天上的星星。我的天哪！

"松果眼！"我大叫一声，"我打开了他的松果眼！"

在那一刻我明白了这一切。我根本不用再向他提什么愚蠢的问题了，我也不用再去分析那些该死的数据了！这根本就不是他们说的他妈的幻觉！这是……我明白了，这一切……想象力，创造力，感觉，艺术，我的天哪！这一切。松果眼！松果眼！

我放开他。

重又堕入尘世的年轻人显得异常疲惫。

我默默地看着他，他呆呆地看着我。

结论：我的天哪，如果这是真的……

第六日

天气很好。他来迟了。

他走来时，我正在摆弄我的小白鼠。

"你来晚了。"我说。

"是的，对不起。"他的声音很无力，"我很累。"

"关于昨天……你记得些什么？"

"呼……"他吐口长气，"我只知道现在我比昨天还要累。"

"知道为什么？"我笑着说，"你的肉体没有那么多能量供你的精神在两个世界中穿梭。"

"两个世界？"

"是的。两个很不同的世界，一个现实，一个虚伪。你只能存在于它们其中之一，只能如此，永远如此。"我转过头看着他的眼睛，"你更喜欢哪一个？"

"我……我不知道。"

"这无关紧要，重要的是你想不想知道。"我咕哝着，他没听见。

"你的身体很虚弱，不适合做实验。再来一次也许会要了你的命。"我说，"今天我们休息。"

"来！"我招手，"看看我的宝贝儿！"

他走到我身前，看见我手上的玻璃箱子。

"您又在给这只白鼠造迷宫吗？"

"不，这不是迷宫，这是它的家。这只白鼠不需要迷宫。"

他皱起了眉。

"是的，它不想要迷宫。"我轻轻地拍着那透明的小箱子，哼起儿时的一首歌谣。

那小白鼠喷了个响鼻，扭过身去，不再看我。

"这是我最聪明的一只，聪明得有些离谱。"我笑着问他，"你注意到它有什么不同？"

"他讨厌你的歌。"他耸着肩说。

"是的！"我快乐地笑，"它讨厌这个，它总是知道该讨厌什么。"

"它很有意思。"

"我最初养的一大笼中只有它活了下来。"

"它很聪明?"

"是的,很聪明。它总是能知道怎样快捷省力地找到迷宫的出口。"我说,"寻找出口使它感到快乐。它并不喜欢摆在出口的那些食物,它只是对迷宫感兴趣,一周内,我所有的迷宫都被它解开。"

"它很能干。"他不以为然地说。

"然后,我开始教它学习各种知识,诸如辨别颜色、气味、形状等等,就像教导一个学龄前儿童一样。它学得很快——它现在已拥有九岁儿童的智力。"

"哈!"他笑了,"您没教它说话吗?"

"这用不着,我和它之间不用语言就能沟通。"

"这可真有趣!"他不相信。

"真正有趣的是……"我看着他说,"它从我这儿学会了这些,然后把它教给其他的白鼠。"

"它教……您是说它教其他的白鼠?您是这么说的吧?"

"是的。"我平静地说。

"教会了吗?"

"幸运的是,没有。没有一只白鼠愿意跟它学。它们都以为它疯了,然后它们开始咬它。我只好把它单独养在这只箱子里。"

"它是否很失望?"他促狭地笑。

"非常失望。从那以后它不再活泼。它开始长时间地思考,它思考了很久。"

"它,它思考?"

"是的,而且我认为它已经想通了。我认为它知道我是谁,它知道我想干什么。它认定是我把它变成了疯子。一个喜欢音乐,喜欢天蓝色的疯子。"

"一只喜欢音乐,喜欢天蓝色的……白鼠?"

"是的,而且从那以后,它就不喜欢我了。"

"天哪!真有趣,我能亲眼见识一下它的本领吗?"

"我想不能了。它不屑于再走迷宫或其他的什么。它告诉过我,如果我再用这些愚蠢的游戏侮辱它,它宁可饿死。"

"天哪,它威胁你?"

"是的,而且很成功。它知道我不想失去它。"

"哈……"他大笑起来。

"是的,因为它值得。"

"那么,这么可爱的小白鼠,您没给它取个好听的名字吗?"

"当然。它应该有自己的名字。"

"是什么?"他笑容可掬地问。

"白鼠。"

"白鼠?"他一愣。

"是的,'白鼠'。"我回答。

"可它就是一只白鼠呀!"

"你真的这么肯定?"我问。

"当然!"他惊讶。他以为我在捉弄他。

"那么,你来看看它的眼睛。"我举高手中的箱子。

年轻人第一次注意到了那小家伙的小红眼珠。然后我很清楚地看到了他身体颤了一下。

"看清了?你相信这样一双眼睛会长在一只白鼠身上?"

他愣在那儿,说不出话。

"我也说不清楚它到底是什么。"我的话有些沉重,"只是它的外表的确像一只白鼠,所以我只能叫它'白鼠'。"

"为什么会这样?"他低声自语,"为什么会这样?"

"还有一点蛮有趣!"我说。

"什么?"

"它曾经和你一样,松果腺没有丝毫退化。"

"曾经?"

"是的,几个月前我切除了它,然后它开始变聪明。"

"为什么会这样?"

"不知道,我不知道是什么改变了它。是松果腺?是我?是它自己?还是什么别的东西?"

我真的不知道。

他无语。

"想知道它叫我什么吗?它也给我取了一个名字。"

"它叫我'上帝'。"我说。他无语。

我看了会儿我的小怪物,说:"我不想再养它了。我们放它走吧!"

"为什么?"他抬头问我。

"没意思。"

"没意思?"

"难道不是吗?一只小白鼠都能知道你在想什么,这还有什么意思?"

"我懂。'戏法既然被揭穿了,再变下去就没什么意思了。'"

"你知道这句古谚语?"

"别忘了,我是文学硕士。"

我打开门,从箱中取出那只白鼠放在地上,说:"走吧!"

他笑起来,开口吟道:

"婚姻是箭爱情是弓

当箭将离弦时

弓悄悄地说:

你自由了!但这是我给的。"

"好诗!我喜欢。"我真诚地赞叹着,"你是个好诗人!"

"谢谢!"他有些腼腆。

我们相对微笑时,那小白鼠在门外东张西望着。

我递给他一杯茶,说:"谈谈你吧。"

"谈什么?"他问。

"谈谈你的生活。"

"这有什么好谈的?"

"有。"我说,"你有才华……"

他耸耸肩,不语。

"你懂得幽默和诗歌,这才是真正的艺术的精华。"

他哂然一笑。

"一个真正懂得幽默的人大都能成为言行严谨的政治家;一个懂得诗的人可以成为有名望的文学家;而一个既懂得幽默又懂得诗的人,人们却管他叫无赖——你不否认你是一个无赖吧?"

"是的。"他又笑了。

"只有一个既懂幽默又懂诗的无赖才能发现并感受到美!"

"是的!"他眼中有一股被理解的激情。

"但是,你摒弃传统,你讨厌它。"

"是的。"

"所以你虽然很有天赋却不被世人接受……"

"是的。"

"你不能从世人那里得到名和利。所以你穷困潦倒,所以你愤世嫉俗。"

"是的。"

"而你唯美的天赋却阻碍你去学习世俗的哲学,而没有哲学修养,你就会为在生活中受到的挫折和冷遇而抱怨,这抱怨反过来又会遮住你发现美的双眼。它遏制了你与生俱来的感受美的能力。"

"是的。"

"这就是你的病症。"我说。

"是的。"

"它已非常之深。"

"我想是的。"

"如果再这样下去，你的病就会使你没有感觉。"

"我的病就是没有感觉，这让我想起一首老歌。"他说。

"忘了那歌，让我们实际一点儿。你难道不想改变一下你的生活吗？"

"怎么改变？"

"就像……像那只小白鼠一样。"

"像……像小白鼠一样？"

"你很聪明，你应明白我的意思。"

"像那只小白鼠一样，变得……变得……"

"变得更聪明！"我重重地说。

他默默地看着我。我知道他已动心。

"怎么样？"我问。

"可是……"

"可是什么？"

"可是最后……"

"最后怎么了？"

"最后……您把它放了……"他低声说。

我一怔，随即明白了他的意思。

"你会比它幸运的。"

"怎么？"他问。

"它太纯真。它明知道我是它的上帝它却不想讨好我，仅仅是因为它不喜欢我！而你不同，你是个势利小人，你知道怎样才对你更有利！"

"是的。但是……"他仍在迟疑。

"好吧,让我们从头开始。你现在是个毫无前途的穷光蛋,最要命的是你为此而满腹牢骚!"

他默认。

"那么,你想就这样活一辈子?"

"不!"他坚决地摇头。

"那就是说,你清楚地知道你现在需要有所改变?"

"是的。"他有些迟疑,但终于点了点头。

"很好,现在我们来谈谈那可爱的松果腺。这小东西不受人体中的任何器官和组织的约束。它只听命于它自己或者听命于它的上帝——也许是我们的那个上帝。我想上帝一时兴起便造了那么个小玩意儿放在我们脑袋里。上帝为什么这么做?是想通过它来创造些什么,还是想让它抑制些什么?我搞不清,上帝自己是否能搞得清?

"哈,但愿上帝不像我们一样糊涂。你知道这些天来咱们做的那些实验,你也知道我一直在找什么答案,而最后我却把这个问题推给了上帝!可笑!"

我自嘲地笑了。

"切除松果腺会有什么后果?会使人失去某种东西,还是能使人重新获得某种东西?我不知道。我只知道,切了它对你而言只有两个结果。你在听吗?"我问。

"请说。"他在听。我认为他听得很仔细。

"第一,它让你失去创造力。你失去美丽的感觉,你不再能感受到美。于是你可以回到传统中,你不再离经叛道。而凭你的文学功底,你很快能成为著名的学者。第二,它让你得到全部创造力。你能拥有真正的感觉,你能发现并创造出真正的美。你全身心地浸润其中而不会再为世俗的一切欲望抱怨。你能成为真正的你。"

"你说,到我这儿来

我能让你拥有一切

假若我死去，至少我是

为你而死——为你而死。

我说，如果是为了我

我可以

题目是《好吧，杀死我吧》。"他低吟般地说。

"这诗很好，可也许这世上只有我才懂得欣赏它。没有人会乐意付钱给你让你作这样的诗。那么，你是想一辈子作这样的好诗而不去理会俗人们怎么叫喊，还是忘了这些诗，去做一个正统的学者，去获一个正统的大奖，比如说诺贝尔文学奖？"

他怔怔地盯着我。

"换句话说，要么你可以感受真美，你可以成为真美而不会为名利烦恼——你没钱，你也没有烦恼。要么你失去天赋，但你能很轻松地成为文学家，你会拥有名誉、金钱以及一切物质享受——你有钱，所以你不必烦恼。"

"我真的……我真的为了钱烦恼吗？"他迟疑地问。

"当然！否则你怎会为了钱来做这狗屁实验？"

"我想……大概是这样吧。"他说。

"那么，你要哪个？傻瓜还是名人？你自己还是诺贝尔？"

"你更喜欢哪一个？"我问道。

"……"

"你喜欢哪一个？"我锲而不舍地问，"你想要哪个？"

"我……"他嗫嚅着，"说实话，两个我都想要。"

"那好呀！让我给你做个小手术，切掉你的松果眼。这样，那两个你肯定能得到其中的一个。"

"我……我……我真的不知该怎么做。"他看着我的眼睛，"您知道，我只是不想像现在这样活下去。"

"这就足够了。"我在火上浇油,"这就是最好的理由!"

"真的足够吗?"他问。

"这样吧,你回去好好想一想。"我不再逼他,我已经十拿九稳了,"如果你决定了,明天来找我。好吗?"

"好吧。"他沉吟着走向门口。

我亲热地拍着他的肩膀鼓励他。

当我打开门时,我们两个都怔住了。

那只小白鼠仍然在门口东张西望着。见到我走出来,它急切地盯住我,然后爬到我的脚上。

而他也读懂了它的眼神。它很迷茫。

它很迷茫。

在我把它从迷宫中释放出来时,在我还给它一个自由的天地时,它却不知何去何从!

他也懂了。他看着我,希望我做出某种解释。

我不能。

一只被用来做实验的小白鼠,在被放出迷宫后,它真的会感到迷茫吗?

如果松果腺是我们的上帝为我们设下的一座迷宫,而我们现在正在试图解开它……上帝会怎么做?

上帝也会放我们出来吗?

我们会怎么样?

感到迷茫吗?

我的天!可恶的上帝!

结论:松果腺使我们眼前的一切都变得那么离奇……和迷茫。

第七日

他来了。

他躺在实验台上。

他对我说的最后一句话是:"那只白鼠真的感到迷茫吗?"

我不知道。

我也不想知道。

我只能全神贯注地做我的事。

我调好仪器。

我瞄准他的松果腺。

我启动了仪器……

结论:……

实验终结

我的小女儿合上这本几年前我从朋友那里得到的实验记录,问我:"第七日怎么了?"

没有人知道第七日怎么了。

那个科学家和他的实验品在第七日莫名其妙地死掉了。没人知道为什么。也许他们真的触怒了那个上帝。

上帝放了他们。

"有本叫《圣经》的书上说,上帝用七日的时间创造了这世界。我想,他大概不会乐意有人再用七日的时间毁灭它。"我这样回答我的女儿。

"那上帝会让他们进天堂呢,还是下地狱?"她问。

"不知道,我们并不信仰上帝啊!"我拍拍她的头。

她眨着那双明亮的眼睛说:"为什么不?"

単刃剣

序

"这是第十七个。"一个年轻医生站在观察室的大玻璃窗外,一边向里张望一边对另一个医生说,"三天内这家伙赶走了十六个护士。难道阔佬儿们都必须有些怪癖吗?"

"一个人从200米高的地方摔下来,甭管他是不是阔绰,行为总该有些异常的。"另一个医生道,"也许他对护士小姐身上的香水味过敏吧。"

"这个家伙……"一位女护士走出观察室,擦着身上的水渍气呼呼地道,"我要给他测体温,可他把一整壶咖啡都泼在我身上!"

"也许他是想请你喝咖啡,只是选择了个不太文雅的方式……"男医生们笑道。

一位老医师步履稳重地从走廊那头踱过来,三个年轻人立时闭上了嘴。

"你们在做什么?"

"院长先生,我们在研究这个患者的病情。"

"把病历拿给我看。"

一个医生递过厚厚的一本病历:"入院37天的心脑电波监视记录,以及苏醒3天来的行为记录。"

"为什么要做行为记录?"院长皱着眉头问。

"这个病人的行为非常……古怪;我们想再观察两天就把他转送到精神科去……"

"精神科?"老院长翻看着那摞病历,吩咐道,"把这些脑核磁共振图像放大,尤其是胼胝体及其附件组织。我要一组清晰的一个月以来的变化图表。"

"是，院长。"一个医生匆匆而去。

"你跟我来。"院长指了指另一个男医生，回身推门走进病房。

病床上斜倚着一个瘦削的中年男人，听见门响，他神经质地挺起身，待看清进来的人后，身躯又软伏下来。

"您好，唐·迈克先生。我是本院的院长。"

"是的，"病人的声音软弱无力，"我记得您。"

"您觉得哪里不舒服吗？"年轻男医生问。病人皱着眉摇摇头。

"从病历来看，您的身体恢复得很快。破裂的脾脏已经得到细胞重建，双腕的腕骨也愈合得很好……"院长看了看满地的咖啡壶碎片道，"愈合得非常好。"

"院长先生，我，我总是产生幻觉，有些奇怪的东西……"

"说仔细点，是什么奇怪的东西？"院长问道。

"是一些……"蓦地，唐·迈克指着院长身后厉声尖叫起来，"就是这个！就是这个！"他一只手飞快地抓起床边的物件就要投掷过去。

院长上前一步挡住唐·迈克的手，回头对走进病房来打扫卫生却被病人的惊叫骇在原地的年轻女护士斥责道："出去。"

"就是这个！就是这个！"唐·迈克激动地叫着。

"唐·迈克先生，"院长皱着眉道，"您不能这样对待我们的员工。自您苏醒过来的这几天里，您几乎砸伤了本院的所有女护士。即使您拥有这家医院的很多股份，您也不能无端地羞辱我们的护士小姐。"

"护……你说那东西是，护士？"病人惊愕地道。

"是的。"

"你们没觉得，它很……特别吗？"唐·迈克问道。

"我觉得，她们特别任劳任怨。"院长道，"在一个平凡的岗位上埋头苦干，只希望有一天能获升职，还得时常忍受像您这样的病人的凌辱。"

"可是我……"

"先生,虽然您歧视护士这个职业,可并不见得本院的高级医师们有时间并且乐意来服侍您。所以……"院长耸了耸肩道,"除了劝您安心静养之外,我帮不上别的忙了。再见。"

1

"奇怪得很……"脑外科主治医师盯着光墙上那一列核磁共振图像说道,"剧烈的震荡并未产生如我们想象的效果——除了胼胝体四周的神经细胞略见萎缩外,脑组织几乎完好无损。正如一辆汽车从200米高空头朝下砸在地面上,我们不能相信摔坏的仅仅是仪表盘里的一枚螺丝。"

"是脑外科权威的专业意见吗?"院长冷冷地道。

"对不起,院长。请原谅我的措辞,我只是对病人的身体状况表示喜悦而已。我要说的是,该病人在那惨祸中遭受到的小小创伤业已痊愈,日下即可出院。"

"可是病人这几天的反常举动您怎么解释呢,医生?"护士长问道。

"大脑是个很神秘的玩意儿。剧烈震荡也许损伤了他身上我们看不见的什么东西,但就我们所能看得见的范围而言,他已康复了。"主治医师答道。

"胼胝体周围有细胞萎缩现象。"院长提醒道。

"每个人的大脑中的每个组织每时每刻都存在着神经细胞萎缩现象,这不能同它们遭受的震荡联系起来。至于病人喜欢袭击女护士,也许是震荡触动了他潜意识中的性别歧视意向。"

"呵……"一个年轻医生窃笑起来。

"你是在笑我吗?"主治医师回过头冷冷地问。

"不，不是……对不起。"那医生低下头。

"性别歧视意向？有意思。"院长道，"对他的治疗你还有什么建议？"

"正式的还是非正式的？"主治医师问道。

"两者。"院长道。

"正式的：既然他这么有钱，送他去精神科最豪华的病房疗养半年；非正式的：让他出院。我们没必要因为这阔佬的臭脾气而耗费本院精英们的精力……"

"和护士们的自尊。"护士长接口道。

年轻医生们又笑起来。

"欣赏你的幽默，但不同意你的建议——正式的和非正式的。"院长道，"作为医生，你们有责任一视同仁地照管好每一个病人。"

"是的。"众人道。

"他的大脑胼胝体萎缩速度稍快于正常的细胞死亡速度，这是个问题。你们应就此问题展开专门研讨，可以请精神科的医生协同会诊。"

"是。"主治医师道。

"如果没有绝对必要，不要惹恼这位病人。这家伙是本院最大的股东，如果因为我们某种草率的或不负责任的举动而引起他的反感，我想，大家都知道那将意味着什么。"

"是。"众人道。

2

"闭左眼。闭右眼。闭左眼。闭右眼……"主治医师不断地变换着手中的图片，并示意唐·迈克做出相应的选择。在看过七十多张图片后，唐·迈克终于厌烦了。

"我们在干什么呢？看图识字吗？"

主治医师从图片后露出脸，看着病人道："确切地说，是左眼的看图识字和右眼的看图识字。"

"什么意思？"唐·迈克恼火地道。

"左眼联系着你大脑右半球的神经系统，右眼联系左半球的。"

"这谁都知道。"

"如果你的右眼能在这些图片上的混乱线条中找到数字或单词，就证明你大脑左半球的抽象思维能力和逻辑思维能力正常。如果左眼能从这些图片中辨别出颜色的细微变化，就证明你的右脑也是正常的。"

"那又怎么样？"

"那能证明你受到的剧烈震荡既没损伤左脑的神经细胞，也没损伤右脑的神经细胞，也没损伤左右大脑之间的胼胝体。"

"你们不是说胼胝体有些萎缩吗？"

"的确是有些萎缩。咱们现在做着的正是要检验它的萎缩可能给你的正常思维带来的影响。其实没什么大不了的。这就像你下巴上长的那颗痣，一颗无关痛痒的痣。也许它会渐渐变黑，也许还会慢慢变大，但无论如何它都只是颗痣。一颗无关痛痒的痣。"主治医师道。

"一颗……痣？"唐·迈克皱着眉头道。

"一颗痣。"

主治医师回过头同精神科的医生们嘀咕了几句，又说道："现在我们想请您仔细谈谈您的幻觉。"

"哼，我可不认为那是什么幻觉！"

"只是请您仔细描述一下，好吗？"

"那是一些白色的……不，不。我不能描述它。那，那是非常恐怖的。"

"您需要心理医师吗？我们可以通过催眠术以使您在平和的心态

中说出您不愿或不能细述的事物。"

"催眠……倒是个办法。"唐·迈克想了想,"不过,不需要医师,我可以自我催眠。"

主治医师愣了愣,取过病人的档案翻看了几页,问道:"您的专业应该是药理学,对吧?"

另一位医生也饶有兴趣地道:"将古柯碱的兴奋性提到最高,又将它的药瘾性降到最低,是吧?那可很有经济价值。难怪您能成为全球烟草业的霸主。可是,我们不知道您对心理学也感兴趣。"

唐·迈克冷冷地看着面前这一圈医生,深深地吸了口气,慢慢闭上双眼。然后,很明显地,他坐在椅子上睡着了。

主治医师撇撇嘴,刚要开始发问,却想起一件事,他急忙回头问道:"他没告诉咱们他是以什么方法进入催眠状态的,咱们怎么叫醒他?"

一个精神科医师道:"我想,他既能自我催眠,也应该能自我解脱。"

"他能吗?"主治医师问。周围的同事们都点点头。

"这玩意儿也能无师自通?"主治医师耸了耸肩。

"是什么使您感到恐惧和紧张,唐·迈克先生?"一位医生问道。

"怪物。"催眠状态下的唐·迈克喃喃答道。

"是在幻觉中出现的怪物吗?"

"是的。"

"请仔细描述一下您所说的怪物。"

"那是一个白色的东西,白色的头……"

"头?"医生们面面相觑。

"白色的鼻子,白色的眼睛……"唐·迈克的声音颤抖起来。

"冷静。冷静。那只是幻觉。"医生道。

"白色的脖子,白色的衣服,白色的医院职员卡……珍妮,0,5,

1，0，0，8，9……"

"是职员卡号码。"一个医生小声道,"珍妮,那应该是我们的一个护士。"

"这是什么时候的幻觉?"

"哦,17日。17日上午,10点。"

"那个怪物是怎么出现的?"

"那东西推开门,走进我的病房,它一步一步向我走来……它手里拿着一个尖尖的东西,它的手和我的一样,但那是白色的……"

"它对你做了什么?"医生问。

"它一步一步向我走来,越走越近,越走越近……"

"然后呢?"

"我大声叫起来,啊!啊!我怕极了,我抓起床边的水杯,我的手腕很痛……我使劲把杯子打到那东西身上……它叫了一声,向后跳去,然后跑出了门……"

"继续。"

"大约二十分钟后,它又进来了!不,不是它。不是原来那个了,这个东西又高又胖,又高,又胖……"

"这个东西……"医师想了想,谨慎地问道,"它也有,医院职员卡吗?"

"有。0511006……"唐·迈克道。

"也是我们的护士。"主治医师回头对他的同行们道,"根据他的行为记录,17日上午,他用一只杯子和一个花瓶打了这两个护士。其中那个叫珍妮的,脸上被玻璃碎片划伤,到现在还休着病假呢。"

"我打赌那娘们儿肯定会投诉他,"一个医生笑道,"而且会要求一个高额赔偿。不过这家伙也不在乎。"

"他肯定不在乎。"主治医师也笑道,"可是,一个护士怎么能引起如此……怪诞的幻觉?难道我们的护士化妆太浓艳了吗?"

一个医生看着记录道:"17 号的具体情况是,他用他能拿得到的东西打了每一个进他房间的护士。最后不得不由当日的值班医师亲手给他更换注射的药物。18 号和 19 号的情况也大同小异。"

"可你们不觉得奇怪吗?"精神科的一个医师问道,"他那间豪华大病房的门离他的病床至少有二十多米。就算那护士越走越近,也不大可能在这种距离看清她胸卡上的名字,更何况那些小数码。"

"正常人肯定看不到。"主治医师道,"但唐·迈克不是正常人——他的右眼是先天性晶状体增生。"

"先天性的远视眼?那左眼呢?"

"左眼正常。"

"那可够他遭罪的了!"那医生转头看了看唐·迈克,"两眼的视距差会产生剧烈的眼睑肌抽搐。可他看起来好像并未受到什么影响,而且,他也没戴纠正镜。他肯定早就适应了。"

"啧啧!"医生们半信半疑地盯着那个病人看。

"我们继续询问吧。"主治医师道,"唐·迈克先生,您的这种幻觉持续了多久?"

"大约一周。从 24 日起,再也没发生过幻觉。"

"您还记得一共发生过多少次幻觉吗?"

"二十二次吧,如果第一天是六个的话……"

"是五个。"主治医师道。

"那就只有二十一次。"

"对这些幻觉您有什么感想?"主治医师问道。

"那些东西非常像人。它们的声音和体型都……像是女人。它们的五官和眉目也像是女人,但是非常呆板,就像戴了个白色的面具。我曾以为是白化病……可是没有人的眼睛是白的。"

"您是说它们看起来像女人?"

"是的,而且越来越像。它们,它们每一个跟每一个都不同……"

"每个幻象都有其各自的特点,对吗?"

"是的。我是这样感觉的。"

"很好。"主治医师翻看着病历,"您自己就是个医学博士,从医学角度,您对这样的病症会有一个什么样的结论?"

"大脑神经元信息传导障碍……剧烈刺激导致的大脑皮质层部分神经系统自抑?"

"这跟我们的结论差不多。"主治医师道,"剧烈碰撞对你大脑中的某个神经中枢产生了影响,并极可能直接造成脑系统中某些重要的生物酶的正常比例的波动。譬如说,如果乙酰胆碱高于正常值的千分之一,你的视觉细胞就会处于高度的兴奋状态;如果多巴胺的含量哪怕降低十亿分之一,你的逻辑思维能力就会受到抑制。"

"是的。"

"当然了,你知道这就是精神毒品的药理,当一个人服食毒品后也会产生幻觉,只不过,在幻觉状态中,精神毒品触发的是人的愉悦神经中枢,而您所被触动的则是其他一些东西。"

"我想是的。"

"我们对您进行了系统全面的观察并直接注意到胼胝体细胞的萎缩速度:它比正常稍稍快了一点点。它既不影响您的正常寿命,也不影响您的思维和智慧。它唯一的而且是暂时的影响是:与胼胝体相连的下丘脑叶的某个植物神经中枢对这个稍稍加快了的速度产生了短期的不适应。这将影响到内分泌,并会导致网状神经系统的功能性失调。而这些将会引起大脑灰质层的刺激性信息的相互干扰。'刺激性信息的相互干扰'就是您的合理的病因。"

"我想,是的。"

"我们认为是您潜意识中的某种恐惧心理与外界的正常信息发生了相互干扰。"

"是吗?"

"如果您不反对,我们将进一步探讨您心理上或生活中的压力。当然,只是为了查找病源而非窥探您的隐私。"

"好的。"

"在您入院期间的行为记录中有一个不争的事实:从您自以为产生幻觉那一刻起,我们医院先后有二十一名护士被您用病房里的杂物掷中,其中八个甚至受伤。我要说的是,每一个护士的受伤都对应着您的一次幻觉:时间、您看到的名字、医院职员代码,都完全吻合。您以为的那些像女人的幻觉其实就是女人——您驱赶的每一个幻象都是本院的女护士。"

"是……是这样吗?"

"绝对是的。每天的药物注射、打扫卫生等等这些原本是护士们的工作,由于您的阻碍而不得不落在当日的值班男医师身上。男医师们却都做得很顺利。这就使我们产生了一个想法:您是否对女性身上的气味或彩妆的颜色或其他什么甚至是女性本身太过敏感了呢?于是我们决定将护理人员全换成男性,以试验您是否对他们也会产生幻觉。当然,这引起了一些作息时间上的纠纷,但结果是令人鼓舞的——自男护士介入之后,您的幻觉消失了。于是就形成了这样一个推论:您曾对女性存有相当大的恐惧心理或者厌恶心理,而这次脑部的剧震将这心理压力激化到了极点。所以您见到女性护士时会产生看见怪物的幻觉。"

"嗬,是吗?"

"男性医师们总是温存有礼,使人倍感亲切;女护士则不是给你苦涩的药丸,就是尖尖的注射针头。在医院里,她们总能使人产生厌恶和恐惧。这是很正常的。儿童的心理上也存在这种倾向性。"

"是啊。"

"然而您的幻觉趋向于极端,这使我们的心理学家们推测,在生活中,您曾深受女性的伤害。"

"这个……"

"请谈谈您的婚姻,好吗?"

"我现在独身……"

"这之前呢?"

"之前,我,先后娶过,四个……妻子。"唐叹道。

"您的前妻们,是她们主动离开您的吗?"主治医师问道。

"大多数……是的。"

"她们一个比一个年轻貌美,而您却在一天天地衰老。"

"哦,如果你非要这么想的话……"

"您的母亲还在世吧?"一个医生问道。

"唔……"唐·迈克长出一口气,"是的。而且,她,仍然很健康。"

医师们会心地笑了。

"这样问题就明朗多了。幻觉就来源于您的心理压力。鉴于您的病情,我们建议您在本院继续静养一段时间,我们会给您安排一个特定的环境,杜绝一切来自女性的刺激。大脑组织各系统互相适应后,您就会恢复正常的。"

"好吧。"

"那么,您可以从催眠状态中苏醒过来了。"医生们注视着唐·迈克,而他仍然在睡着。

"您还有什么问题?"主治医师问道。

"我觉得,有件事应该告诉你们。"

"请说。"

"20 日的夜里,我睡不着觉就起身在病房外散了会儿步。在值班室门外,我看见一个医生把手伸进那个白色的……东西的衣服里,而他的表情竟像是在爱抚一个漂亮的女人!我简直不敢相信一个男人怎么会对那种,那种东西感兴趣!于是第二天,我差点儿连那个医生也一起打了。"

"您看清那两个东……他们的职员卡了吗?"主治医师问道。

"是的。0211014 和 0512066。"

"哦,"医生们显然是松了口气,"这没关系,他们是,他们其实是……这个问题等您痊愈后我们保证给您一个合理的解释,好吗?"

"好的。"唐·迈克说完这句话,费力地长吸一口气,慢慢地睁开眼睛,疲惫不堪地摊在座位上。

"送他去休息吧。"主治医师吩咐道,"再给我查查那个风流医生!在医院里干……就算是合法夫妻也不能在工作时间干……干私事。"

3

"天哪,天哪。"唐·迈克痛苦地呻吟着,他闭上眼,不敢去看面前的两个下属,心想,唐,你的脑袋完蛋了。

坠机事件已经过去半年了。在坚信自己的病情毫无起色之后,唐·迈克愤然离开了医院。国立医疗中心全院上下都忐忑不安地等待着他的报复,但是唐根本无心干这些琐事。他几乎把全部的精力都用到如何在那些所谓的"女人"的怪物面前保持镇定,以便不让人知道发生在他身上的这个荒唐的事件。如果他的小秘密被某个人尤其是被某个女人发现,他和他的环球烟草集团将会成为全球的笑料;最应防范的就是女权主义麾下那份晚报的无孔不入的女记者们……

家里有个白色的肉球自称是他的母亲,他的两个儿子为争夺他的宠信打得不可开交,而现在,在他豪华的办公室里,他却不得不对面前的女下属说:"你们俩实在是长得太像了,以至于我分不清谁是珠儿谁是娜塔丽……"

"您说什么呢,总裁先生!"左边那个白色东西用悦耳的声音嗔道,"我可是个黑人!"

"哦!抱歉!我忘了你是个黑……那么,你是珠儿,而她是娜塔丽。"唐·迈克尴尬地道。

"是的,总裁先生。"右边那个"白人"的声音也非常甜美,而且它的身形和外貌更像个女人。它的皮肤很细腻,身材也很苗条,只是一切都是白色的。白牙。白眼睛。

"如果我是个色盲该多好啊!"唐·迈克在心里叹道。就像老式的黑白电影,天空是白的,大地是黑的;墙壁是白的,面包是黑的。"可是在我的世界里……女人是白的,我是黑的。我是黑的。只有我是黑的。"

"十点记者招待会。十一点与委员会商务大臣洽谈加大工业区的烟草供应配额。十二点十分与您母亲共进午餐。"那个自称是黑人的白色东西说道,"这是您今天上午的日程表。您还需要补充什么吗?"

"什么?啊,好。就这样吧。"唐·迈克心不在焉地道。女秘书们对视了一眼,走出办公室。

唐·迈克吁了一口气,心想:"如果自己的病情短时期内得不到改善,那就该考虑一个全集团的人事调整了。"他将大幅度地削减女性员工,哪怕为此将受到《女人日报》的严责,他可受不了每天都要接受几次类似的严峻考验。"我可不想因心脏病而死。"他想。

几个高级职员鱼贯走进办公室,在唐·迈克面前坐成环形的一排。

"怎么?"唐·迈克问道,"我们要开会吗?"

职员们互相看了看,总裁助理卢克道:"当然,总裁先生。委员会要扩大烟草业的经营范围。我们将在您会见商务大臣之前制订一个相应的计划。"

"喔,是的。"

"您的身体还好吧?"卢克殷勤地道。

唐·迈克皱了皱眉。昨晚他的小儿子也以同样的语气问了个同样的问题。在唐的心里，如果一个岁数比你小或地位比你低的人问出这样的问题，这通常表明你已经处于弱势，而且这个人有野心取代你。

"我没事。"唐·迈克冷冰冰地道，"开始吧。"

职员们在细致地分析集团在新时期的策略，唐则心不在焉地听着。他抓起面前的一叠资料翻了翻，又随手扔回桌子上，可是眼光扫过，一个有趣的现象立刻吸引了他的注意。从这个角度看去，那些被他扔到办公桌上的几份资料的页面上，仿佛凸显出一行文字。"是什么玩意儿？"唐拿起一页资料，端详起来。他兴致勃勃地把那张纸在眼前翻过来转过去，而他的下属们显然已经陷入莫名的惊诧之中。

唐·迈克天生的两只不同视距的眼睛带给他唯一的好处是，他能轻易地将平面的事物看成立体的。儿子们小时候玩的那些制作精良的曾风靡全球的立体画谜在他眼里简直不值一提。正是唐的这种特异使他察觉了文件纸张上隐含着的秘密：那些文字经过极巧妙的编排，字里行间的空隙组成了有趣的形状，使得正常的页面文字之下隐伏着另一些文字。是一个名字。唐抬头看了看他的助理卢克，后者正关切地注视着他，而纸张里隐匿着的正是他的名字。

"卢克，为什么把你的……"唐笑吟吟地正要问，一个念头倏然闪进脑海，他渐渐意识到，这也许不只是一个玩笑。他闭上嘴，不顾下属们的惊视，飞快地翻开面前所有的文件。正如他所料，每一张纸上都隐藏着那个名字。"这，这他妈就是心理暗示法吧？"唐心想。

一个正常人绝难发现这种立体映像，而在他们阅读文件时，正常的文字和隐晦的文字都会被视神经反射到大脑皮层，它们对脑神经中枢的刺激效果是相同的，会产生相同的记忆和联想效果。据唐所知，医学机构和国家安全部都在采用这种心理暗示的手段。医生们用这方法治疗思维缺陷，安全部用它做什么就不好说了。

"你要对我做什么？"唐想。他愣愣地盯着面前的文件，开口道：

"卢克……"

"是，总裁先生。"卢克恭敬地道。

"这个……是你做的吗？"

"是的，总裁先生。您觉得这计划哪里有问题吗？"

"不，不。做得很……精致。"唐整理好文件，慢慢地道，"也很用心。"

"这是我应该做的。"卢克谦逊地道。

"心理暗示？"唐心想，"想干什么？引起我的重视？得到我的重用？在我的公司里你是仅次于我的第二号人物，你还想怎么样？且不说心理暗示的效果如何，这种想法也太愚蠢了吧？"

"这个计划做得非常好。"唐说道，"你和你的同事们总是令我感到满意，这正是我信任你们的原因。所以，我决定，由你代表我去会晤委员会的商务大臣，并全面主持这项计划的进行。"

"啊，恭喜！恭喜！"同僚们大力拍打着卢克的肩膀祝贺道。

"谢谢总裁对我的信任！"卢克激动地道，"我一定会把这个计划做好的！"

"你肯定会做好的。"唐笑吟吟地道。

唐·迈克终于从被幻象纠缠的烦恼中解脱出来，他的这个得意门生势必会带给他一些刺激和快乐。"这太有趣了。"唐心想，"你想爬上来。好，我让你爬上来。只有爬得足够高，摔下来才会痛。"唐快活地想着，这使他脸上的笑容更加灿烂。"可是，谁来接我的班呢？"唐环视面前的左膀右臂们，"除了这个卢克，再没有大将之才了。废了他虽然有点可惜，但毕竟，我，还有两个儿子。"

"我宣布两件事。"唐大声地道，"首先，你们大概也看得出，我的身体并没有完全复原，我需要一段长期的休养。这段时间内我将任命一个代理总裁来主持集团的业务。"唐看着卢克道，"我想大家都会支持你的，卢克。"

卢克彻底失措了。对这份飞来的重奖他显然没有任何心理准备。他双颊潮红，嘴唇翕动着呆立当场。

"第二件事，我的两个儿子将加入集团。他们的具体职位安排也交给卢克去做。"

"我会办好的。总裁先生。"卢克答道。他轻轻地皱了皱眉，却被正仔细观察他的唐看个正着。

"他感到竞争的压力了。"唐心想，"这个小混蛋，够稳重，够冷静，而且心细如发。如果不是手法太卑鄙，他真的是最好的继任者。太有趣了。这可太有趣了。"

4

一间洁净的病房里，唐·迈克对面坐着一个不修边幅的医生。

"你找到什么了？"唐·迈克问道。

"一个有趣的东西。"那医生手举一只小托盘，"非常有趣，非常复杂，非常精致，非常……你自己看吧。"

"是什么？"唐接过来，拿到他那只天生远视的眼前看了会儿，又换到另一只眼前仔细端详起来。

"一块芯片。精致的电路芯片。其复杂程度是前所未见的。"医生道，"它利用脑神经中的生物电运行，它比现有的任何一种机电装置都要精妙。它融合在胼胝体上的方式是我见过的最奇妙的。"

"这东西就在我的……胼胝体上吗？"

"是的。也许是你受到的剧烈震荡使它从胼胝体上脱落下来。若非如此，我永远都发现不了它。我取下它时，它已经停止运作了。"

"我脑袋里怎么会有这么……这么……"

"这么奇特的东西？"医生道，"以现有的科技水准，不大可能制造出这种奇妙的设备。我虽然弄不清这芯片到底是作什么用的，但我可以告诉你,这东西不是现代社会的产品。"

"什么意思?"

"它的科技含量大大超越了当代社会的水平。"那医生奇怪地盯着唐,"你要不是我医学院十年的同窗,我会以为你是个外星人。"

"你科幻小说看太多了!"唐哂笑道,"神经病。"

"你才是神经病!"那医生笑道,"你的植物神经中枢已经绷得不能再紧了,再不设法改善你的精神状态,一旦迷走神经发生紊乱,你就预备着在医院里过你的下半辈子吧!"

"唉,"唐苦笑道,"我知道。可我总是摆脱不了那些幻觉。"

"它们真有你说的那么恐怖吗?"

"仅靠言辞表达不出那种感觉。如果你能亲眼见到……你一定会深深佩服我的坚忍意志。"

"在你坚持不做晶状体矫正手术时,我就已经很佩服你了。"医生笑道。

"和恐惧相比,疼痛算不了什么。"唐·迈克郁郁地道,"我不知道我还能坚持多长时间……"

"唐,虽然我瞧不起那些医学院里的老学究,但他们对你的诊治也算是很恰当了。"那医生正色道,"正如他们所言,只要脑组织各系统恢复了协调,你的病情就会减轻。"

"是呀,只要恢复协调……"唐伸了个懒腰,在病床上直起身,"说说你吧,你最近几年过得怎么样?被医学界流放的滋味不好受吧?"

"也没什么大不了的。我经营这个小诊所倒也自得其乐。"

"谁会想到当年西海岸最优秀的外科医师竟然会跑到这个鬼地方开什么儿童牙齿保健所。"唐笑道。

"哦,这个穷乡僻壤当然不合您这位国际富豪的胃口。"

唐不置可否地笑道:"生活怎么样?找到志同道合的伴侣了吗?"

"这年头还哪有什么志同……"医生停住话头,像是突然想起了什么事,"嘿!唐!我记得,我刚刚被赶出医学院时,曾有人给我介绍了个工作。一个小城市的一家私人医学研究机构,专门研究那些稀奇古怪的疑难杂症。当时我只对自己的'逆势疗法'理论感兴趣,就回绝了。我依稀记得,那人好像提起过类似你的一种病症,但我当时……"

"那城市在哪里?"唐急切地问道。

"在北方。那里比这里还落后。是真正的穷乡僻壤。"

"只要能治好我的毛病,就是地狱我也要去。"

5

"请坐。唐·迈克先生。"

"戴维,干什么这么客气?"唐边落座边笑道,"这可不是你的风格。"

"在国家安全局我哪有资格讲究个人风格。"戴维笑道。

"上次你可不是这么说的。"

"上次我才三十岁。"戴维淡淡地道。

"是啊,一眨眼十年了。"唐感慨道,"我们都只顾着忙自己的事,朋友之间的情谊都有些淡忘了。"

"可我们都没有白忙。你已经是个超级富豪了,我在安全局也大小是个部门主管。付出的总会有回报。"

"那就是你的处世哲学吗?"唐笑道,"难怪你升迁得这么快!"

"你发达得也不慢。"

"我倒宁愿慢点儿。"唐无奈地笑道。

"怎么?有麻烦?"戴维关切地问道,"我能帮上什么忙?"

"是身体上的麻烦。"唐说道,"一个朋友向我推荐了一家医院,我来这儿是想让你帮我查查这家医院的底儿。"

"告诉我医院的名字。"

"方舟医学研究所。在北方的德贝市。"

"德贝?那可快到境界的地盘了。"

"境界?就是那个让委员会头疼的号称自由之岛的组织吗?"

戴维点点头,伸手按下办公桌上的通话器吩咐道:"德贝的方舟医学研究所。我要它的全部资料。"

几分钟后,一份详细的材料已摆在戴维面前。唐·迈克不免对情报机构的效率盛赞一番。

"那并不是什么好地方,至少不适合你这种亿万富豪。"戴维边翻看资料边道,"环境恶劣,设施简陋。它的主人也许只是为了满足个人的奇特嗜好才弄了这么个古怪的诊所。你看它研究过的这些病例:异类接触,精神分裂,妄想狂……嘿,唐!你不会也是……"

唐·迈克耸了耸肩,苦笑起来。

"天哪,"戴维哭笑不得地道,"这可真是……够麻烦的。"

"资料里还有什么?"唐问道。

"诊所的主人只知道叫杰。他的行医执照的确是合法的。"戴维合上资料,"就这些。"

"很好。很合我意。"

"唐,你真的决定去那个破烂地方?"

"越破越好。你明白我的意思吗?"唐说道,"我不想让人知道我的病。"

"怕影响到你的声誉?"

"和生意。所以我此行将是秘密的——既没有秘书,也没有保镖。"

"微服私访?"戴维笑道。

"是的。"唐笑道,"谢谢你的帮助。"

"衷心祝你早日康复。"

"谢谢。再见。"

唐·迈克走出办公室,厌恶地盯了眼门口殷勤的女秘书,头也不回地离去。与此同时,戴维抓起通话器直接要通了他的顶头上司安全局局长的办公室。

"局长,机会来了。"他淡淡地道。

6

"居然还有树!"唐·迈克撇着嘴望着远处那几近光秃的山坡上两株勉强可称作"树"的矮小植物,心想,用"穷乡僻壤"来形容这里实在是太宽容了。

与其说德贝是个城市,倒不如说是山谷里的一座小客栈。群山环绕着这个只有几十间陈旧的低矮建筑的小城,城里连条像样的公路都没有。没有超市,没有咖啡厅,没有任何可以表明现今已是商业社会的标志。

"这里的居民是如何讨生活的呢?"唐心想,"他们连门牌号都没有。"他并没有发现这城市在农业或工业或商业上或任何方面的任何优势能让这里自给自足。

有人从房屋里走出来并观望着,唐径直朝他走去。

"我要去方舟医……"

"那里。"那人抬手指向一座建筑,"杰医生在那里。"

"人看上去倒是挺洁净。"唐心想。他走近那建筑,并没看见有医院的标牌,只是在那大门上用红笔写着"方舟"两个大字。他礼貌地敲敲门。

"请进。"一个浑厚平和的声音应道。

"我找方舟医院的杰医生。"

"请进。我就是。请坐。"那声音道。

唐·迈克循着声音来到一排大书架前,那书架大得惊人,几乎顶上了这屋子的天花板,一个穿着白大褂的中年人正顺着梯子从书籍中爬下来。

"你好,我是唐·迈克……"

"真是奇怪,居然会是你这样的人……"

"什么?"

"哦,没什么。我知道你是谁。"那人接口道,"我也知道你会来这儿。"

唐诧异地盯着面前的杰医生,而医生则笑呵呵地用手指了指身后桌子上一堆花花绿绿的报纸。唐走到桌前拿起一张看了看,居然是一张"著名"的娱乐小报,看日期却是昨天的。它的头条新闻就是关于他的——"世界十大富豪之一唐·迈克身患奇症"。唐苦笑道:"我已经是世界十大富豪之一了吗?"

"那要看你心中'财富'二字的意义。"

唐抬起头看了眼医生,觉得这个家伙神道道的:"财富嘛,只是事业的附属品,没什么意义。"

"那你积累这么多财富又是为什么?"医生问。

"我,"唐怔了怔,"我并非是在刻意敛财。只是,我的企业越来越……要知道,当你把一件事情做到一定规模之后,你就几乎没办法再控制它了。"

"说得好。"医生兴致勃勃地道,"任何事情都是这样。大到一个国家,一个社会,一个星球;小到一个企业,甚至——一个女人。"

唐皱着眉头,不知道这个医生模样的人是否在有意讽刺他。而后者也正在观察着唐的情绪。

"古代有个词叫'万法自然',"医生道,"其意是说世间万物本身自有其发展规律。事物在发展的初级阶段是处于被动的;它需要有个主体来把控方向，掌握分寸；但到了一定程度之后，其发展由被动变为主动——正如你所说——不受控制了。"

唐撇撇嘴："也不见得。事物的发展应该受到内部因素和外界因素的共同影响。"

"喔，你也对古代哲学感兴趣吗？"

"我对有深度的东西都感兴趣。"

"是的。"医生饶有兴趣地道，"我们以你积累财富的过程为例……"

"您，"唐诘问道，"您这里是个医学研究所，我没理解错吧？"

医生不置可否地笑了笑："任何事物的发展都离不开原因、过程、结果这三个要素。科学地、系统地分析原因和过程可以导出结果，反之亦然。医学、社会学、哲学，这些理论只是对事物发展过程中的一些有趣的细节进行分析的手段；而医生们擅长的正是由病症来推导病因——我之所以对你的创业过程感兴趣是因为也许你的病因就隐伏其中——当然，如果你认为自己确实'身患奇症'。"

"哼。"

"你的奇症很有趣。"医生瞥了眼桌上的报纸，"性别歧视激化全球经济危机——这个记者用词确实不同凡响。"

"哼！"唐撇着嘴心想，一定是医学院的某个家伙把自己的病情透露给女权报了。

"医学院的那些家伙只有一点错了——刺激性信息的相互干扰确实可以引发精神幻觉，而幻觉却并不一定全都是信息干扰引发的。"

"什么意思？"

"意思是'万法自然'。"医生笑呵呵地道，"外界因素可以推动事物发展，我们来看看在你的那些对你的事业产生重大甚至决定性影响的因素。我来帮你回忆。当初在你研究古柯碱的安全配方时，医学界没少对你施加压力吧？"

"是啊。"

"你拿着新配方去申请专利时，那些官员是怎么对待你的？"

"哦，很苛刻。"

"你的企业创建初期业绩如何？"

"有段时期几乎要破产。委员会限销我的产品，说我的烟是代精神毒品。"

"这是一个负面的影响因素。其中的道理是：个人的能力是有限的。不管你个人如何努力，总有些人和事让你不被大环境认可。"

"是的，直到——"

"直到有一天国家药品监督局出面，为你的新型烟草做了大规模的正面宣传，并且给你的企业融进一笔不小的资金。"

"是啊，他们在委员会为我的烟草做了担保。"

"从那以后你的产品行销全球，你的企业也就一帆风顺了。"

"是的。"

"药监局对他们的慷慨相助可曾要求什么回报吗？"

"还没有。对此我也是百思不得其解。所以我大规模地赞助医学院和医疗团体，以示谢意。"

"为什么说'还'没有呢？"

"我不认为世间真有'助人为乐'这种事，他们迟早会要求我做点什么的。"

"呵呵，头脑清醒。"医生笑道，"而这是一个正面的影响因素：意外的帮助往往隐藏着某种目的。"

"是的。"

"现在，当你的企业资产达到数以千亿计时，委员会又做了什么呢？"

"他们，他们要加大我的销售配额……"

"你有没有想想是为什么呢？委员会有意让你的企业越做越

大——他们甚至容忍你兼并了整个世界的烟草制造企业。要知道,委员会对垄断可是深恶痛绝的。"

"是啊。"

"这个因素是正面的还是负面的呢?也许其中包含了绝大的秘密呢!"医生笑道,"那么,你对秘密感兴趣吗?"

"我只对真相有兴趣。"

"说得好。那么,对这个真相你又了解些什么?"医生边说边从身后的桌子中取出一张照片似的大纸。

"是什么?"唐看了看,问道。

"本医疗所周边十公里范围内的红外扫描图。当然,也为你加了全息效果。二十分钟前拍摄的。"

"全息……"

"图上这些人你认识吗?"

"我应该认识吗?"

杰医生耸了耸肩道:"你也许该仔细瞧瞧。"

"这应该是航拍的,可是我没看见有飞行器啊。"

"飞行器就在天上,只是你看不见而已。确切地说,是在星球的外层空间。任何人单凭肉眼都绝对看不清它们。我们把那设备叫作'卫星'。"

"卫星?"唐问道,"它们?有很多吗?"

"哦,不多。一百四十多个吧,当然,并没包括两个外层空间站。"

"外层,空间站……请原谅,我并非在质疑您遣词造句的能力——如果我没记错的话,国家航空局规定:飞行器只能飞到1000米的高空;而你所说的这些东西显然超过了这个标准。"

"呵呵,是啊,这标准就是我们定的。设定制空限制就是防止有人发现我们的卫星和其他设备。当然,类似的限制还有很多。比如:

光学、射电以及任何性质的远距离观测和探测设备都在禁止之列；高等教育体系中不设天文学和原子物理学；平民不能使用高频率无线通信器材；等等。这一切只有一个目的——不让任何人发现我们。"

"哦。"唐不置可否地道，"我只是来治病的。"

"是的。你是来治病的。而且——"医生扬着手中的卫星图，"看来不只你一个人关心你的病情。"

"这些家伙是……"

"两拨人。从大都一直跟踪你到这里。你不想知道为什么吗？"

"反正不会是追着我索要签名的。"

"呵呵。东面这四个，"医生用手指着道，"——境界组织的特务；西面比较多，十二个，猜猜是什么人？"

唐耸着肩无语。

"国家安全局。"

唐解嘲道："我很受重视啊。"

"是的。"医生指着图道，"他们身上、腰间携带的都是致命武器；而这些黄色的块状物品，则是类甲基硝酸盐。"

"炸药吗？"

"我想是的。"医生道。

刺耳的警报声突然响起。

"现在，"医生伸手揭起一块地板，"去看看真实的世界吧！"

（未完待续）

界 外

1

一丝微弱的电流像针似的刺了刺他的下丘脑叶，使他的意识立刻从蛰伏状态中解脱出来。他感到眼前的那个模模糊糊的亮点逐渐变得强烈夺目。

"天已经亮了吗？"他朦朦胧胧地想着，并在几秒钟后意识到了自己的愚蠢。他记起自己并不是在地球上，而是在宇航飞船中。这里可没有什么天黑天亮。

一股尖刻的酸楚在胸口和脚趾上的几个铂电极片周围漫延开来。很快地，如电刑般的麻木遍布了全身。就在这难言的痛苦中，范·贝克船长渐渐回到了现实世界。

"噢。老天爷。"他用力伸屈着双臂以使它们血液贯通，一边将上身自冷冻槽中支起来，一边嘟哝道，"老天爷，我这岁数可再也受不起这份罪了！"他用尚自笨拙的手指将身上的电极摘下，抬头望着舱壁上昏暗的灯光，大声命令道："照明！"

"好的，船长先生。"船舱内陡然明亮起来的同时，一个隆隆的声音从天花板上泻下来。"再次听到您的声音真好。您睡得好吗，船长先生？"

"还不错。谢谢你，守望。"贝克船长看着面前舱壁上的传感器道。

"不用客气，船长先生。您的身体是否感觉到不适？"

"头有些晕，两条腿又酸又痛。"船长说道。

"刚从冷冻状态中苏醒过来，都会这样的，船长先生。也许是您的岁数影响了您身体恢复正常的速度。它很快就会过去的。我建议您喝杯热咖啡,或者,您需要吃几片药吗?"

听这台名叫守望的电脑提起他的年纪,贝克船长苦笑了一下。

飞船的主控电脑的声音被设计得如男性般的低沉与雄浑,可它的话语却明显地带有女性的絮烦。也许这台有感觉的计算机喜欢把自己想象成女性吧。

"不用了,谢谢。"贝克船长谢绝了电脑守望的好意。"我还是先去洗个澡吧。"他费力地将双脚挪到地板上,试着迈了一步并感觉到步履维艰。舱门在他面前无声地滑开,一个光滑的东西快速迈进来并及时撑住了他欲倒的身体。守望在传感器中说道:"让守望3号扶您去,好吗,船长先生?"

被称作守望3号的,实际上是电脑守望的感觉触手。守望拥有四个这样的机械执行装置,它们就像是守望的手和脚,而守望则是这些手和脚的大脑。它们除了浑身上下散发着一种银白色的机械式的光芒之外,在外观上看起来和人别无二致,只是身体稍矮,就如尚未发育完全的少年一般。因此,守望总是抱怨制造商们把它的触手造得太丑。守望不喜欢它的执行装置,正如范·贝克船长不喜欢守望的声音一样。

"好吧,好吧。"老船长无奈地将大部分体重依在机器人守望3号身上,"我们这是在哪儿?"

"刚刚穿越冥王星轨道,已准备进入第二级减速程序,船长先生。"

"航道怎么样?"船长问。

"一切正常,船长先生。"

"那些科学家们呢?"

"他们一切正常,船长先生。"

"唤醒所有人,告诉大家打扮得漂亮点儿,我们就要到家了。"

"是,船长先生。"

贝克船长扶着机器人走出舱室,他下意识地摸了摸自己的脸颊,问道:"守望,看到我的剃须刀了吗?"

"它就在您的盥洗室里,船长先生。"守望的声音从船长身边那个触手的扬声器中传了出来,"我已为您换了个锋利的刀片,是吉列牌的。"

在飞船最顶层,也是最宽敞的驾驶舱中齐集了这次远程探测的所有成员。他们是船长范·贝克、驾驶员保罗、机械师戴维,以及三个来自不同国家的科学精英。称他们为精英是因为他们每人都精通两三门甚至更多的学科。来自日本的田中加代小姐是世界生物学界公认的权威,她在遗传基因工程学上的造诣早已超越了她的父辈和师长们。同样来自亚洲地区的中国的年轻科学家李存志是计算机专家,他也精通电子通信技术和电子干扰技术。南非姑娘珍妮是第三百九十七届诺贝尔化学奖得主,她还是国际空气动力学会的副主席。

是欧洲联盟航天管理局首倡的这次"天河川A星座"的科学考察计划并监制了这艘"金色帆船号"宇航飞船,所以来自欧盟的成员数量理所当然地在这支考察队中具有优势性的比例。拥有三十年宇航经验的贝克船长和专业飞行技师保罗就都是欧盟的任职官员。

在冷冻槽中沉睡十一年带给宇航员们的感觉仅仅像是睡了个不太舒服的午觉,而这些杰出科学家的学识告诉他们自己,在这个午休期间他们的飞船已经飞越了十一光年的路程。因此,在他们醒来后,他们仍以一种久别重逢的喜悦在驾驶舱中互相问候着。

"孩子们!"贝克船长笑着说道,"请让我以一个长者的身份,或者以你们船长的身份——我自己更喜欢前者——祝贺你们取得的骄人成绩。"

"得了吧,船长。"戴维醉醺醺地道,"我们不过是睡了二十几年,在天河A上开车兜风而已。那算什么成绩?"

这个粗壮的加拿大人一点咖啡因都不沾却嗜酒如命,他刚刚从冬眠中苏醒过来，腹内空空就已经开始喝酒了。尽管如此，他仍是北美航天局能征募到的最棒的核物理学家。这艘船的驱动器就是出自他的设想。所以，即使每时每刻都能从戴维身上闻到刺鼻的酒气，全船的人仍然很尊敬他，尤其是老船长贝克。

"在天河Ａ上兜风这本身就是个伟大的成果。"船长慈爱地拍拍戴维的肩膀，"天河Ａ！想想看！往返二十三光年！且不说旅途劳顿以及那未知的目的地是否有危险，仅仅这个数字就足够让许多人心惊胆战了。你们经受住了对你们的勇气的考验。你们去了！而且你们回来了！是不是勇士们？"

大家快活地笑起来。戴维摸着他那红鼻头也笑道："是呀，是呀。"

"最重要的是，我们达到了此行的目的！"船长大声道，"地球的科学家们推测在天河星系有适合生物存活的行星，而我们找到了它！我们获得的数据表明，只要能把大气含量和土壤成分稍做改造，天河Ａ的一个行星就可以供地球人居住。在我们将这个结论和那些数据拿给科学家们看后，他们会怎么做？"

"他们会给那星球取个好听的名字！"黑姑娘珍妮接口道。

众人大笑。

"当然会！"老船长也笑了，"然后，他们就会开始着手改造天河Ａ的环境。在不久后的某一天，他们会说：'好了，我们去吧！'你们看啊，孩子们！我们发现了太阳系外第一个可供我们人类居住的星球，对于地球和人类的历史而言，我们的成果是划时代的！"

"是的！"众人大声道。

"我提议为这个伟大的成果干一杯！"戴维叫道。众人大笑起来。

"这会使人类在宇宙中存活的概率整整提高一倍！"珍妮道。

"是呀。"众人响应道。

"而且，我们也可以把那些在地球上多余的人都赶到天河Ａ上去过活了。"众人的说笑声中，一个冷冰冰的声音道。

"为什么这么说,小李?"船长转身向李存志问道,"我们有责任扩大人类生存的空间。"

"当然。"田中加代接口道,"在人类用工业垃圾和核子废料将地球彻底污染之后,我们这些科学家当然有责任为人类再找一个可供他们糟蹋的地方。"

"好家伙。极端环保主义。"珍妮嗤笑道。

"我说得不对吗?"田中加代诘问,"人们每天都在这么做,火星就是最好的例子。"

"银河系这么大,糟蹋一两个又算得了什么?"戴维道。

"银河系可不是您老人家的!"李存志冷冷地道。

"当然,银河系属于全人类。"

"将宇宙赐予生命的美丽家园全部打上人类的烙印,这是个愚蠢而致命的错误。"田中道。

"你的意思是我们应该和其他智慧型生物共享喽?"珍妮道。

"当然!"

"得了吧!我们可不是在写科幻小说!我们研究了大半个银河系,从未发现有什么高等智慧生物。以这个天河A为例,那上面只有一些低等级的细菌和病毒……"

"细菌和病毒也是生命!你怎知道我们的考查不是对它们正常生活的打扰?"

"它们并未抱怨什么。"戴维耸着肩道。

"总有一天,它们会的。"

"讨厌的亚洲人。总是败坏情绪!"戴维咕哝道。

"自大的美洲人,总是在无言以对时出口不逊!"田中不甘示弱。

"好了,孩子们。"老船长道,"我们可以为了这些分歧而争论,但绝不是争吵。你们在天河A上的合作精神哪儿去了?我们应该和衷共济才对。别忘了,我们是在同一条船上的……"

"不会太久的。"田中道,"快到家了,我们很快就会各坐各的船。"

"万幸!"戴维哂笑道。

"够了!"船长道,"我不奢望你们能言归于好,但是在我的船上,我不许你们互相敌视!从现在开始,我要交给你们很多工作,我会让你们忙得根本没有时间争吵。"

戴维撇了撇嘴。

"你,"船长指着戴维,"喝完你的酒,然后去动力室。我要你彻底检查主发动机,并把所有数据汇成报表交给我。"

"为什么要我去?"戴维不满地道,"这些守望就能做!"

"可我要你去做!"

"好吧,好吧。你这个可恶的老家伙。"戴维嘟哝着走出舱室。

"加代,去你的实验室随便找点儿事做。你得向我保证,在我们进入地球轨道之前别再让那醉猫看见你。"

"好的,船长。"田中加代道。

船长看了看李存志,道:"你也一起去吧。"

李存志点点头,和田中走出驾驶舱。

"你们这些科学家,脾气坏得像个孩子。"贝克船长道。

"谁说的?"珍妮撒娇似的说道,"我可是个好孩子!"

船长乐呵呵地拍了拍女孩的头。

"船长,这些亚洲人可真够团结的,您说是吗?"

"如果地球人都像亚洲人一样团结就好啦!"贝克船长叹道,"亚洲人的这种大无畏的团结方式——我是说不管何时何地因为何事,他们总能很快地毫无顾忌地站在同一个立场上——的确令人佩服。在如今这个乱哄哄的地球上,这一点更是可贵。"

"是啊。"珍妮笑道。

"船长先生,船长先生。"电脑守望粗犷的声音在驾驶舱中响起。

"什么事?"

"我遇到一个奇怪的问题,而且我认为它奇怪得应足够引起您的注意。"

"怎么了?"船长问。

"在金色帆船号进入第一级减速程序并驶入太阳系之后,我没有收到来自地球或月球基地或轨道空间站或木卫四的任何电子信号。"

"那是什么意思?"贝克船长皱着眉问道。

"意思是,自我们进入太阳系范围内直到现在,我没有得到任何来自飞船之外的信息。"

"那怎么可能?你是说飞船同地球失去了联系?"

"确切地说,金色帆船号同包括地球在内的所有应该或可能取得联系的地方都失去了联系。船长先生。"

"你确定不是飞船的机械故障引起的吗?"

"飞船一切正常,船长先生。当然,除了一台咖啡机外。"

贝克船长挠了挠头,露出十分不解的神情。

"你说没有人同我们联系,对吧,守望?"珍妮问道。

"正确。珍妮小姐。"

"我们有没有主动同他们联系?你有没有发信号给地球告诉他们我们回来了?"

"我的主天线一直在不停地这样做。我给我所有航天基地的朋友——那些基地的主控电脑发去了问候,但迄今为止,我没有得到任何回应。"

"你发现这情况有多长时间了?"船长问道。

"37地球分钟。即飞船从光子二极管隧道中穿出直到此刻。"

"在二极管隧道中我们接收不到电子信号。"珍妮道。

"正确。珍妮小姐。"守望道。

"那你收到的最后一个发自地球的信号是在什么时候?"船长问,

随即大声道，"嘿！我可真笨！最后一个信号当然是在二十二年前我们进入隧道之前收到的。"

"是的。船长先生。二十二年前我得到的太阳系的最后信息是发自欧盟航天管理局的一个简短的问候，它的全部内容是：'勇士们，祝好运！'"

"事实上，我们现在的确需要好运气。"

"船长，这是否意味着……"珍妮问道。

"不。我认为这只不过是……"

"船长！船长！您在吗？"传感器中李存志急切地喊着。

"什么事？"船长问。

"我正在检测射电望远镜的程序，可是我发现一个奇怪的东西！"

"是什么？"珍妮好奇地问。

"我这就把图像给你们看。"

随着小李的话语，驾驶室中的大传感屏幕亮了起来。屏幕上出现的是一片静寂的夜空，在繁星点缀着的背景中，一个大大的亮点正以极高的速度向周围抛洒着高能粒子，在屏幕上映划出极瑰丽的曲线。

珍妮只看了一眼就笑出声来："李博士，我要说您在计算机上花费的精力远远超过了宇航天文学——那是太阳，我们这个伟大星系的伟大母亲。"

"我知道那是太阳，这谁都知道！"小李气呼呼地道，"我想让你们看的是在太阳高能粒子网右下方的那个小暗点。"

船长仔细看了看："是有个暗点。那是什么？"

"我不知道。"小李道，"现在，我将这个图像放大500倍，并用红外线扫描。你们将看到在可见光范围内的那东西的形象。"

一秒钟后，一个梨形的物体出现在屏幕上。在删除了大量高能粒子和射线之后，那物体变得明亮多了。在点点繁星的映衬下，它散发着一种妖异的灰褐色光芒。一个远景出现在另一块屏幕上。

"毫无疑问它是个行星，"珍妮皱着眉头打量着两块屏幕，"而且，看上去很……"

"很眼熟，是吧？"醉鬼戴维不知何时来到珍妮的身后。

"是呀，很眼熟。"珍妮指着右边那张远景道，"这个是太阳，这是水星，那是木星。可这个星球是什么？"

"小李，它是在太阳系中吗？"船长道，"请你确定它的参数。"

"船长，我能肯定它就在太阳系中，而且，而且……"

"而且什么？"

李存志犹豫了一会儿，说出了一个数字。

"什么？"船长和戴维异口同声地叫道，"那可是地球的方位呀！"

"是吗？"珍妮道，"Z星区的1147号行星就是地球吗？守望，它是吗？"

"当然是。"守望毫不犹豫地道。

"可是……地球难道不应该是……是蓝色的吗？"

"当然是！"守望道，"船长先生，飞船马上就要进入第二级减速程序，建议珍妮小姐不要在此时同我开玩笑。"

"可是……"珍妮道。

"减速程序两分钟准备。"

"可是，守望，我们正要弄清……"船长道。

"第二级减速程序是当前首要程序。船长先生，请建议船员们进入安全椅。"

"可是守望……"小李道。

"减速程序一分四十秒准备。"守望的声音变得呆板。

"船长，如果……"珍妮道。

"我们最好别违反飞行程序。守望说得对。"贝克船长挥了挥手，"大家都到安全舱去。"

"谢谢，船长先生。减速程序一分二十秒。"

船员们一声不响地坐在减压椅上沉思。守望的电子声带清脆地重复着。"请注意，35 秒钟后进入减速轨道。请注意，30 秒钟后进入减速轨道。"

范·贝克船长再一次狠拉安全带，将自己紧紧地贴在座椅上，任温暖的水流注满自己的宇航服，心惊肉跳地等待着即刻将至的剧震。

"请注意，10 秒钟后进入……3，2，1。"

金色帆船号船体前端探出的四个单体液燃火箭同时点燃，它们喷出的明亮火焰瞬时将飞船驾驶前舱映得通体透明。贝克船长闭上眼，静静忍受着船体剧烈颠簸带来的不适。经过十几秒的对冲，金色帆船号的速度慢了下来，那四枚已完成任务的单体火箭也脱开了飞船的束缚，旋转着，缓慢地消失在星空里。

直到胸口的烦恶尽去，船长才睁开眼。看着四周舷窗外那些熟悉的闪烁着的群星，贝克船长深深地叹了口气。他松开安全带，站起身来走向前舱，只走了几步就感到小腿肌腱的酸痛。

"守望，"船长命令道，"把重力系统调低些吧，我的脚受不了啦。"

"是，船长先生。"守望恭敬地道。

随着头脑中忽悠地闪了一下，贝克船长感觉到脚步轻松多了，"谢谢，守望。"他快步走到控制台前，按下通话器的按钮，"全体船员，将手中的工作都交给守望，立刻到驾驶室集合。"

2

"我们遇到的问题是，我们同基地联系不上了。"珍妮道。

"我想……"李存志道，"要比这严重得多。"

"我担心的也是这个……"船长道，"守望在一切可监听的频率上找不到任何无线电信号。这只能有两个问题，要么是我们的通信和监测系统出了毛病，要么是地球出了毛病。"

"我们的设备都正常，船长先生。"守望道。

"所以，现在只剩下一个问题。"戴维接道。

"我们的设备都正常，这很好。但是，"船长道，"我们不能因此就断定地球……"

"这没有道理。"田中加代放下手中的数据表，"监察不到地球表面的任何无线电活动，这怎么可能？"

"这是千真万确的，四次复核，结果都一样。"

"可除非……"

"除非什么？"

"除非它不存在了！一个科技水准达到电子程度的星球突然间变得完全与外界失去联系，从生态学角度而言，唯一合理的解释就是这个生态系统崩溃了！可是地球仍在眼前啊！虽然看上去有点儿……"

"有点儿不同是吗？"戴维接口道，"从物理学角度——当然，我只懂物理学——也有一个解释，至于合不合理，要由你们来判断，"他看着田中恼火的神情笑着道，"'核冬天'效应。"

"第五次世界大战？"田中嗤笑道。

"他只是在说一种可能性。"小李看着她道。田中撇了撇嘴。"地球是个行星，在本质上它跟我们去过的天河A没什么区别。一个普通星球能遇到的各种可能性地球也同样能遇到。"

"就是这'可能性'让我觉得不可能。"船长道，"我实在是无法想象……"

"一次全球性的电脑病毒发作，也许能达到这种效果。地球上的通信系统基本上都使用电脑吧？"小李道。

"大概差不多吧。"戴维笑道。

"一种特殊的生物病毒也能在极短时间内使地球上的人都闭上嘴巴。"田中道，她看了眼戴维，戴维笑着喝了口酒。"历史上曾经出现过类似的大规模的细菌或病毒的全球性泛滥,十七世纪的轮状单体病毒曾导致全球性婴儿腹泻,还有二十一世纪的炭疽菌大泛滥……当然,要想使所有掌管无线电式电子仪器的人都受感染,这需要极大的规模……"

戴维在旁边笑得前仰后合,但仍很礼貌地捂着嘴。

"您在笑什么,戴维先生?"田中加代虎着脸问。

"没,没什么。"戴维把手从嘴上拿开,放在酒杯上。

"太阳的大规模色球爆发产生的磁爆会使地球的外围磁场形成一个屏蔽层,这也能在短期内阻断电子信号的传递。"小李道。

"诸位请等一等。"珍妮道,"你们说的这些的确有可能会发生;但有一点请不要忘记,守望说的是我们同所有人都失去了联系。这里不单包括地球,还有月神基地、木卫四矿区,还有十多个空间站。对吧,守望?"

"正确。珍妮小姐。"守望道。

"那么,就只有一种可能性了——核战争!"戴维道,"只有核武器有足够威力让这么多机械和人都完蛋!"

戴维嘴里喷薄而出的酒气熏得田中皱起了眉头,她捂着鼻子问道:"那得需要多少枚核弹?"

"地球上有多少枚核弹?"

田中欲反唇相讥,想了想,又闭上了嘴。

"就算那威力足够大,也不可能所有核弹同时爆炸呀!"珍妮说道。

"链式反应。小姐,链式反应。"戴维笑道,"请记住这个词。"

"可谁会愚蠢到发动核战争?"船长皱着眉道。

"我只是在说一种可能性,船长。"戴维道,"至于地球人蠢不蠢,大家心知肚明。"

"月神基地和其他空间机构怎么解释?"小李问,"地球表面有可能在瞬间被核弹焚毁,可要想使整个太阳系受到核污染得需要几万年时间。"

"基地上的那些家伙们当然是吓跑了!"戴维笑道,"基地的设备能够支持他们作长途宇航。如果是我的话,我会在地球冒出青烟的第一秒钟内跳上飞船,跑到最安全的地方。"

"你的确会这样。"田中冷冷地道。

"我们现在要讨论的只是此刻我们可能会面临的状况。"船长道,"所以,请不要扯太远。"

田中加代撇着嘴坐到座椅中。

"我想我们有一个共识。一种破坏性的灾难有可能造成这样的后果:我们同地球联系不上或地球同我们联系不上了。"船长道,"唯一能解开这个谜题的做法是,我们去亲眼看一看。所以,我们的航行计划不会改变,我们回地球。"

贝克船长看着他的船员们:"有不同意见吗?"

"没有,船长先生。"李存志道,"我们都想知道自己的家里发生了什么事。但是我有个建议:请您将飞船的自动驾驶改成手动驾驶。"

"为什么?"

"还有几个小时我们就进入地球轨道了,如果真像我们想象的发生了什么灾难,我担心那会影响地球本身的宇宙参数。在守望的数据库中,地球是一个有着固定轨道、固定温度、固定自转周期的行星。一旦这些数据发生了哪怕是最微小的且本不该发生的变化,而守望的程序却又要求它在既定的位置降落……我担心会引起守望的逻辑电路混乱。"

"逻辑……混乱?"

"是的。一个相悖的逻辑指令有可能会使守望的信息库全方位坍塌。"

"有这么严重吗?"

"您还记得木卫四的大空难吗?地勤人员为了庆祝圣诞节,将基地的房屋涂成了红色,却忘记将这一改变报告给总署。结果一艘货船的主控电脑拒绝降落,引起十七艘飞船在轨道上连环相撞……"

"啊,我记得,我记得。我的侄子就是在那场空难中失去了两只手。那是我在地球上唯一的亲人。"

"对不起,船长,我不是想……"

"哦,没关系。你,你说得很有道理。那么,飞船的通信工作就交给你;驾驶交给大副保罗。保罗,有问题吗?"

"这是我分内的工作。"副驾驶保罗平静地说道。

"很好。守望,你认为怎么样?"

"我的责任是执行您的命令,而不是评价您的命令。"守望的声音里似乎有一丝委屈。

"小家伙!"船长笑道,"我这可是为了你好。"

"我理解,船长先生。我曾被用木卫四的事例来学习如何处理类似的突发事件。现在,我很高兴用我空闲下来的两块处理器同您来上一盘精彩绝伦的象棋。"

"好,下棋。"船长笑道,他回头看了看舷窗外那个灰暗的星球,问道,"国际象棋,还是中国象棋?"

3

"距离?"

"1700 公里。"

"两极磁偏角?"

"4.13 度。"

"核辐射指数?"

"12.6 高斯。"

"好吧，没办法，只能看运气了。"贝克船长叹气道，"绕了几十圈儿，这是唯一一块看起来像陆地的地方。准备放探针。保罗，改变航道。东经145度，南纬38度。定点飞行。"

"是，船长先生。那好像是，澳大利亚的墨尔本。"

"是吗？地形怎么样？"

"超声波探测到的数据不足以令电脑分析出地面的情况。"珍妮在另一个操纵台上道。

"为什么？"

"空气中有大量的带电粒子，那会使电磁波受到扭曲。"小李道。

"没有确定的着陆点参数，探针怎么能安全着陆呢？我们的设备不足以支持这种探测器在自动驾驶下软着陆。"保罗道。

"那就硬着陆！"船长道，"守望，计算探针着陆所需的时间。"

"船长先生，在没有空气密度和地面风力值的情况下我只能大概地……"

"是多少！"

"17分钟，误差1.8%……"

"小李！"船长回头命令道，"设计探针降落程序。自由坠落15分钟，然后悬浮，横飞，最后着陆。"

"好的，"小李低头摆弄了会儿键盘，问道，"无线联络怎么办？最大功率的超短波都会受到干扰。"

"在电离阵中哪种波受到的影响最小？"船长问。

"声波！"田中和珍妮异口同声道。

"那就把通信系统调到音频传送。"船长命令道。

"好的，船长。"

一个圆桶形的探测仪从金色帆船号船体的下方弹了出来，一头扎进沉沉的灰雾并很快消失在船员们的视线中。漫长的十几分钟后，珍妮终于喊道："有了！我们找到它了！"

"跟踪到它的信号了,"小李道,"是一组空气成分的数据!氧,氮,还有大量的……硅元素?"

"是灰尘。"贝克船长道,"转成全息视频图像!"

一个屏幕在众人面前展开,出现在眼前的仍旧是无边无际的灰暗。

"助推火箭何时点燃?"

"一分五十秒!"保罗道。

"好,开启光谱仪,分析空气中所有氢的同位素。"

"没有相关数据。"珍妮道。

"没有?那就分析铀 238 的痕迹。"

"没有,船长。"

"怎么回事?"船长大声问,"分析所有原子量在三位数以上的元素异变!"

"没有,船长。"

"没有?"船长恼火道,"那到底有什么?"

"有大量的,游离态的,氦核。"珍妮道。

"氦核?"船长惊叫,"聚变?"

"不可能吧?"小李道,"聚变武器不是已经被禁止了吗?"

"禁止?"戴维嘿嘿地笑起来,"可怜的家伙……"

"不管怎么说,"贝克船长道,"如果空气中含有大量氦核,太阳光的大部分能量会被挡开,再加上铺天盖地的灰尘……"

"地面将会十分寒冷。"田中接口道。

"助推火箭点火!"珍妮叫道,"探针开始减速了。十五秒钟后达到静止状态。"

"我要打开侧翼的摄影机了!珍妮,尽量稳住探针!"小李道。

"好的,好的。"珍妮一手操纵着控制杆,一手飞快地敲击着键盘,"已达到悬浮状态!注意,我要侧飞了!"

"你的能量只够你飞五分钟！"保罗大声提醒道。

"这足够了。"船长道，"珍妮，尽量平稳。给我一个全景图像。"

"不行！船长，有超过四分之一的摄影机发生故障！余下的信号不足以支持一个全景画面！"小李道。

"怎么回事？"

"冻的！"戴维道，"日本人设计这摄影机时根本没想到会遇上这种情况。"

田中加代飞快地瞥了戴维一眼，问道，"珍妮，剩下的摄影机是否占据全方位？"

"差不多！剩下的 37 部仍可划分到 12 个象限中……只剩 36 个了！"

"我要你随机设立一个象限，使每点方向都有两部摄影机。"

"好的，可以！"

"就要这 24 个！关闭其他的摄影机。"

"好的，可是……"

"把每一组中的一部摄影机的感光度降低一半，然后同另一部做八分之一秒的开关切换。"

"好的，可是……"

"照做！把所有信号汇总。转换成视频。"

"好吧。好的！有图像了！全景！"珍妮惊喜地叫道。

"删除可见光！用红外线扫描！"船长道，"好的，现在清晰了。那是什么？白色，半透明……是冰！是冰山！要撞上了！珍妮！快转向！快转……"

大屏幕的图像上下晃动起来，有几粒红色火花闪过，然后暗淡下来。

"船长，我，我……"珍妮惶恐道。

"不，这不是你的错。"船长挥了挥手，"我们还得到什么数据了?"

"激光测距仪显示探针是在距地表 850 米高度处撞毁的。而且氪激光器也受到了干扰,我不敢肯定这个数据是否准确。"小李道。

贝克船长皱着眉问道:"温度测定了吗?"

"零下 71 度。"

"比火星还冷!"船长叹道,"探测到叶绿素了吗?"

"没有。"

"生命指征呢?"

"这个,船长,如果探测器能多坚持一会儿,我们也许能……"

"明白了。"船长叹息道。

"您想喝一杯吗?"戴维在身后递过一个酒杯。

"好的,好的。谢谢你。"船长接过杯子,慢慢地坐回座椅中。

"守望。"贝克船长突然唤道。

"有何吩咐,船长先生?"守望的声音从天花板上飘下来。

"将探测器传回的数据汇总在一起,你能得到一个什么结论?"

"结论是:这个星球不适合生物生存。"

"就是说,地球上不可能有人幸存下来?"

"船长先生,我只是说该星球不再适合生存。"

"狡猾的家伙!"戴维笑骂道。

"守望,如果你是我,你会怎么做?"船长问道。

"这个问题超出我的程序范围。"守望的声音变得一本正经。

"换个问法,如果我任命你接替船长的职位……"

"数据不足——数据不足。"守望发出一阵刺耳的电子啸叫声。

"天哪!"戴维笑道,"计算机也会开这种玩笑吗?"

"看起来,它比我们更会保护自己。"田中道。

贝克船长叹息道:"守望,删除刚才的问题。"

"谢谢,船长先生。"守望恢复了它雄浑的声音,"请您理解,作为人类模拟物，我不得不将我的思维限制在我的程序范围内。"

"是的，我理解。现在我命令你取消着陆计划。"

"是，船长先生。"

"由你来驾驶金色帆船号。在得到我的下一个命令前，让它保持这个高度，但是要注意绕开两极的臭氧空洞。我们的防辐射装置也许没有我们想象的那么管用。"

"是，船长先生。"

4

"田中小姐，"戴维问道，"刚才你是怎么得到那个全息图像的？"

"全息摄影是我们日本人发明的，我比你更理解其中的原理这并不奇怪。"田中加代道，"再说，那也不是什么全息摄影，那只是一种在高景深高对比度基础上的全景显示法。只要你摆弄过光学摄像机，你就会明白那只是种普通的光学原理。怎么？难道你从来没有给家人照过相？"

"呃，这个……"

最后一个踏进驾驶舱的珍妮说道："赤道与两极的温度几乎是一样的，真奇怪。"

"没什么好奇怪的。任何一个十几年得不到太阳光照射的星球都会这样的。"小李道。

"十几年？你是说……"

"我以为这灾难至少是在十五年前发生的。"小李道，"像地球这样大的行星，要使其表面温度从摄氏 30 度下降到零下 70 度至少需要十几年时间。"

"我们只在地球轨道外监测到很轻微的核辐射。"

"那是因为地球厚厚的大气层和爆炸掀起的灰尘将辐射罩住了。"

"但是电磁波爆可罩不住啊！"珍妮说道。

"所以我推测，那十几个轨道空间站和月神基地也许已经被冲击波摧毁。木星以远的科学基地和采矿船却可能有时间逃脱厄运。"小李道，"我们收不到任何信号，是因为这些地球人要么死了，要么逃了。而且是在十年前。"

"你是说，有些人可能躲过了这场灾难？"贝克船长问道。

"这世界上总会有一些人比较幸运。"戴维道，"只要他们在地球冒出黑烟的那一刹那就明白发生了什么事，他们就可以很从容地离开，甚至有时间吃顿饭。"

"而且，如果是核战的话，这些驻守在太阳系边缘的科学家们当然会聚精会神地注视着地球的政治局势。只要战争不是突发性的——时下没有什么事是突发性的——他们当然会明智地、及时地逃走。"田中道。戴维友好地冲她笑了笑，她只是冷冷地撇了撇嘴。

"至少，还有几个像咱们一样走运的家伙，"船长道，"据我所知，还有四艘像金色帆船号一样的欧盟的远航考察船在银河系四处游荡着。这些人应该和咱们一样仍然还活着。"

"而且还活得很好。只要不去想地球现在的模样。"戴维道。

"地球现在是个名副其实的垃圾场，再也不会有人为地球的环保问题而担忧了。"田中道。

"是啊。"船长盯着舷窗外茫茫的灰色叹道，"我们在冷冻槽里安静地睡觉时，这里一定打得很热闹。"

珍妮也呆呆地看着窗外道："现在我们干些什么呢？我们已经完成任务了……通常这时候，我会想我要到哪儿去度假……"

"你现在也可以这么想，珍妮小姐。"沉默寡言的副驾驶保罗开口道，"你想去哪儿度假都可以，只要我们的船有足够的能量。"

"什么意思？"船长问，"能量不足了吗？"

"太空总署设计这飞船时并未考虑到它要在降落之前绕着地球飞

上一百圈儿。我们的燃料仅够我们返回地球基地——如果那儿还能被称为基地的话。主燃料仓已经告罄。"

"后备能源呢?那些单体火箭呢?"

"我们还有四枚火箭。"

"四枚?那点能量还不够我们离开地球轨道!"

"我们哪儿也去不了了吗?"珍妮道。

"恐怕是这样。"保罗道。

"我们千里迢迢赶回来,就是为了给这个破烂儿陪葬吗?!"

"傻瓜。"戴维小声道。

"为什么叫它破烂?这是地球!是我们的家!"田中道。

"它现在不是了!"珍妮叫道。田中回头看看窗外,欲言又止。

"一对傻瓜。"戴维嘟哝道。

"你有什么好建议?"小李问道。

"为什么问我?这事儿应该问守望。"戴维道。

"守望?"小李呆了一下,高兴地说道,"船长,守望用的是独立能源!"

"是的!"船长道,"守望,你的能源储备是多少?"

"船长先生,我的主能源是电能,功率相当于七十万马力的火箭。"

"借我们用用,怎么样?"

"不能超过60%,必须在一小时内补足,否则……"

"什么否则不否则?你这个破机器!你居然敢和我们讲条件!"戴维气呼呼地道,"信不信我把你拆了?"

"你不会那么做的,戴维先生。"守望平静地道。

"为什么?"

"因为我是台机器,而您是个人。"

"尖刻!"田中笑道,"我越来越佩服守望了!"

"承蒙夸奖,不胜荣幸。"守望道。

"你们这些淘气的孩子!"船长笑道,"快想一想我们用守望的这些能量能做点儿什么。"

"即使把守望的全部能量都用上也达不到逃逸速度。"保罗道,"我们冲不出地球轨道。"

"那我们就只能绕着地球转了。"戴维道。

"也许……"田中道。

"什么?"珍妮问。

"诸位,"田中问道,"你们有谁知道穆岛?"

"你是指穆岛空间实验室吗?"保罗问道。

"是的。一个由我们日本国独立研制的空间站。咱们金色帆船号启航时,正值穆岛升空两周年纪念……"

"那又怎样?"戴维道。

"这个空间站的设计使用寿命是150年。"

"倒是挺坚固。"戴维撇嘴道。

"当然。"田中狠狠地瞪了他一眼,"穆岛实验室是用来研究太阳的内部结构的,所以被设计成防热防辐射。它有一层致密的陶瓷外壳,用来抵御太阳色球爆发时产生的磁爆。"

"噢?"小李道,"如果它能抵御太阳的磁爆,理论上讲也能抵御核弹的。"

"那又怎么样?"戴维道,"难道它在地球轨道上?别忘了它是研究太阳的实验站。"

"它就在地球轨道上。"田中道。

"什么?真的?"众人惊叫道。

"几小时前我看见了它。"

"你确定就是你说的那个穆岛吗?"船长问道。

"我确信。我曾参与它的发射工作。"

"它也许是出了故障回来检修……船上的人……"

"我当然希望我的同胞能及时逃避灾难。我想说的是,穆岛空间站配备有一艘远程航天器。"

"航天器?"

"是的。我们也许能利用这艘航天器或它的能源。"

"如果航天器被你的同胞开走了呢?"

"航天器可以开走,实验站的核反应堆他们搬不走。"

"是的,他们肯定搬不走。"戴维道。

"那么,你能把它搬走么?"田中问道。

"好主意!"船长道。

"这个么……我,也许……"

田中笑眯眯地道:"即使戴维先生做不到这一点,穆岛还有为数可观的太阳能的光电转换器。"

"请告诉我它的确切位置。"保罗道。他埋头计算了一会儿,说道:"可以,我们能到达那里。但那几乎要耗尽我们的全部能量。真的确定要这么做吗?"

"谁还有更好的主意?"船长问道。

众人无语。

"那我们还等什么?"

5

"正上方。"守望道,"垂直距离 920 米。"

"好的。做同步飞行。"船长命令道,"把你的能量传送到动力舱。"

"您真的要用我的能量使金色帆船号提升吗,船长先生?"

"是的。"

"您知道在地球轨道上使本船提升 920 米将需要多少能量吗?您

想要我说出那个数字吗?"

"我知道那是多少。照我说的做吧,守望。"

"我的系统可能会因此受到限制或损伤。"

"我建议你关闭自己的大部分处理器,进入自动保护状态。"船长道。

"谢谢,这个建议很中肯。可是如果我长期……"

"执行我的命令,守望。"

"好吧,船长先生。"守望在一声充满牢骚的长叹后关闭了它自己。

"我得到能量了!"保罗在动力舱报告道。

"立即给推进器充电。"船长命令道,"我们得赶在进入地球的阴影前飞到那个位置上,否则守望的这些低压电能会很快消耗在电路里。"

"我准备好了!"保罗道,"请船员们系好安全带,将会很颠簸。"

"开始吧!"船长命令道,话音未落,一个很细微的嗡嗡声从动力舱飘来,船长刚把手放到座椅扶手上,那声音已变得如雷鸣般震耳欲聋。心猛地向下一抽,它仿佛随同血液和躯体内的所有内容都涌到双腿上去了,老船长觉得头脑和胸膛中空荡荡的,而双腿却酸痛肿胀。他想,没有守望的重力调节器,这超重的感觉还真是难以忍受。

"开始对冲。3,2,1。倒车!"保罗大声喊道。

随着速度的锐减,船员们觉得自己的身体仍随着惯性向上冲,扯得安全带咔咔直响。戴维更是觉得猛向上冲来的不仅是全身的血液,还有他胃里的酒精,他一手捂住嘴,一手紧扼喉咙,拼命忍住不让胃里的秽物涌出来。他终于成功地做到了这点,心有余悸地偷偷看了看其他船员,意识到并没有人发现他的窘态,这才安下心来。令他安慰的是,旁边的田中加代却呕吐得满地都是。他兴致勃勃地找到老船长道:"嘿!樱桃小丸子又吐了!"

船长瞪了他一眼，斥责道："那还不快去帮她收拾好！"

"呃，你这个老……"戴维气急败坏地道。

"保罗，位置怎么样？"船长转过身对着传感器唤道。

"偏左！我正在调整。我需要有人帮我计算它的轨道倾角。"

"我来。"李存志应声道。他在操纵台键盘上摆弄了一会儿，又找出本资料查看起来，"轨道倾角为51.6度。这空间站有230米长，我们和它对接应该很容易。可是，有个问题……"

"怎么？"船长问道。

"它的对接口直径是亚洲制式，只有1.8米，这跟咱们的不匹配。"

"到它的右侧去，那儿有个万用接口。"刚刚走进来的田中加代道。

"万用接口？"船长回头望见田中苍白的脸庞，"你没事吧？"

田中疲惫地笑了笑，说道："在空间站右侧船体中央有个多口对接舱。"

"听见了吗，保罗？我们到右边去。"船长道。

金色帆船号船身的几个姿态控制喷口喷出的热气流使飞船在轨道平面上轻盈地绕着那个蝶状的穆岛空间站转了半圈。

"我看到了，"保罗道，"没错，是个多用接口。"

"守望可帮不上你的忙，"船长道，"你自己能把我们联起来吗？"

"没问题，我以前这么干过。"

保罗熟练地操纵着飞船，船员们则聚在控制室屏息静气地盯着大显示屏上那个鲜红色的对接标尺。两船越来越近，终于，喀隆一声，一切都平静下来。

"正中靶心。"保罗在传感器里报告道。

"好啊！"船员们兴奋地欢呼起来。

"干得漂亮！保罗！"船长赞道，"珍妮，去测试一下穆岛的密封舱。"

"好的，船长。"珍妮应声而去。

"我需要一个特别小组进入穆岛。"船长道，"田中熟悉穆岛的构造；戴维负责核反应堆；另外，小李，你进去查查那里的操作电脑的损毁情况。如果有可能，修好它。一旦咱们的守望不能及时恢复功用，我需要有台电脑帮助驾驶金色帆船号。"

"是。"

"田中是这个特别行动小组的组长。在穆岛内的一切行动都由她负责。"

"这可……"戴维嚷道。

"闭嘴。快去准备吧。"船长命令道。

6

"气压：850毫米汞柱；温度：4摄氏度；空气成分：氧20%，氮70%；相对湿度：47%。船长，除了温度稍低，这里和我们船上的环境差不多。"挤在密封舱里的三个宇航员一边读着探测仪器上的数据一边报告道。

"看来，它仍在努力维持一个正常的生态系统。"船长道，"打开宇航服的温度调节，旋开穆岛的密封舱门，进去吧。"

"小心你的头。"走在最前边的李存志回头道。

"嘿，得了吧，我知道你们亚洲人个子矮。"戴维没好气地道。

田中冷冰冰地瞪了他一眼，转头对小李道："左面。左面是工作舱。"

"那右面是什么？"戴维问道。

"卫生间。"田中冷冷地道。

三人鱼贯爬过生活舱和工作舱之间的狭窄的通道。

"嘿，你们不觉得这边比那个卫生间暖和吗？"戴维问道。

小李看了看手里的温度计，皱着眉道："是啊。"

田中四下看了会儿，吩咐道："小李，中央控制台就在前边，你去检查实验站的电脑。动力舱在这儿，戴维先生。"田中俯身打开舱门，"图帕兹级的核反应堆。"

戴维夸张地吹了声口哨，伏身钻入动力机械室。

"请两位与我保持通话联系。"田中说完径自转身朝着生活舱方向走去。

"船长，这里的电子设备基本上完好无损。我查看了操作系统，发现无线通信装置和实验站的主控电脑都是被人为关闭的。"小李报告道。

"噢？那就是说这实验站是在核难之后才回来的？"

"这一点无法确定。这实验站确实有个可防范超量核爆的陶瓷外壳。"

"主控电脑怎么样？"船长问道。

"属于亚洲制造的航天系列。我想我能把它和咱们的守望联在一起。我发现了一些被人为删除的信息，我正在想法恢复它；还有，航行日志和一些实验记录都被加密了，给我点儿时间，我会解开它。"

"很好，继续干吧。戴维，你那儿怎么样？"

"很麻烦。这个破反应堆大概已经停滞了十多年了，液体金属循环冷却系统已到了使用年限，中子通量管也快报废了。这种老掉牙的东西我看还不如……"

"少说废话。它还能用吗？"船长打断道。

"嘿嘿，谁让你遇上我这么个高手呢。放心，有我在，这烂玩意儿起码还能转一年。"

"那就修好它！"

"田中，"船长唤道，"你找到什么有用的东西了吗？田中，田中？小李，田中没和你们在一起吗？"

"没有，船长。她去生活舱了。"

"生活舱？她多久没和你们通话了？"

"这个，从她进入那边生活舱一直到现在……"

"快去找她！快去！戴维，你也去！"

生活舱位于实验站的最后方，小李和戴维跌跌撞撞地赶到这里已是满头大汗了。令这二人感到惊奇的是，田中正呆呆地站在舱口，看样子她连舱门都没打开过。

"你，你怎么了？"小李问道。

田中闻声回头，二人看见她宇航帽内满脸的泪水。

"怎么了，小丸子？"戴维问道。

田中把手放在生活舱的舱门上，凄凄地望着戴维。

"舱门怎么了？打不开也不必哭啊？"戴维笑着伸手推去，可是手刚触到舱门就缩了回来，惊道，"好凉！"

小李把温度计抵到舱门上，说道："这里面起码有零下30度。"

"这哪是生活舱？简直就是冷库！"戴维道。

田中点点头，低泣道："是，这是个冷库。"

小李惊问道："你是说，难道……"

"什么？你们说什么呢？"戴维不耐烦地道。他拧开舱门，一使劲，推开了。刺骨的寒气扑面而来。戴维毫不犹豫地踏了进去，田中迟疑着跟在他后面。

这个圆桶形的舱室里迎面挂着一面太阳旗。旗下，扇形分布的六张单人床上端坐着六个冻得面目惨白的人。日本人。戴维看清床上的情形，惊叫着向后一蹿，撞在后面的小李身上。

"他们，他们……"戴维颤声道。

"他们已经死了。"小李道。

"是的。"田中泣道，她的泪珠如冰晶一般凝结在脸上。

小李走上前去察看这些面容严肃的死者，他伸手揭开一人的和服左襟仔细看了看，回头说道："应该是自杀。"

"为，为什么？"戴维惊问。

田中似压抑不住内心的感伤，转身飞快地跑出去。

"保罗，你怎么看？"金色帆船号的驾驶室里，老船长问道。

"图帕兹级的加速器以及穆岛剩余的燃料足够我们飞到月球。"

"我是问你对实验站里的那些日本人的看法。"

保罗摇头无语。

船长叹了口气，转头问珍妮道："你呢？有什么看法？"

"我，我对日本人不太了解。"珍妮扭头看了看田中，"我只是在小说里看到过日本人的集体自杀，好像是关于某种信仰的……"

"是武士道。大和民族的武士道精神。"小李道。

"你们为什么都说那些人是自杀的呢？"戴维道，"我可看不出他们是怎么死的。"

"他们的腹部都有用红笔画出的十字痕迹。"小李道。

"那能说明什么？"

"那是剖腹的印记。剖腹自杀是日本武士道最高级别的殉道方式。"

"可他们并没有真的剖开呀。"

"为避免宇航员无谓受伤，航天器里不允许有尖利的致命的物品。所以，他们在自己身上画出这些痕迹后，就调低了生活舱的控温仪……"

"你是说，他们，他们是把自己冻死的？"

"是的。"

"老天！真，真疯狂！"戴维惊讶道。

"不过，剖腹呀，武士道呀，这些好像都是军人们的玩意儿。"船长疑惑道，"这些科学家怎么也……"

"说到军人,我有些东西想给您看看,"小李递过几张纸,"我把他们删去的那部分实验记录还原了。"

"实验记录?"船长接过来只看了两页就惊道,"这是欧盟的航天防务计划,美国在木卫四的秘密基地的武器装备部署图,还有,这好像是韩国的地下核武库位置?这是,这是……"

"这是偷窃来的秘密军事情报。"

"穆岛实验站是个间谍机构?"船长惊讶道。

"穆岛是你们的间谍船?"戴维大声道。

"我,我不知道……"田中一脸茫然,"当时我只是负责它的维生系统。"

"你怎么会不知道?你们这些日本人,从几个世纪前就想称霸世界;你们挑拨中国和美国开仗,唆使巴基斯坦用核弹袭击印度;你们就是想让世界大乱然后从中渔利,世界各地都有你们的间谍……"戴维斜眼看着田中,"也许,你就是个间谍……"

"够了!戴维!"船长斥责道,"这个世界上我只对三种东西不感兴趣:政治,卡拉OK,还有你的胡言乱语!所以,闭上你的臭嘴。你们都知道,就是政治毁了我们的俄罗斯同行,因此,在全世界可能只剩下我们几个人的时候,我可不想听见有人还在谈论他妈的政治。"

"嘿!老头,我只是跟她开玩笑!"戴维笑道,"她愁眉苦脸的样子我可不忍心看!再说,谁会舍得这么个漂亮的小姑娘去当间谍?"

"谢谢。"田中轻声道。

"不但漂亮,而且有时还温柔可爱。"戴维嬉笑道。

田中狠狠地白了他一眼。大家都嘻嘻哈哈地笑起来。

"有一点我不明白,"珍妮道,"他们为什么要死呢?他们有一艘很先进的远航船啊,就算这艘小船飞不远,可也没必要为地球殉葬呀。"

"他们是为了自己的信仰而殉道的。"田中沉沉地道。

"亚洲人的精神世界中最宝贵的理念就是'家',而客死他乡是对这理念的最大玷污。这就是我们说的'叶落归根'。"小李道。

田中接道:"家没有了,生活也就失去了意义。所以他们选择死。"

"噢,这种想法有点蠢,"戴维看了看田中又接着道,"不过,倒是挺叫我佩服的。"

船长道:"别管那些了,我们抓紧时间赶路吧。带上穆岛的航天器和所有我们需要的物品,叫醒守望,我们去月球。"

7

月神基地。

"我们准备就绪了。"贝克船长道,"月神基地有我们远航所需的一切。我们燃料充足,补给充分。我们将远离这个让我们伤心的地球,我们将去天河 A 重新创造我们原来拥有的一切。我们发誓将使那里成为一个和平的世界。"

"如果你是在灾难中幸存的,或是刚刚远航归来的,在收到我的信息并看见了地球现在的模样时,请不要惊讶。你也许已经猜到了。是的,正是地球人的贪婪和自私毁了我们美好的家园。也请不要伤心,也许这会是个更美好的开端。如果你们知道有适合人类生存的星球,那就去吧,用你们的真诚和热情去创造一个你们理想的家。如果没有,就来天河 A 吧。我们在那里发现了和地球相似的生存环境,我们六位博学多才的勇敢的宇航员以及我们现有的设备足以让我们把它改造得像地球一样美丽。尽管这听上去仿佛遥不可及,但这毕竟是我们的希望。在这种时刻,希望当然是最重要的。

"我们之中的杰出的生物学家认为,创造一个新环境需要有丰富的生物物种,因此她采集了所有六位宇航员的体细胞和生殖细胞并做成基因标本。我们会留一份给你们。我们船上还有一些地球上的动植物和农作物的标本,本来是用来检测天河A的生存条件的,现在也留一份给你们。还有,为了保存地球的科技和文化,我们尽可能地将我们的知识记录并且汇总起来,它也是你们的了。而且,为了后来者,届时,希望你们也能这么做。

"月神基地有你们需要的燃料和给养。这是欧盟航天总局的远程探测飞船金色帆船号。我是范·贝克船长。我和我的船员会在天河A等着你们。勇士们,祝你们好运。"

贝克船长深深地叹了口气,说道:"就这样吧。小李,设计一个保护程序,使这个信息每24小时全频播放一次。要维持足够长的时间。"

"不必了,船长。"保罗道,"这工作交给我吧。"

"怎么?"船长不解地问道。

"我不跟你们去天河A。我要留下来。"

"为什么?"船员们惊异地问。

"仅用一个信息留言告知那些可能回来的人这里发生的事,未免对他们太不公平。在地球变成这个样子时,他们更需要看见一个地球人,活生生的地球人。"

"可是……"

"田中小姐已经修好了基地的自动维生装置,戴维也重新启动了能源供应系统。这里的设施非常齐备,不用为我的生存担心。"

"可是保罗……"

"船长先生,请您尊重我的选择。我可不认为自己有多离谱。"保罗道,"也许是我太保守。我以为,与其去那个天河A建立新世界,不如在这里等待这个旧世界复原。"

"这个,"小李道,"我不知道是否有朝一日地球会恢复原状,我也不想说核污染会在地球表面存在多少年。我只想告诉你,仅那些遮天蔽日的灰尘落回地面就需要一个世纪时间。"

"七十年。"保罗道,"我记得教材上是这么讲的。全球核爆之后,七十年尘埃落定,又七十年冰川融化,然后随着大量的降水,地表污染被清洗干净。总之,大约需要三百年时间,地球才会恢复原样。当然,是恢复到地球原始冰河期的样子。"

"那么,你是怎样认为自己能活到三百年后的那一天呢?"

"我当然不能。我们的后代能。"保罗笑道。

"后代?我们的……后代?"船长疑惑地问。

"以月神基地现有的设备,和我们那些优秀的基因,凭田中小姐杰出的才能,她当然能培育出以咱们这些人为亲本的试管胚胎。我也曾经是……两个孩子的父亲,"保罗回头望了望远处天际的灰色星球,"凭我的经验,当然也能把那些试管婴儿抚养长大。你们留下的知识会让孩子们博学而聪明,我则要教会他们生活的意义。创造未来总是会让人感到兴奋和幸福的,当然,只要我和孩子们能忍受等待的苦闷。"

"嘿,自居为拯救世界的英雄吗?"戴维道。

"至少,我不愿意坐着'诺亚方舟'离开。"保罗道,"当然,如果有一天真的能确定地球实在无可救药了,我们的孩子们会离开这里的。孩子们总是会比我们聪明的。"

"田中,保罗说的可行吗?"船长问道。

"这个,理论上可行。"田中道,"但是,关键并不在于我是否能育出那样的试管胎儿,而在于保罗先生是否能安全地把这些胎儿养大。基地的维生系统倒是非常完备,但哪怕只有一点点差错都可能要了这些胎儿的性命。所以,单凭保罗先生一个人……"

"这点不用担心。"保罗道,"基地的主控电脑也拥有机械触手。它们几乎和咱们的守望一样先进。"

"是的。"小李点头道,"保罗说得没错,船长。"

"唉！"船长叹道，"既然你已考虑得这么周全，看来你是执意留下来了。我不勉强你。你们怎么看？"

船员们默默地看着保罗。

珍妮挺了挺胸，说道："保罗先生，我也……"

"不，不。"保罗打断她，"谢谢你。我并不孤单。"他抬头望着天上的地球，"我的亲人们都在这儿。"

"既然如此……"船长道，"你们，去准备吧。"

"喂，樱桃小丸子。"戴维唤道，"需要我帮你吗？"

田中停下脚步，冷冷地道："不要再叫我樱桃小丸子。我有名字。请您记住，我是个日本人，我的名字是田中加代。"

"名字？你的日本国家都没有了，你的日本名字还有什么意义？"戴维笑道。

"就是在此时这个名字才具有真正的意义！"田中冷冰冰地说道，"请您记住这一点！"

"哦，说到名字，以我们两个为亲本的孩子该叫个什么名字呢？你喜欢男孩还是女孩？"

田中二话不说，上去就是一个清脆的嘴巴。

戴维恶狠狠地瞪着她，突然走上一步，一把将她拥住，使劲地吻了她的唇。田中愣了一下，用力将他推开。

戴维心惊肉跳地等待着田中的爆发，小李则眉头紧锁地盯着戴维。而令大家吃惊的是，田中仅仅是拿出一块手帕拭了拭嘴唇，并平静地说道："让男人亲吻并不是一件坏事，尤其是当世界上只剩下几个男人时。"然后转身而去。

戴维不知所措地呆在原地，船员们则开怀大笑起来。

老船长注意到了小李的不自然的笑容，叹息着摇了摇头，走回他的驾驶座，慢慢地坐下来。他揉着酸痛的双膝，心想自己真的老了。他从衣袋里取出一枚银币，轻轻地把玩着。那是他心爱的侄子送给他的生日礼物。他把它摆在拇指上,弹了起来。

这是一枚漂亮的闪着银色光芒的硬币。它在空中快速地翻了几圈,又落回到老船长的手中。

(未完待续)

空中石子

序

地球。

公元 1054 年，中国北宋至和元年，《宋会要》以大量篇幅细述了 7 月 4 日用肉眼观测蟹状星云大爆炸的景象。

公元 1930 年，苏联国家天文台宣布在赤经 18 时 50 分，赤纬 36°的天琴座以南，距太阳系大约 1400 光年处，发现一颗超巨星及其附属行星群，并命名为小天鹅星座。

公元 1943 年 3 月，美国科学家在菲律宾群岛及印度洋南部海底发现形成于大约 70 万年前的陨石群，并把这批不同寻常的陨石称为耀融石。同年 11 月，《洛杉矶时报》刊登麻省理工学院天文物理学家德瑞克博士的文章，声称在耀融石中发现了以现代科技手段无法复制的硅钴合金，并把此发现作为存在地外文明的最有力证据。

公元 1964 年，罗马大学物理学院与都灵天体物理研究所同时用引力波探测器捕捉到来自外太空的中微子脉冲信号，并证明其来自距太阳系 16 万光年的大麦哲伦星云。

公元 1983 年，美国宇航飞船先驱者 10 号在成功发送回木星的照片和资料后，以每秒 11 公里的速度飞离太阳系，成为人类第一个飞出太阳系的探测器。

公元 1990 年，哈勃射电望远镜成功探测出，金牛座和猎户座交界处的天空中的大型黑洞，并正式提出宇宙间存在四维空间的假设。

公元 2006 年，美国星球作战防御体系于北半球大气层中发现大量不规则粒子及核子裂变现象。同年，俄罗斯亦宣布发现相同的异常粒子束，并证实其来自太空而非本土。

公元 2022 年，失联数年的先驱者 10 号在信号短暂恢复后再度突然中断，原因不明。

公元 2027 年，联合国第 82 届代表大会会议将《如何同地外文明智慧生物取得联系》纳入正式议程。同年，星球防御三角联盟正式成立，美、中、俄三大科技强国就科学发展动向达成一致，通力合作致力于探索银河系外的文明。

公元 2056 年，中国科学家突破了相对论的狭义性，以实验证明了使物体接近或达到光速的可能性。

公元 3016 年，为解决能源危机和寻找能替代地球的系外类地行星，太阳系星系联盟派出了第一支远征探险队伍。

浩瀚宇宙中的某个星系。

恒星"大雅四号"正在不断增强自身发出的热量。这颗星所发出的光亮，就像太阳系的太阳一样，滋养了数以百计的环绕周围的大小行星，普照着这个小小的星系。

只是这颗"太阳"就要毁灭了，它已完成了冥冥宇宙赋予它的神圣使命。它一天比一天热，一天比一天亮。终究会有一天，放出最后一点热，发出最后一缕光。

超新星"大雅四号"就要爆炸了。

天体面临死亡时，由于核能耗尽而向中心坍缩，物质密度急剧增加，当增加到极致时，破坏核心内的物质结构而发生爆炸，其间强烈的热核反应，使其光亮突增几千万倍，并向空间释放大量能量，周围天体多数遭到破坏。

恒星演化为超新星并最终归于灭亡，这种天体的演变是宇宙发展中最正常、最普通的规律，而对于生存在大雅星系中的无数生灵来说，却是生存与灭亡的最严峻的考验……

第一章

1

突然从梦中醒来的何平,觉得眼前弥漫着一片柔和的金光。

他异常惊讶地向舷窗外看去。

尽管他只是听过博士的口头描述,但还是即刻相信,那个在他短暂睡眠中已十分切近的此刻被晨曦笼罩的星球,正是他此行的目的地——阿瑞斯星。他兴奋地注目细看,在那金光闪烁的星球的自转平面上,还有一环博士未曾讲过的凸起的形似城墙的设施,就像一条美丽高雅的金色腰带,使这个看上去原本雍容华贵的星球,更增一分王者气度。

"真难以置信!"何平赞叹地自语,"美得就像梦!"

"这不是梦,先生。这是黄金。"他的机器人助手以严肃认真的语气打断了他的遐思,"确切地讲,是元素 Au,原子序数 79,相对原子质量 196.966,分子结构呈三角形,熔点 1064.43 ℃,硬度……"

"好了,好了。"何平不情愿地将视线从阿瑞斯星移开,瞥了这个被他称作"狄娜"的聪明又执着的机器人一眼,问道,"可你知道这是为什么吗?"

"知道,先生。"狄娜说道,"距阿瑞斯星最近的超新星——大雅四号恒星爆发出的热量,到达该星球产生的温度是 6.7 级,为 100 年前的 12 倍;核辐射是 210 毫雷姆,为 100 年前的 6 倍。在这种环境中,任何生物的有机结构都会遭到严重损害。阿瑞斯星球当局为抵抗热核侵蚀，于 40 年前建成这一屏蔽层，创造了适应存活的内部环境，使生命的自然死亡率从 40 年前的 30% 降至现在的 7.1%……"

"看来你知道的并不比我少。那么，你知道笼罩整个星球的黄金是多大一笔财富吗？"

被无礼打断话语的狄娜不愠不恼，并再一次用数据表现出它信息库的渊博。"黄金保护层平均厚度 1.97 毫米，总重量约 7000 万吨，是该星球所有地下藏储以及它所辖的 17 个卫星和两个联盟星球所辖小行星带的全部矿藏。"说到这里，它停了片刻，"对以黄金为基本货币单位的大雅族民来说的确是笔巨大的财富，但对我们翼星而言，黄金毫无价值。"

"是呀，说得对。"何平表示赞同。过了一会儿，又以赞叹的语气补充了一句："这么巨大的工程，又是人类一大历史性创举！"

"是的，先生。该工程耗时十七年，就其意义而言，确是创举……只是您刚刚说的'人类'是大雅族的别称吗？我的电脑中没有这个词。"

"没有这个词？"何平惊讶地说道，"那么，你肯定也不知道大雅族的来历吧？"

"不知道，先生。"狄娜垂下眼帘说道。

看着娇艳少女的一副窘态，何平差点儿笑起来，心里暗暗惊叹这个电脑合成体竟被塑造得如此近乎完美！

"这不怪你。'人类'这种生物和'人'这种称呼，那是大约二十万年前的事了。"何平解释道，多少带点儿宽慰对方的语气，"二十万年前的几十万年前，我们这个星系中只有一个行星存在生命体，那就是玛雅星的玛雅种族。经过长期发展，当时的玛雅种族具备了相当发达的科技文明，据博士讲，至少高出现代文明上百倍。但科学的进步未能改变这个种族体质上的羸弱。到了二十几万年前时，大雅四号恒星刚刚演变为超新星时，玛雅族就预见到了事态的严重性，并派出考察队伍四处寻找适合自身生存条件的新居住地。他们终于在遥远的银河系找到了这样的星球,并在这个星球上发现了同玛雅族的体态特征比较相似的生物——原始人类。返回时,他们把一批这种较低级的生命实体带回本土,进行研究……"

何平停住话头,看了看驾驶台上的一排排仪表,确信离着陆还有一段时间后,又接着说下去:"那时,原始人类尚处于低级文明阶段,但玛雅族发现人类具有潜力极大的智慧。于是,他们一边对原始人类进行智力开发,一边着手制造大批宇航器,以便将整个种族迁移到银河系。始料未及的是,超新星的演变速度之快远远超过科学家的计算。大迁徙的准备工作还没完成,玛雅星的生存环境便急剧恶化,大批大批玛雅族民承受不了高温和核辐射,纷纷死去,搬迁计划被迫提前。于是,玛雅族带着它的科技精华和尽可能多的族民仓皇离去,而把它从银河系带去的俘虏们,无情地抛弃在这个注定要毁灭的星球上。可有趣的是,"何平说着,调侃地笑了笑,"原始人类却凭借着自身强健的体魄和非凡的适应能力,在玛雅族认为是地狱般的环境中生存并繁衍起来。当时人类已开始同玛雅族民通婚,生下的后代不但具有人类的强健体质,还继承了玛雅族的智慧,形成了一个强壮而智慧的新种族。这就是现在阿瑞斯星的大雅民族。他们把银河系的传统文化同老玛雅族里遗留下来的科学技术糅合起来,发展成眼下发达的大雅文明。"何平停顿了一下,又说下去,"我、博士、翼星的居民以及穆岛星的部族,都属于大雅种族。不同的是,穆岛星曾是阿瑞斯星的殖民地,那里土著文明水平较低,但数百年前就已独立。而我们翼星却是近几十年才以卓越的科技和博士的声誉赢得目前的地位以及'和平星'称号的。从前,这里只是大雅族罪犯的流放地。"何平说到这里,戏谑地扫了狄娜一眼,"怎么样?还有什么不明白的吗?尽可以向我请教。"

狄娜佩服地看着何平,恭恭敬敬地问道:"我只知道'银河文明'

这个词,却不知道具体含义,你能解释给我听吗?"

"当然可以。银河文明是一种古老的文化体系,是由银河系生物独自建立的一种低级文明,但对古人类和大雅族影响至深。现代文明就是建立在银河文化的基础上的。在我们的生活中,古文化同样到处可见。比如,现在的语言和文字是由古代语言和文字演化来的,甚至在穆岛星至今仍保留着古老的宗教仪式。在科学领域内,古老的名词仍被沿用,比如'光速''光年',等等,我们仍把行星绕大雅四旋转一周所用的时间称作'一年',尽管时间单位已精确到铯原子跃迁频率 9192631770 周,我们仍旧把这个基本单位叫作'秒',等等。这样的例子不胜枚举——总而言之,银河文化虽然古老,却是传统,而且,古文化中仍有许多独到的理论适用于现代文明,我们面前的阿瑞斯星就以保持古老的风俗传统为荣耀。领导层中,贵族阶层仍以学习古代文字为时尚……"何平停住嘴,用手指了指舷窗外,示意狄娜不要再发问,他们的飞行器即刻将冲进阿瑞斯星的大气层。随后,他不假思索地向狄娜下令:"注意,启动屏蔽系统,随时准备脱离掩体!"

2

当巧妙隐藏在掩体内的翼星的宇航器穿过大气层向地面降落的同时,阿瑞斯星球的太空防御系统亦搜索到有不明物体侵入,并向作战总署发出了警报。

作战总署指挥中心的当值武官对探测仪显示屏上不断移动的微小亮点作了质量分析后,不觉噗地笑出声来,不屑一顾地说道:"一颗小流星!"但他清楚地记得,总统曾严格命令"不能让任何来自太空的物体污染了阿瑞斯星球",所以他紧接着又向作战部下达命令,"立刻计算它的精确轨道,在它进入内层对流空间前击毁它,让搜索队派两架飞行器查找并清除残余部分。"

飞速下降的"流星"瞬间被两束高能粒子击成粉末时，早已安全着陆的何平通过宇航器探测仪看到这一幕，心里着实为阿瑞斯星防御系统的强大而震骇。

"如果我们早几分之一秒或晚几分之一秒降落，肯定就会同那掩体一样的下场吧？"心有余悸的何平下意识地问狄娜。正在操作仪器的狄娜侧过头对他微微一笑，什么也没说。

何平哂然一笑，他居然吓破了胆，忘记了博士对他此行的每一步都作了悉心安排，把这理所当然的平安着陆看成了死里逃生的侥幸！

还是在阿瑞斯星这套防御系统刚刚建立之时，何平的上司、翼星的领袖和科技创建者——博士，就已经洞悉了它的秘密和弱点。尽管近四十年里，它被不断完善而发展成为眼下的强大到近乎完美，但也许正因为它太强大了，就不可避免地有一些微不足道却足以致命的弱点。博士发现，当大雅四的高能光线初照阿瑞斯星的瞬间，黄金保护层表面会被高温和热核辐射离析出一层致密的光子质核，星球上所有无线电波和人造射线都会被这层不带电的光核紧紧屏蔽在黄金保护层下，也就是说，阿瑞斯的防御系统在这一瞬间会变成"瞎子"和"聋子"。这一瞬间不足千分之一秒，可以说对阿瑞斯毫无影响，却足够何平的跃迁式超光速飞船降落几十次了。

在X形机身的探索飞行器，从隐藏得无懈可击的侵入飞船上空盘旋而过时，飞船上的旅行者着手做顺利打入阿瑞斯星的最后一项准备工作了。

"请脱下宇航服，先生。"狄娜调整好仪器，温柔地对何平说道。

何平顺从地脱下所有衣服，赤着身走到仪器前，在一架平台上躺了下来。

在狄娜纤细手指的操纵下，平台上方一个类似聚光灯的部件射出一束淡金色光线照在何平健壮的躯体上，他原本白皙的皮肤渐渐呈现出淡金色光泽。这是博士为保护他的皮肤不被高能辐射损害，更是为了使他不露破绽地混入大雅族上流社会而专门设计的仪器。

何平偷偷扫了狄娜一眼,注意到它漠然到熟视无睹的神情后,心里才踏实起来。在异性面前袒露身体毕竟是件难为情的事,尽管狄娜只是个没有生命的仪器。他还清楚地记得,第一次使用这架肤色加深器时,狄娜曾用万分好奇的目光紧紧注视他的裸体,而且,显然是在刻意寻找彼此躯体上的差异,他羞涩得无地自容。

何平躺在平台上,一边享受着特殊的"金光浴",一边利用这出发以来第一次可以放松神经的机会,回忆起出发前一段梦幻般的经历。

那仅仅是几个月前的事。

那天,他收到博士的"速返国防总部"急电,离开度假村返回总部,出乎意料地受到国防部全体官员的热烈欢迎,人们告诉他,他已是现任国防部长了。正当他惊讶万分的时刻,博士来了,把他带到戒备森严的控制中心,交给他厚厚一份资料,直截了当地说:"改造阿瑞斯星,是我毕生的愿望,我也为之奋斗了几乎一生……"

这句话对何平来说一点儿也不觉得生疏和突然。他早就知道,博士年轻时,被阿瑞斯星以散播异端邪说罪流放到这个当时还十分荒凉的小行星带。到这儿不久,博士就以他的智慧、勤奋和无穷的创造力为当地居民所折服,被一致推选为翼星区的领袖。人们不知道他的姓名,因其学识渊博而一律称他为"博士"。他也乐得这个称呼。几十年间,博士为这个小行星带创建了先进的文明体系和难以计数的物质财富。翼星也凭借自身强大的科技力量和公正严明的法制,被星系中的所有星球推崇为拥有无上权力的执法者——"和平星",担负起维持星系内安定团结的使命。博士不但是个天才,而且是个全才。他无与伦比的基因改造工程创造出遗传了人类所有优点而且更健壮、更聪明的新一代卫士,何平就是其中的佼佼者。博士很看重他,早早让他进入国防部担任要职。那时起,他就时常听到博士那句有关改造阿瑞斯星的话。

"现在，"博士紧接着说道，"这工作交给你了。你是我选定的接班人。"

何平懵了。他获知自己已是国防部长，还仅仅是一刹那前的事，而此刻，他居然又成了翼星领袖的接班人！这巨大的惊喜，他如何承受得了？他觉得这是梦！

博士继续说下去："我等这一天等了四十年，现在终于可以实现我的理想了！只是……我太老了！我也……太累了……"博士的声音越来越轻，他倦怠地踱到窗前，寂寂地注视着深邃的晴空。何平注意到，老人的唇在无声地翕动着，表明他此刻异常激动。

片刻后，博士转过身，慈爱地把手搭在何平肩上，意味深长地说道："孩子，该你去闯一闯了。"

看到依然一头雾水的何平欲言又止的神情，博士又说道："我信任你，你是我培养的最好的战士。你可不能辜负我的期望啊！"紧接着，又不容置喙地命令道，"立刻去总部基地准备，在下个宇宙风季来临前出发。具体任务以及一切细节，我会在合适的时候一步步告诉你。去吧！"

"是。"习惯于不折不扣执行博士命令的何平响亮地回答。在他准备转身离去的刹那，骤然看到了白发苍苍的博士眼里放射出只属于年轻人的狂热光芒。

何平回到国防总部的基地时，博士为他准备的助手已在他办公室里等了好一会儿了。

"DH9004向您报到，先生。"助手的声音甜美、温柔，极具女性魅力，"我奉命服侍您，并执行您的一切在程序范围内的指令。"

何平惊疑参半地盯了那少女一眼，立即震惊于她的美艳，更为博士竟派给他一位女助手而大感不解。他一边故作深沉地点点头，一边走到桌前坐下去。他一眼看到办公桌上印有《DH9004型电脑合成器说明》字样的文件。他愈感惊讶，因为这面前的女助手竟是个电脑合成器！博士说过，他正在研制一个举世无双的，甚至是可一不可再的电脑生化人。看来，博士成功了，而且，他何平成了这电脑生化人的第一任主人！他同时意识到，所肩负的使命不仅重要，更是异常艰巨，否则，博士不会动用最先进的科技产品来配合他。

"先生，"那少女问道，"现在，我能为您做点儿什么？"

"唔，好的，好的。"被打断思绪的何平抬起头来说道，"你就是DH9004，是吗？"

"是的，先生。"

"这名字很讨厌。我想……叫你狄娜怎么样？"

"好的，先生。"少女温顺地说道，那温柔悦耳的声音绝不像从人的声道中发出的。

"我叫何平。那么，亲爱的狄娜小姐，我们算是正式认识了。"

"是的，何平先生。"

何平既认识到肩负任务的重要性，又认识到任务完成与否将决定他的前程，同时，又意外得到一位美得让他心动并肯定会百依百顺的女助手，他的激动和兴奋自不待言。

紧接着是长达几周的强化训练。他要在极短的时间内了解并适应阿瑞斯星各阶层的生活习惯，还要掌握并熟练运用大雅种族内二十几种语言和交际方式，更要掌握在危险环境中自卫和逃生的本领。而且，为使自身生理结构适应阿瑞斯星的生态环境，又接受了几次身体改造手术，并在呼吸系统中植入空气过滤器……

不过，受命的兴奋也好，训练的艰苦也好，都已是过去的事了；眼下至关重要的是要保证自己的伪装不会出现一丝一毫的疏漏。

何平这样想着，及时从遐想中回到现实，他的"金光浴"也恰好结束。

他从平台上跳下来，穿戴上准备好的服饰，走到镜子前对自己做最后一次检查。

当他认为一切都已无可挑剔时，转过头朝狄娜一笑，摆了个自认为很潇洒的姿势，问道："印象如何？"

"很整齐，先生。"狄娜认真回答，"只是，先生，您忘了穿鞋。"

3

从地面向上看去，阿瑞斯星的黄金保护层又是另一番景象。

强烈的光线透过薄如蝉翼的黄金层变得那么温柔，以至于目光落处尽是一片片朦胧的星辉。那密集的星辉随着光线的变化闪烁着、跳跃着，地面上的万物仿佛都涂上了淡金色，令人觉得仿佛置身金色海洋中。

"真美！"带着狄娜向阿瑞斯星首府城市走去的何平，边欣赏周围的景物，边忍不住说，"美得就像梦！"

"先生，"狄娜犹豫了一下说道，"我已是第二次听您说'美'和'梦'这两个词了。我知道它们的定义，我也看出您很激动。可是，我为什么从未有过这种感觉呢？"

何平笑道："你当然不会有这样的感觉。虽然你思维体系中的锇磁电器同人脑的神经细胞一样具有变化的场，一样具有极性的几乎无限的复合体功能，虽然你的继电器能记忆数目极大的最复杂的变量，而且它的脉冲速度比人脑快得多，但你的思维方式只能局限在形式和逻辑上。人脑却是在此基础上有着无与伦比的创造性，思考要比记忆更高级、更复杂。你判别事物的方式是看你的扫描射线与电脑中的记忆信息是否发生谐和共振，而人却能依靠自身创造性思维感觉事物的本质。这就是思考型生命体与机器的区别。"何平停了一下，换上打趣的语气，"在你眼中，如果光子在阿瑞斯星球大气中的速度能精确到 299792458 米/秒，那才是最完美的事；而一幅精美的油画，对于你的电脑而言，只是一张画布和形成不同颜色的有机物的比例而已。"

狄娜微微苦笑一下："您的比喻很恰当，先生。而且，也请您原谅我作为机器人却去思考程序以外的问题。"

"这不是你的错。只有人的心灵才能产生美如梦幻这种纯精神属性的感觉。作为只能听从指令的机器人……唔，等一等！"何平说着，倏然停了下来，惊疑地注视着也同时停下脚步的狄娜，"你……你刚才说……你在思考程序以外的问题，是这样吗？"

"先生，这……这有什么不对吗？"狄娜反问道。

"程序以外！天哪，这怎么可能？"

"先生，"狄娜解释道，"我的电脑数据处理系统被输入的程序中有一些是空白的。"见何平依然茫然不解，又接着说下去，"是这样的，先生，我体内锇磁动力系统中共有五个控制极。第一个是我的最高指令，即完全服从博士和您的指令；第二个控制极是通信系统；第三个是控制自我修复和机体检测系统；第四个执行紧急逃生程序；最后一个控制极是空白的，不受任何程序限制。"

"这……你怎么知道？"

"我的机体检测系统，先生。这就像您也知道自己耳朵上有颗痣一样。"

何平下意识地摸了摸耳上的痣，又问道："如果不受程序控制，那它有什么用呢？"

"我不知道，先生。也许让我有一天也能……唔！先生，难道别的机器人不是这样的吗？"

何平蹙额思考了片刻，没有回答狄娜的问题，却又问道："那么，你有没有试着启动这个控制极呢？"

"我说过，它一直都在运作着。"狄娜说完，脸上骤现骇然的表情，一种只有生命体才可能表现出的既胆怯又尴尬的表情，"这……"

"详细讲讲，怎么运作？"

狄娜犹豫片刻，在何平逼视下终于说道："您知道我被塑造成类似您的形状，使用您的同类的语言，并能运用较低级的思维方式进行拟生命的思考，等等，这都是按照程序和指令为人类服务替人类工作的。机器虽然在某些方面比人体优越，但毕竟功能有限，当它的电脑遇到记忆程序系统中不曾储存过的信息时，它是无能为力的。因为电脑对超越程序的信息无法贮存处理，当我监测到我的电脑中尚有贮存新信息的空间时，我就启动第五控制极，为自己设计了一个小小的新的附属程序。当然，这只是个简单的分辨和记忆程序，与我的最高指令毫无冲突。我把我接触到的主程序中没有的新信息和我不能理解的东西都保留下来，并用锇磁继电器的模糊思维进行分类和处理，以便第二次接触这类事物时能做出正确的反应。我……先生，我不知道，我这样做是不是错了？"

何平摇摇头："这不是对与错的问题。即使有错也与你无关。只是，机器人自己给电脑设计程序，这真是闻所未闻；有一天……"何平迟疑了一下，没再说下去。

"可是，先生，这并不影响我对您的服从呀！"

看着狄娜近乎哀求的神情，何平心软了。他说："好吧，既然对我们的任务没有影响，你就暂时保留这个程序吧。"

狄娜愁眉顿展，又不失时机地问道："先生，您能讲讲怎样判断抽象事物吗？"

何平笑道："你还真好学呀！好吧，我讲给你听。虽说你或多或少有了进行模糊思维的能力，但想和人类一样是不可能的。因为抽象思维是人类特有的用心灵和灵魂来感知事物的能力，这种能力建立在丰富的知识和独到的见解上，两者缺一不可。前者使人正确地去分辨事物之间的差别并加以比较，后者则是确立自身的爱恶标准，把比较结果上升到理论认知中。就拿我说的'美得像梦'这个抽象判断来说吧。首先我要有丰富的美学知识和很高的艺术修养，其次我要有符合自己爱好的对美的欣赏标准。当我把这个景象同我所接触过的美的事物比较之后，才产生出'美得像梦'这样一种抽象的感觉，至于'美'得像什么，那只是表达感觉的兴奋程度而已。当然，如果你认为云最美，就可以说美得像云，认为海最美，就可以说美得像海，而我认为最美的莫过于梦境，所以我才说'美得像梦'……你理解我这番话吗？"

"我想是的，先生。"

"那么，请你告诉我，面前这景色，你是怎么感受的呢？"说完这句话，何平暗自嘲笑自己，"我这是怎么了？竟蠢到企图教机器人像人一样思考！"

狄娜似有所悟，以手托腮冥思片刻后，张口答道："美得像您的裸体。"

何平大吃一惊，一股热潮涌遍全身，心想："天哪！它真的会和人一样呢！"

4

一条似流淌着金液的河流把这座城市一分为二。有几座似金色彩虹的桥梁又把城市的两部分连在了一起。桥西是工业区，林立的高大厂房和密如飞蝗却井然有序的空中运输机，都证明这是个工业发达和高科技的社会；桥东显然是居住区，每一条街道都那么幽静典雅，街道两侧错落有致的建筑、道边的参天古树，营造出一种古朴祥和的气氛，建筑物外形角度显然经过了精密设计，使几经折射的金光显得温和、庄严和圣洁。

何平和他的助手狄娜，此刻正悠闲地站在居住区林荫下的自动人行道上，观赏着异地风情。

何平注意到，路上的行人几乎无一不向他鞠躬以示敬意，心里再一次佩服博士设计的这个计划的无懈可击。博士曾对他说，阿瑞斯星的人按肤色分为若干等级。大约是因为在强烈的光线下，吸收热量多的肤色深，也就是说肤色深的人是那些在阿瑞斯表层从事体力劳作的人，生活在第二层的政府职员或娱乐业服务人员，皮肤颜色就比较浅。那些深居在第三层豪华区的全是高官显宦，他们的皮肤本应更浅，但他们不崇尚苍白，便用那储备极有限的金子把皮肤镀上一层金，以此显示尊崇。博士把这种等级划分称作种族歧视。

如此所述，何平改变后的肤色是一种柔和的淡金色。这正是崇高地位的标志，也是他在街道上受行人尊敬的原因。

看着路旁鳞次栉比的大招牌，何平确信他已来到城市的商业区。根据博士提供的路线图，前面不远处就是地层之间的自动通道。从那里可乘坐自动升降装置进入第二层即中产阶级的生活区。按计划，他要在那里找个栖身之处并接收博士的指令。

肤色是身份证，也是通行证。何平没有受到任何盘查便来到了第二层的市区。

第二层市区虽不如上面那层开阔，却繁华得多，来往行人也不像表层那么紧张繁忙，显得悠然自得。这里人们肤色大都浅白，却也夹杂一些皮肤较黑的人，他们是由于功劳或业绩新近获得在第二层生活权利的平民。

行进了一会儿，何平面前赫然出现一面巨大的显示屏，他吃惊地脱口道："这是什么？"

狄娜答道："阿瑞斯星用于文化媒体的传播仪器，先生。"

"唔，想起来了。"何平道，"我在博物馆里见过。可那要……小得多。"

此刻，显示屏出现了一个仪态庄重、脸庞金黄的绅士。一些行人步下自动人行道，驻足仰望着显示屏，更多的人则继续走着。何平拉着狄娜，也走下自动人行道。

屏幕上那人已开始说话，说的竟然是警告市民们，阿瑞斯星面临着来自宇宙的威胁，号召大家团结一致，提高警惕，发现并消灭来自其他星球企图毁灭阿瑞斯星的间谍。

这人高声说道:"我的公民们,万不可大意。那来自其他星球的间谍可能就在你们身边!"

何平听着屏幕上的讲演,觉得毛骨悚然,怀疑阿瑞斯星已知道他的潜入,甚至周围的人会随时冲过来把他撕成碎片!他几乎站不住了。

一直留意着他的狄娜,赶紧从旁扶住他,并有意掩饰道:"先生,您的头晕病要犯了。我扶您回去吧。"

何平也觉察出自己的失态,赶忙镇定了一下。与此同时,一个衣着华丽的人正怀疑地盯着他。

何平有意地做了鬼脸,冲那人笑道:"您看,先生,这个屏幕上的演员表演得多么出色!"

那人一惊,边后退边说道:"您真会开玩笑!我是每天都在这个时辰聆听总统演讲的!"说完,很快钻进人流不见了。

狄娜怪异地摇摇头说:"您的玩笑居然吓跑了他!"

何平笑了笑,道:"我们走吧。"

5

因星球地心磁场的变化而引起的生物钟紊乱,被训练有素、体质强健的何平轻易克服。他很快便适应了阿瑞斯星的作息习惯。

睡了几个时辰之后,何平起身走进浴室,打开淋浴器。在干旱的翼星,氢和氧的最简便化合物——水,是极其稀少而珍贵的。用水洗澡,那是极高贵的人才能偶尔享受到的极大奢侈。对于阿瑞斯的大雅族来说,水是最微不足道的日用品之一。

何平一边冲着热水澡一边想:"这儿的一切几乎全同博士说的一样。只有一点不同:这里的人并不像他描绘的那样野蛮不堪。"

这一想法,是他以星球安全局官员身份住进这家星际大酒店不久便产生并很快变得十分强烈的。这里的人,无论是服务生还是高级管理人员,全都举止高雅、谈吐不凡,表明整体素质极高。

正如博士预料的那样,"安全局"的官员无论住在哪里也是无人敢打扰的,对他的工作十分有利。

远航的劳顿被充足的睡眠和热水浴赶走后,何平精神抖擞地打开随身的微型电脑,很快接通了翼星领袖专用的通信线路。

锇磁粒子束的超光速的神奇效用,使得相距遥远的两个行星在几秒钟内就形成了一个通信网络。

"您好,博士。"何平望着全息超微粒子束投影视听通信仪上显示出的博士的严峻面容,兴奋地报告道,"我已顺利到达,一切都按照您的指示进行。"

"你好,我的孩子。你辛苦了。"

"不,博士。我只感到兴奋。请给我下一步指示。"

博士点点头:"如果你休息好了……"

"我精力异常充沛。"

"那么好,请听好我如下命令:首先,你必须打进阿瑞斯星国家安全总局电脑中心的控制程序……"

"可是,博士,"何平抢过话头说,"我并未携带必要的仪器……"

"你的DH9004会帮你忙的。"

"您是说狄娜?"

"狄娜?"

"就是DH9004呀!"

"哦,明白了。亏你想得出。狄娜在古人类语言中是'月神'的意思。嗯……很好。这与DH9004完美的外形很相配。"

两人交流时,狄娜已开始工作。她闭目凝神,似在冥思苦想,随即向何平报告:"先生,我在搜索网络……已进入网络……计算解密密码……2T……WS……19191……破译密码成功……进入信息中心程序……

搜索国民档案库……找到了！"狄娜张开秀目，对博士恭敬地一笑。

博士道："立即进入安全局档案库，查找编号为57946的公民档案。"

"是。"狄娜合目答应，但很快皱眉道，"报告，没有这个编号的档案。"

"没有？"博士恨恨不已地说道，"把我流放了，把我的档案也撤销了！"略一思索，又接着说，"狄娜，再查另一份资料，编号FQ1803。"

狄娜很快有了答案："绝密档案，FQ1803，姓名，刘正义，奥尔梅克族，身份证号96975。职业：国建局前副主管，黄金工程后期工程设计师之一，获政府最高荣誉奖章。后被派遣至穆岛星担任城市建设工程师。五年前回国。半年前染'X2'号病死亡，终年51岁。家庭：其父母不详，妻子同时亡故。一子刘振，附刘振档案，身份证号100172，现年21岁，未婚，国立科研中心十八号物理实验室实验员，特长：原子物理学。注：曾因反政府被短期监禁。就这些，博士。"

博士沉默半晌，脸上看不出任何表情。何平忍不住叫了一声："博士！"

"足够了。"博士道，他转向何平，"何平，立刻去寻找刘振。随时向我报告。"

"可是，博士，"何平犹豫了一下，"能说说为什么要找此人吗？"

"暂时不能。"

"那么，找到此人后，我该做些什么？"

"我暂时还不确定。等你找到他后，我会做出下一步决定。"博士想了想，又补充道，"销毁你随身电脑和所有文字资料。DH9004，即你的狄娜，同样具有通信功能。另外，狄娜的电脑中有一份我们打入阿瑞斯的情报人员名单，必要时可要求他们协助你，但只能在万不得已的时候。"

"遵命，博士。"

第二章

1

帝国星际大酒店是被设计成为上下两层空间的"支柱"的为数不多的"摩天"建筑物之一,以其重要的地理位置和独特的建筑风格——顶天立地而驰名阿瑞斯星球。

柔和自然的人工光线,悦耳的音乐,金碧辉煌的套房,再看看手中镶着金边的水晶杯,以及杯中香气四溢的饮料,何平俨然觉得自己是一位养尊处优的君王。他半躺在柔软的皮椅中,一边品尝着大雅部族特有的用农作物和野生植物酿制的烈性饮品,一边悠闲地读着侍者刚送来的报刊。

"这份时报可有意思多了,'穆岛星的地震''政府官员的风流韵事',还有对帝国最新教育政策的评论,可不像这份……"何平边喃喃自语边不屑地拈起扔在一旁的另一份报纸,"整整十七版都是政府思想政策教育工作报告和官方讲话,最后一版……"何平抬手看了一眼,"气候预告!这算什么时报!"

一直跪在何平脚边替他捶腿的机器人狄娜抬头说道:"这份是政府的《论坛报》,您刚看的是私家报纸。"

"是吗?那快给我多找几份这样的私家报纸吧。"

"不可能,先生,只有这两种报纸。"

"为什么?"何平奇问。

"我查过国立图书管理部门的档案库,从前确实是有很多家报社,十二年前政府将其中大部分收归国有，成立了报刊发行局，统一发行《论坛报》，余下的被一个叫珍妮·卡特的女人合并成一家私人报社，发行《透视报》，喏，就是您认为有趣的这份。"

"透视报？这个叫珍妮·卡特的女人很不一般。"何平由衷地赞叹道，"竟敢独自同国家传媒主体抗衡！"

"我能查这个人的资料，您想看吗？"狄娜问。

"不，不，没这个必要。我只是觉得这个女人很了不起。你看这份报纸，无论内容、形式都与政府的报纸对立，评论官吏，针砭时事，虽然言词上很有分寸，但这样一种与国家新闻体制大相径庭的文化传播方式，居然能同国立报刊发行局分庭抗礼，也算是一件奇事。"何平低头吮了一口杯中饮品，又补充说，"不是政府破格宽容，就是这个女人手段太强。"

狄娜点了点头，没有言语。

何平重新翻了遍《透视报》，意犹未尽地问道："阿瑞斯星的平民百姓更喜欢哪家报刊呢？"

"平民百姓不看报纸，先生，他们购买不起，一份时报的价格相当于一个普通体力劳动者一天半的日常开销。在阿瑞斯星，报刊只提供给贵族和收入较高的中上层阶级，视像机才是星球各个角落都在使用的廉价电子产品，老百姓就是靠每天看电视来获得日常信息的。"机器人回答。

听狄娜说起电视，何平的头马上痛了起来。入住酒店的第二日，他就已领教了当地电视节目的"丰富多彩"，每天除了冗长的谈情说爱的所谓戏剧，就是政治性极强的严肃的官方训话。

"这个星球上的人一定活得很苦！"何平小声嘟哝着。

"他们并不苦，先生。"机器人对主人的牢骚马上表示不同意见，"每个阶层的人都有自己的娱乐方式。普通民众喜欢喝一种有麻痹大脑神经作用的烈性饮料，喜欢各种赌博游戏；上流社会则钟情于音乐和体育运动,近年来正流行着一股复古风潮,人们争先恐后地学习远古时代晦涩的语言和文字,贵族们为保持古老传统,把初生婴儿都训练成'斗鸡眼'……"

"够了够了。"何平厌烦地一挥手,"如果不是因为这该死的任务,我可不愿在这儿多待一日!"

"您又一次说'该死'这个词了,先生,我弄不懂它的意思,是我说错话了吗?"狄娜委屈地说。

"噢,对不起,对不起!我不是指……我再也不说这个词了,你别在意好吗?"何平马上堆起笑脸哄它。

"这个机器人真有趣!"何平心中暗想,"有些方面有超人的才能,有些方面又像孩子一般幼稚、单纯。博士说得对,这种机器合成体除了不具备生命的真正情感外,几乎是万能的!"

这些日子,在狄娜周到的服侍下,他都有些乐不思蜀了。可是阿瑞斯星球人民索然无味的生活习惯和这些味同嚼蜡的报纸,已使他烦厌不堪,只得把心思收回到使命上。"对了,你说你查了图书馆的信息档案,可曾找到什么有价值的线索?"何平盯着狄娜的脸问道。

"没什么新发现,先生。"狄娜微摇了摇头,"只是在半年前帝国总统的一次讲话记录中,曾提到查获有人暗中制造毁灭性武器,意图颠覆国家引起叛乱的事,并提到刘正义的名字。我核对了各方面的文件,证实这个刘姓男子就是国建局前建筑工程师,也就是我们要寻找的刘振的父亲。但资料表明,刘正义显然没有经过任何正式审判就被捕入狱。刑法部找不到当局批示的任何定案文件,在狱中病故时医疗中心档案库中也没有他的死亡证明,我在帝国中心医院却意外地查到一份刘振的病历。"

"噢?"何平对机器人的最后这句话深感兴趣,伸手接过文件,并仔细读起来,"脑外科诊断结果:强烈刺激引起脑组织内部多处血管破裂,形成大量淤血,中枢神经局部受压迫,导致记忆功能丧失,机体协调功能紊乱……据国防部及新技术开发中心建议,该病人不宜进行深脑手术,转送精神专科……"

"国防部?新技术开发中心?这么说这个刘振还是个重要人物喽?"何平纳闷了一会,接着读道,"精神分析结果:该病人属强烈刺激导致的极度精神分裂及记忆神经失调。临床观察:无狂暴举动,无伤害性,日常生活能够自理。建议:严密看护,无须住院理疗,国防部批示:仍回原单位工作……"

"奇怪!极度精神分裂怎么还能仍回技术中心工作?'严密看护'?这么说,我们要见这个重要人物可不是件容易的事。"何平一边晃着手中的病历,一边琢磨着其中的疑点,"强烈刺激?强烈刺激?"

何平好像有所察觉,他飞快地打开病历,找到上面记载的日期,"与刘正义被捕入狱的时间相差不多,难道是他父亲被捕入狱或者病逝才使他受到强烈刺激的?"何平抬起头问狄娜,机器人耸耸肩,未置可否。

"这倒也能解释得通,可奇怪的是,刘正义只是个普通的建筑工程师,哪会制造什么毁灭性武器?难道是……"何平低头深思起来。

机器人狄娜又为主人斟了一杯饮料,何平接过杯喝了一大口,摇摇头道:"看来只有亲眼见到这个刘振,才能了解这件事的内幕了,可这刘振却傻了!博士的计划……这下咱们怎么办?"何平一筹莫展,愁容满面。

"如果能见到刘振,我想我能够查清他脑神经受损的部位……"

"查清了又怎么样?难道还能……"突然间何平对这个能力惊人的机器人抱有一丝希望,"难道你能……"

"阿瑞斯星的医疗手段远没有进步到能与翼星相提并论,其实消除脑部淤血、恢复记忆神经只是个简单的小手术。"狄娜平静地说。

"你还能做脑外科手术?天哪,你还会做什么?过来,让我亲一下!"惊喜万分的何平不待狄娜回答,一把将它揽进怀里。

2

国立新技术开发中心。

在这个科学工作者心中的"天堂"里，每时每刻都有人凭自己的发明创新而倍受重视，一步登天，也有人受同侪的排挤，被冷落一边埋头苦干，无人理睬。人情冷暖和无情的岁月都没有让这座陈旧的建筑改变分毫，它依旧静静地伫立在人工湖畔，庄严肃穆。

何平选了个晴朗的日子，左手挟着公文包，右手揽着漂亮的助手，东张西望地走进政府楼的接待厅。

"你们……你们有什么事？"接待员问道。

"我要见这里的高能物理部主管。"何平瞅了瞅这位小职员，补充道，"有要事！"

"是，先生，五楼的刚果博士。"后者毕恭毕敬地回答。

何平现在已得知，刚果博士是国立技术开发中心高能物理部的新任主管，四个月之前刚刚履新，资历尚浅。前任主管——德高望重的查理教授已在国防部长"铁腕将军"的大力举荐下被擢升为内阁总理。一个专攻物理的科学家竟然在仕途上平步青云，一时引起各界的关注和热议。坊间传言，查理教授正是拜开发中心一个叫刘振的年轻人所赐才得到了一步登天的机会。

有些传言更为具体：一年前，这个年轻人走进国立新技术开发中心，向高能物理部主管查理教授展示了他基于数年研究试制成功的三合体式铑磁动力装置，希望获得支持并把它应用到医学上。查理教授研究的同样是铑磁动力课题，但四十余年的努力却毫无斩获。教授对这个向他提供科研思路的天才热情有加，安排他担任十八号实验室主任，并拿走了他的装置。半年前，查理教授神秘失踪两个月，随后发生一连串神秘事件：星系边缘那个最不起眼的星球——黑12区的[伊尔-β]小行星突然消失，星球上三百多万生灵惨遭厄运；查理教授从学者摇身一变成了内阁总理；刘振成了精神分裂症患者；刘振父母被捕入狱并永远沉默……如果这些事件真有神秘联系，那么高能物理部就是解开谜团的最佳钥匙。

何平带着机器人走进高能物理部的办公室并见到了年轻的主管，清瘦的刚果博士。

"您好！博士，我叫何平，这位是我的……助手。"

"你好何先生，请坐。"刚果博士看起来很随和。

"请原谅我的冒昧！刚果博士，我久仰您的大名，并热切盼望能得到和您一起工作的机会，或者说，我想从您这里得到一份适合我的工作。"何平直言不讳。

"噢？如果是这样的话，在我答应给你这么一个机会之前，我想知道您在哪些方面有特殊的才能，以及我是否对您的才能感兴趣。"刚果亦毫不含蓄。

"我理解您的心情，尊敬的博士！这是我最近撰写的一篇关于核子聚变的论文，请您指教！"何平保持着他的大家风范，一面自公文包中取出一小叠纸。

刚果博士注意到何平高贵的言谈举止以及华丽的服饰和肤色后，一边接过论文，一面心中暗笑：这准又是哪个高官显贵的公子，过腻了富贵生活，一时心血来潮，妄想在社会上闯荡一番吧，可笑的官宦子弟！可当他看了两页论文后，脸上已有讶色，等到把几页纸很快阅过一遍，心中已是大为震惊，因为在核子物理方面凡他这个博士所懂得的知识，面前这个人都懂；而他尚未掌握的知识，年轻人显然也懂得不少。最令刚果博士惊奇的是，就这篇论文而言，其见解之精辟独到，逻辑推理之缜密，绝不可能是一个像何平这么年轻的人所能写出来的，更像是集聚数十位科学家之力，穷数十年之功，集体创造出来的科技成果。

刚果博士不禁想到，如果不是面前这年轻人真的在核物理方面具有超人的才华，那就是这个人身后有极大的背景和靠山。"以我现在的地位，任何一位高官显贵我都得罪不起。"博士这样想了之后，不敢怠慢何平，于是他温柔地说道："我很荣幸地答应您的请求，因为您的才学确实使我感到很惊讶。有您这样一位出色的助手，我想对高能物理部的研究工作会大有帮助！如果您愿意的话，我想……"博士翻开桌边的人事档案，查了查："我想您可以担任十八号实验室的主管，很长时间我都没找到合适的人选替代生病的上任主管，如果您愿意的话……"

"我当然十分愿意。"何平闻听此言，忙不迭声地接道，"能成为您的助手我当然十分荣幸，请相信我会在您给我的这个职位上工作得令您满意的！"他回头看了看狄娜，又补充道："我的助手是否也能……"

刚果博士亦打断何平的话头："我想，这位女士更适合做我的私人秘书吧！"

何平注意到刚果博士盯住狄娜的目光简直比看他的论文更炽热，心中反感，想脱口拒绝他，可又马上打消了这个念头，让机器人从刚果博士身上多了解一点这个科学部的内幕也好！

随着工作人员走向实验室，何平对自己这么轻易就获得接近刘振的机会而兴味勃然，因为他清楚那篇让刚果博士吃惊的所谓论文，不过是凭记忆把他少年时在翼星学习过的物理教材抄录下一章而已。

经秘书的介绍，何平很快熟识了实验室里为数不多的几名研究人员，当他看到那个木讷地呆坐在计算机前的少年时，何平一眼就认定，此人就是他要找的人——刘振，少年的相貌竟与和平星博士十分相似。

何平若无其事地走到刘振身后，友好地打了声招呼，后者置若罔闻，坐在那儿仍旧想他自己的心事。何平不禁伸手轻拍了一下他的肩膀，终于打断了刘振的思绪。只见他慢慢抬起头，望了何平一眼，立刻又重新进入泥塑般的沉思中。那一望却让何平信心倍增,虽然刘振的眼神是那么呆涩,空洞得似茫茫然不知所求,但却掩不住眸子深处的超人灵慧。

"他还有救!"何平心中一阵狂喜,不动声色地问旁边一位科研人员,"他就是得病的刘振吗?"

"是啊,您不必理会他,他绝不会妨碍您的。"那人说道,一边将手中的一份计算草稿摆在刘振面前,"他在实验室里住了快半年了,天天这样不声不响地坐在这儿。"那人四处看了看,放低声音道:"我是新调来的,不太了解他,不过听这儿的人说,当今的查理总理,哦,就是物理部的上任总管查理教授剽窃了他的科研成果,才把他害成这样的。要不是以前的同事敬重他的学识,把他收留在这,他早就饿死在大街上了。唉,这可怜的人。"那人边说边同情地摇着头。刘振抬头扫了那纸几眼,拿起笔写出那工作人员等待的答案,又进入了冥想状态。何平得知刘振晚上就睡在这里,不禁心花怒放。

下班后,何平在门口看见了等他的狄娜,乐呵呵地走上前去问道:"怎么样?那博士……"

"理智一旦被情欲控制,再精明的人也会变得很容易对付。"机器人一句哲理深奥的话,逗得何平笑出声来。

3

当晚,星际酒店的套房中,何平舒舒服服地洗了个澡,斜倚在座椅中,一边品尝着用蜂蜜酿制的上等饮品,一边嘀咕着:"那个破实验室,又脏又热,比这儿可差远了!"

一旁的狄娜若有所思地问道:"人,生命形式,都是这样贪图享受的吗?"

"是的,绝大部分是的。"何平瞪大了眼睛,对狄娜竟提出这样的问题觉得很奇怪。

狄娜眨着漂亮的眼睛，意味深长地说："作为一个机器人，我深深羡慕生命体丰富的情感，却也十分反感人类过于懒散的生活习性。"

"这就是你的不幸了！作为机器你永远不会感觉疲惫和痛苦，当然也不会感到享受生活带来的快感。"

"是的，很不幸。"机器人由衷叹道。

何平的心中有一股无法名状的震惊："虽然电脑的思绪方式与人脑相似，但仅仅是相似而绝不可能相同啊，这个机器人为什么总爱胡思乱想呢？是什么原因使它产生这种越轨的行为呢？"

虽然没有人会容忍一部机器拥有生命形式的头脑，但何平还是在惊讶之余，感到十分有趣，他很欣赏这独特的狄娜带给他的新奇感受和乐趣。

"你……你不会学得像我一样好吃懒做吧？"

"不，先生，我只是一架机器。"狄娜仿佛很有自知之明。

"噢，很好，这我就放心了！"何平按着胸口长出一口大气，"起码，你不会丢下我，让我一个人干那些工作了。"

觉得玩笑开够了，何平坐直身体，正色地说道："我要你记住一件事：在我面前，你是狄娜，是我的好助手；对其他所有人而言，你是DH9004，你是部机器！"

"是，先生，我时刻谨记！"狄娜马上恢复常态，成为一架精美典雅的机器，而不是多愁善感的女人。

"今天从刚果博士那里得到一些消息：关于刘振，整个技术中心都流传着一种说法，他未患病前是个天才的核动力科学家，很受科学部的重视，是前任主管查理教授窃取了他的科研成果，根据刘振设计的粒子发射装置改制成军事武器，与国防部长铁腕将军合作，秘密成功发射了一颗铑磁动力导弹。这颗比指甲还小一点的铑磁弹头，将[伊尔-β]小行星炸得灰飞烟灭！不仅如此，他还害死了刘振的父母，才导致他精神失常的。"

"和我听到的一样。"狄娜态度上的转变让何平很满意，"官场中，这种尔虞我诈、钩心斗角是很普通的，没想到纯净的科学界也腐败至此！"叹息一阵后，何平问道："有查理总理的资料吗？"

"有，"机器人朗声读道，"查理，阿芝克族，年龄……核子动力学教授，新技术开发中心高能物理部前任主管，四个月前升任帝国总理……"

"照此看来，这些流言是靠得住的，查理利用刘振的成果升官发财，怕刘振知情，就害死了他父母，又逼疯了他。可我想不通，为什么不斩草除根呢……"突然间，何平想起一些事，抬头命令机器人道："快与翼星取得联系，从国防总部信息库中找到关于半年前发现的小行星爆炸的那份报告。"

不等何平再次催促，狄娜已把接收到的信号印制成文件递给了他。

"是的，是这样的。"何平翻阅着，对这件事的来龙去脉已了然于胸。"一年前，刘振研制成了铑磁动力系统，以我从他同事口中探听到的信息，是查理教授骗取并制成了武器，那次小行星爆炸就是他和军方的一次实验。刘振就是被他害的。"

狄娜看着何平自信的神情，回答道："应该是这样。"

"那咱们还等什么？"何平飞快地站起身。

是夜，两个黑衣人巧妙地避开了警卫，悄悄潜进了技术中心的十八号实验室。

在确信没有人发觉他们的闯入后，何平轻轻关上身后的门，扭亮了手动照明器，并立刻发现，那个傻子仍然保持着白天时的姿势，呆坐在计算机前。

"他怎么跟你一样，不累也不睡觉！"何平打趣着，走到刘振身旁，刘振对闯进来的两个陌生人毫不介意，只是突然亮起的灯光让他的双眼不自然地眨动了几下。

"喂！"何平小声唤刘振，"喂，你听见我了吗？"

见刘振没有丝毫反应，何平回头笑道："依我看，就是砍下他一只手来，他也不会痛的！很好，看来咱们的麻醉剂是多余带了。"

狄娜对他主人的幽默感报以微微地一撇嘴，径自走到刘振身后，用极专业的医疗手法开始摆弄起这位病人来。起初病人倒是很合作，不动声色地接受治疗，可当这位医生用自身的强磁射线探测刘振的大脑淤血时，他才好像突然被人惊醒了美梦一样，身体向前微微一挣，回过头朝着狄娜皱了皱浓黑的眉，口中发出微弱的声音："俄磁射线，俄磁射线，不，不要打扰我，不要……"狄娜在刘振的喃喃声中，定在那里一动不动了。

何平看着机器人停下动作，僵立在刘振脑后，奇怪地问："怎么了，怎么停下了？你怎么不说话？"

片刻后，机器人突然恢复了行动自如，敏捷地一个箭步跳到何平身后，紧紧抓住何平的身体，何平也顿时感觉到狄娜的浑身颤抖。

"怎么回事？"何平急问。

"我……我感到……害怕！"狄娜脸色雪白，"我想这就是'害怕'的感觉，这种感觉真可怕，我要把它记在我的程序里。"机器人摸了摸脸，问何平："这个，这个就是冷汗吧？"

"搞什么鬼？究竟怎么回事？"何平瞅瞅业已"入定"了的刘振，又瞅了瞅狄娜如死里逃生般惊恐万分的表情，"你把他怎么了？"

"我……我也说不清。"狄娜一边拭着头上的冷汗，一边说，"有一种特殊的力量突然控制了我的能源，并停滞了我机体中俄磁变粒子的自由运动。"

"什么特殊力量？你究竟在说什么？"何平一头雾水。

"我也不清楚这是什么力量，我只知道它能控制我的动力系统，抑止我运作。"狄娜也糊里糊涂,"可是我的电脑更改手术程序后,那种力量就突然消失了。"

狄娜一边检查身上的线路,一边庆幸地说:"幸好它只是抑制住我的系统机能,并没有丝毫损坏它们。"

"可是你的动力系统采用的是最先进的锇磁技术呀!"何平接着狄娜的话说下去,"没有人,至少我知道在这个星系中没有人有能力控制你的锇磁动力!"他想了一下又补充了一句,"当然咱们和平星的博士除外,只有博士能在翼星的电脑终极上改变你的程序来控制你的行动。"

"不!"狄娜决然反对,"不是博士,在那一刻我没有收到翼星的任何指令。而且,我的电脑分析表明,这种力似乎并不属于物理范畴,我们翼星也从未起用过任何机械范畴以外的能量。"

"可这又做何解释?难道……"何平回身看了眼刘振,"难道有神在暗中保护这傻小子?嘿!真荒唐!好了好了,要知道你虽然是台最完美的机器,也是有出现故障的可能的。行了,继续你的工作吧。"何平阻止机器人再啰唆,又下达了进行手术的命令。

狄娜只得又走到刘振身后,刚刚举起高分子射线仪欲有所动作,不可思议的事再次发生了。

"噢,不,我又不能动了!我能感觉到,他看了我一眼我的机体又失灵了,帮帮我!快帮帮我呀!"狄娜又一次僵滞住,吓得惊叫起来。

何平急忙取出麻醉针,飞身上前,准确地将药液注射进刘振的颈动脉中,后者在几秒钟后失去了知觉,从椅子上滑落下来。就在刘振晕过去的同时,狄娜也像被解除了魔咒般地脱离了被控制状态。

看着躺在地上的刘振,又看看恢复自由的机器人,何平惊得目瞪口呆:"难道是他控制了你?他怎么会……他怎么能……"

"应该是他,先生。"狄娜的声音颤抖着,"在他抬头看我的同时,我发觉我的绝大部分能源不但被立刻停滞,而且我的机体中的锇原子也被一种奇怪的力量拉出了正常轨道,从游离态转变到随时可被激发的中介状态。当他的意识消失时,它们也立刻恢复了正常。可是,如果他愿意,他可随时引发我体内高磁粒子的裂变而毁掉我,我……天哪!我差点被毁掉!"狄娜一下扑进何平的怀中,"这种感觉比刚才那次更可怕!我也要把它记到程序里,我……我想我快被吓哭了!"

何平赶忙拥住机器人并柔声安慰道:"没事了,没事了,都过去了,不要害怕。可怜的狄娜。"停了一下,又问道,"可他为什么没有毁掉你呢?"

"我也不知道。"狄娜伏在何平怀中,听到这句话抬起头来用一种异样的眼光盯着他,"你希望他毁掉我吗?"

"啊,不,不,我只是开玩笑,对不起狄娜!"

看着心有余悸的机器人接连试探了十几次,直到确信没有危险后,才开始胆战心惊地给晕在地上的刘振做起手术,何平心想:"这也太神奇了……"

4

消除脑部淤血,对和平星制造的高智能机器人来讲简直太容易了!尽管被病人的特殊能力吓得战战兢兢,狄娜还是快捷精确地修复了刘振大脑中那一小块被淤血压迫已久的神经系统。

"我做完了,先生,再过半小时他就是个正常人了。"

"你做得很出色,狄娜。"何平边对机器人的工作赞不绝口,边饶有兴趣地翻看起刘振的信手涂鸦。

"可是我仍然不明白,他是怎样做到控制你的机体装置的,而且显然是没有借助任何仪器。要知道,锇磁动能应用技术可是博士最近才研制成功的,如果博士看到你——这个最先采用这种尖端科技制造的令他最满意的机器人，被这个傻子赤手空拳地轻易降服了……"何平边说边回头看了仍在昏迷的刘振一眼，"他不气死才怪！"

狄娜无可奈何地苦笑了一下。

"这些公式很简单呀！"何平边看草稿边说，脸上却现出钦佩之色。

刘振的纸上凌乱地记着一些高能粒子磁变的反应程式，那些程序在何平看来浅显至极，可是何平心中清楚，这些他在博士的教导下轻易学会的知识却是阿瑞斯星球甚至星系中其他国家无数科学家们梦寐以求的科学真理。

"可是，如果刘振只懂得这些……"何平看完后，举着手中的纸对机器人说，"铑磁动力学的一些基本原理，他根本就不可能对你体内的动力系统构成任何威胁，这些知识同应用在你机体内的锇磁技术相比，那简直就是加减法和微积分，有着天壤之别！"

"这家伙一定有些不为人知的秘密。"何平嘟哝着走近刘振，想仔细翻一翻他的口袋，试图有所发现。可就在何平蹲下身来时，目光掠处，看到刘振的座椅面上似乎有个被硬物刻画过的痕迹，何平略感奇怪地又站起身，挪过座椅并趴在椅面边认真辨认起来。那座椅天天被刘振坐着，座面被磨得亮油油的很是光滑。何平又是看又是摸地认真观察了半晌那已经磨得很浅了的刻痕，终于确定，那痕迹是一个字母"B"的形状，不禁出声道："奇怪！"

"奇怪什么，先生？"狄娜好奇地问道。

"你来看看这个是什么。"何平指着字母说。

机器人看了一眼，回答道："这……这应该是上古时期的一种文字——'苏育文'中的字母。"

"奇怪，如今已没有人会去使用什么'苏育文'了，这个字母是谁刻的呢，会不会是刘振？"何平一边苦想着，一边挠头。来阿瑞斯星才几个"标准星日"，何平已经学会了大雅族的很多日常特征，这儿的人在思考问题时，总会不自觉地用手挠挠头，"不管是谁刻下的，如果刘振不离开这把椅子，我想没有人会发现这个字母，从这一点来看，这个标记有可能很重要。"

"先生，"机器人似记起了，对何平说，"如果您感兴趣，有件事我想我应该告诉您。"

"什么事？"

"刚刚我为刘振注射强心药剂时，发现在他左臂的内侧写着几个数字。"

"噢？"经过狄娜的指点，何平亦看见了刘振臂上的一些字迹，那是个数目［195·08］。

"这又是什么意思？"何平依然迷惑不解。

"这可是金属铂的相对原子质量，先生。"

"那能说明什么？也许是刘振正在研究铂呢，随手写在手上……"

"也许是某个秘密程序的开启密码。"狄娜走到那台大型计算机前，启动了电脑并把"B""195·08"这几个字随机变动的排列顺序输入电脑中。

何平对狄娜思绪之灵敏佩服得五体投地。待他看清电脑屏幕上显现出的一堆元素符号和一些稀奇古怪的文字时，更是禁不住惊呼出声。

"天哪！这是铂原子磁变反应方程式！这傻小子居然能把铂原子激发到突变状态！可是条件呢？他并没有注明那该死的反应条件。"作为一名出色的科技工作者，何平当然对这些深奥至极的知识极感兴趣。"这个是什么？为什么把'锇铱铂'三种金属磁变反应归纳到一个方程式中？这种极不稳定的裂变反应链控制不好的话，哪怕只有几克也会把整个大雅星系焚毁！他简直疯了！下面这些乱七八糟的是什么？他妈的，我看不懂了！"

大呼小叫了好长时间，何平才渐渐平静下来，内心深处对刘振的才能已隐隐有妒意，又从头到尾看了一遍电脑中高深莫测的记录后，他盼咐狄娜复制一份后毁掉原来的程序，快快地想道："照这份资料来看，如果保守地讲，这个刘振掌握的核子动力学知识同咱们翼星的博士相比……差不多吧！"

"先生，再过几分钟，麻醉剂就失效了。"机器人计算了一下时间，提醒何平道。

"谁能告诉我，这家伙是不是真的精神失常！"何平嘟哝着走近刘振，端详起他那酷似博士的容貌来。

5

"真累呀！怎么浑身上下像散了架似的又酸又麻，没有一点力气？"刘振费力地抬起手揉着隐隐胀痛的后脑，睁开眼，看见面前站着一位高大威武的男子。

"你是谁？我这是在哪？"刘振问道，并立刻觉得自己的舌头异常僵硬，以至于才说了几个字就咬了两下舌头，他当然不知道这是几乎半年没有说过话的结果。

看着刘振吃力地用手撑着身体在地板上坐起来，那高大男子用非常温柔的语气平静地回答："我叫何平，现在我们是在科学部的新技术开发中心。"

"这人的声音真悦耳！"望着何平脸上充满关切的微笑，刘振心中油然而生一股信任感，可是当"新技术中心"几个字落入他的耳际时，他好像被针扎了似的一下从地上蹦了起来，不知是什么力量支持着他瘦弱的身躯。

"新技术开发中心？新技术开发中心！我要找查理教授，我要找他算账！他抢走了我的……"

刘振大声叫喊突然顿住，看他脸上愕然的表情，好像并不知道自己为什么会喊出这些话来。

"我要找查理教授。"刘振双手捧着头，皱着眉，声音明显地低下来，"我要找他……可是，我要找他干什么？也许是他抢走了我的什么东西，可他抢走了什么？我怎么想不起来了……"

看着刘振一边小声嘟哝，一边低着头满地打转像是在寻找什么东西，何平与狄娜面面相觑。

"你还记得你的名字吗？"何平试探地问道。

"我？我叫刘振……"年轻人很自然地回答，可又突然想起什么似的，急急问道，"我爸呢？我妈呢？"

脸上急迫的对亲人的关切之情绝不是假装出来的。何平醒悟到这青年似乎并不知道他已失去了父母。

"你的父母被查理教授害死了。"脱口说出这句话后，何平立刻深深懊悔于自己的鲁莽。刘振闻听此言，浑身抽搐了几下，又人事不知地栽倒在地板上。

机器人飞快地跑上前，检查一番后解释道："情绪过分激动，脑供血不足引起暂时性休克，先生。"

得知刘振是"旧病复发"，何平宽了下心，想了想，命令道："看样子这件事并不是三言两语就能弄清楚的，带他回我们的住所吧，这个'疯子'失踪几天，技术中心的人不会太当回事的。"

星际大酒店的侍者们并没有因何平的套房中多了个人并不时传出悲痛的哭泣声而大惊小怪，上流社会中的某些生活习惯，和那些高官贵人们的特殊爱好已经使他们熟视无睹了。

刘振听完何平的细述，又一次悲伤得休克过去。

"这事很有趣！"看出狄娜并没有理解这种灰色幽默，何平道："难道不是吗？我们让他想起了一些事，却忘了另一些事，这难道不可笑吗？"

机器人早已习惯了主人的爱开玩笑，可深深不解何平哪来这么多幽默感，"如果遇到任何事都要幽默一下，做人岂不是很累！"心中那样想，嘴上却回答："是的，先生，他把自己掌握的知识几乎全忘了。"

回想起在谈起高能粒子时，刘振那茫然不解的表情，何平叹道："如果刘振果真把研究过的知识忘了，我很难想象他在我们的计划中还会有什么作用。"

"可是，我们有他的研究资料呀！先生。"

"如果这世上有人能懂得这些乱七八糟的符号，那就只能是写它们出来的人——刘振哪！我想我们只把这些破烂交给博士，博士一定会光火的！噢，光火就是生气。"

何平一边给机器人解释人类丰富多彩的语言表达方式，一边望向昏睡着的刘振，无可奈何地说："我们请示总部吧。"

机器人狄娜启动自身机体内的某一装置，发出了一组只有翼星才能破译的超过光速几万倍的高能信号。

很快，狄娜收到并转述了博士的回复："博士建议您采用古老的医疗方法刺激刘振的记忆系统，可能会有所收获，还要求我把刘振的研究资料传给他，先生。"

"好吧，好吧。"何平一边递给她那些资料，一边半疑半信地嘀咕，"古老的医学方法，刺激？那就试试吧。"

几天后，刘振终于适应了噩耗，情绪稍稍稳定下来时，何平早已等得心急如焚了。

"你现在能冷静地回答我的问题了吗？"

"是的，我想能。"刘振虚弱地倚在床上答道。对何平的好感，使他完全信任这位救命恩人，"只是我不明白，你为什么要把我从梦中唤醒。"

刘振的措辞让何平感到他确实已经清醒了。

"我要你相信，我帮助你是为了一个崇高的目的。"

"好吧，我会告诉你我能回忆起的一切。"

"很好,现在请你告诉我,这以前你是干什么的。"

"我想,我是一名科学家,只是研究的专业……"

"要不要我提醒你一下,你还记不记得铑、钯、铂……"

"是的是的,我想我研究过这些金属,只是具体是怎么做的,我没有印象了。"看到何平失望的表情,刘振露出歉疚之色,"对不起,我只记得这些了。"

"没关系,这不是你的错。"何平想了想又问道,"你还记得最后发生过的事吗?生病那天?"

年轻的科学家在混乱的思绪中捕捉着那些仿佛历历在目,却又倏忽而去的时而模糊时而清晰的影像。

"啊!啊!铑磁导弹,黑12区,三百万生灵,我想起来了,我想起来了。"他激动万分地抓着何平。

"我想起来了!我发明了一种铑磁发射装置,我想应用在医学方面,却被查理教授骗去制成了武器并毁了[伊尔-β]小行星!我恨他!他把我一生的美好理想都变成了噩梦,他利用我的发明杀害了三百万生灵,现在,现在又害死了我的父母,我恨他!我……"

何平抱紧激动不已得一会儿哭一会儿笑的年轻人,紧张地问狄娜:"你有什么办法能让他安静下来?"

机器人知道的最好办法,就是取出注射器,给刘振打了一剂麻醉药。

刘振再一次清醒过来时,已躺在何平的大卧床上。

"你还记得你对我说过的一切吗?"何平忐忑地问。

"是的,我清楚地记得每个细节,可是,可是生我育我的父母都离我而去了,我,我一个人活着还有什么意思呢?"刘振陷入悲痛中,大声哭起来。

何平十分同情这个年轻人,刚刚恢复了身体健康,却又面对失去至爱亲人的悲痛,这样沉重的打击并不是每个人都能承受得住的。可是何平极不愿看到一个大男人如此痛哭流涕,尤其是,如果刘振不能从痛苦中自拔出来,必会影响到博士的大计。

"刘振,你不要这样。"看刘振仍泣不成声,何平不禁加重了语气,"你不能这样!现在你要做的不是流泪,而是想尽办法为死难者报仇,即使你不在乎那个小行星上的三百万人,你总该想想你的父母吧!如果不能替他们复仇雪恨,那你才真正是活着没意思!"

何平的指责像炮弹一样重击在刘振的心中。

"是的,我要报仇,我要为父母报仇!快告诉我,我该怎么办?你一定要帮助我!"

见刘振止住泪水,振作起来,何平满意地点点头:"这才像个男子汉。你放心,我会尽全力帮你,不但为你父母和那些死者,还要为所有受苦的人们报仇雪恨!"

"谢谢你!"刘振由衷地感动着。

"好了,我们谈正事吧。你能告诉我你有哪些研究成果吗?"

"好吧,"刘振稳了稳情绪,边想边说,"我研究出了金属铯的磁变动力发射装置,它的威力我想你已知道了。我发现了重金属族系中三位一体的合金裂变方法,并且在理论上推导出铂磁的能量转换方程,只是在实践上有很多困难。我设计的三合体的裂变实验失败了四次都未找到原因……"

"等等!你是说实验失败了?"何平十分诧异。

"是的。"刘振有些难为情。

"那就是说,你还没有掌握……铂磁技术。"

"当然,我只是推理……"

"那这又做何解释!"何平递过来取自电脑中的资料。

"这……"刘振看着看着,突然从床上跳起来,"这是铂的磁变方程!你从哪儿搞到的?这太神奇了。"

盯着刘振好似捡到金子般的惊喜表情,何平快要哭出来了:"这,这是你的呀！我从你的计算机中发现的。"

"我的？不可能！我连铂三合体都没……"

"噢！是的，是的。"何平终于想明白了这场闹剧，懊恼地说，"如果你连合金裂变实验都没成功，你根本不可能得到这个方程式！"他仿佛还抱有一线希望，指着资料问刘振："下面的那些符号，你……你也不懂吗？"

"不，不懂，可是……这个反应需要什么条件呢？应该有一个很大的外加能量场才行啊……"刘振已被资料深深迷住。

"天哪，我怎么这么命苦哇！"何平叫道，"他什么都想起来了，唯独把这半年的研究成果全给忘了，我们需要的正是它啊！"

"怎么回事？"刘振抬头惊讶地问，"难道这是我在生病的这半年里研究出来的吗？"

"是啊，是啊，你手上的这几张纸，就是你这半年的研究成果呀！难道你一点都想不起来吗？"

望着刘振茫然的表情，何平捂着脑袋一头栽在柔软的大卧床上。

第三章

1

翼星。

这个被推举为星系执法者的"和平星"是整个玛雅星系中最小的行星,然而它的尊严与地位却是无人可及的。

因行星表面土壤中铅的含量远远超过了生命体所能承受的限度,翼星的所有建筑几乎都是悬挂在半空中的,只有一座建筑例外,那就是位于星球自转轴顶端的极其宏伟巨大的大金字塔——"大都会"。金字塔在玛雅传统中本就是神圣与地位的象征,翼星人称其为大都会,不仅仅是因为它集政府、法律机构、国防机构等这个国家中所有重要的部门于一身,而且它还是整个翼星的交通枢纽,科教、文化、经济的中心。最重要的原因是,它是人人都敬服的这个国家的最高统治者——博士的宫殿。

密集的交通线从大金字塔伸展到行星的各个角落,流线型的运输器闪耀着漂亮的银色光芒高速无声地滑翔在密如蛛丝的通道上,它们把各个角落的信息传送给"大都会",又把生活物资、能源及领导者的命令输送到各地。

一切都这样井然有序地高速运行着,甚至可以说包括了这个星球上的每一个生命,人们都在兴高采烈地忙着自己的工作。从他们愉快的神情看来,似乎没有任何事会令他们感到不快乐。事实上,这个星球上也确实没有任何事能让居住者们烦心,因为几乎所有的困难和麻烦都被一个人解决了,那就是人们心目中的神——博士。神是无所不能的,博士几乎做到了这一点,他为人们解决了生活上、生理上、身体上的种种难题。博士让人们都清楚地认识到这一点:他有能力让所有人都无忧无虑地幸福地生活在这个星球上。为了报答他,人们不但要尊敬他,而且要毫无怨言地高效完成他交给他们的任何工作。

"这就是我的星球,它多么美呀!"两鬓斑白的清瘦老人站在那高耸云际的大金字塔顶端的办公室里,一边望着脚下他所创造的翼星,一边叹道。

听命于博士的人都注意到,老人近日来憔悴了许多,情绪也愈加烦躁了,那是因为近年来的天文观测使得博士时时感到不安。这位"神"心里清楚,他虽然能创建并任意改变和平星上的一切,但却无力改变比生命更神圣得多的宇宙,哪怕一分一毫。

当年在创建翼星的"大都会"时,博士就把它设计成金字塔状,并使其尖端时刻对准星系中的主恒星——大雅四,凭金字塔独特的汇集能量的性质及他运用在其内部的先进科技手段,翼星吸收到的恒星散发出的光能和核能被最大限度地应用到他的人民的工作和生活上。游离尖顶设置了一个等离子放射器,使其散射出一层游离态银离子,并将翼星紧紧裹住。虽然这项举措使他的星球看起来更像一只"茧",但这些微小的颗粒能将高能辐射最大限度地反射开去,在一定程度上保护了他的人民不受大雅四的伤害。

"可这绝不是长久之策!"博士忧心忡忡地想,"越来越强的光线很快就会把这些银粒子击溃!唯一能摆脱这种困境的方法,就是离开这个脆弱的星球。"

可是,哪里才是最好的安身之所呢?"阿瑞斯星……阿瑞斯星……"老人喃喃自语道。此时此刻,他多么希望何平能尽快完成那项神秘的使命啊!可是几天前来自阿瑞斯星的坏消息却使他坐立不安,而刘振那份凌乱的资料,更令老人那花白的头发在几天内掉了一大半。

"这份资料里分明蕴藏着无上的科学真理!可我就是研究不透它!"老人有些气急败坏了,"这该死的方程式,如果我知道是什么外力能使它稳定地发生裂变,那下面那些难题就迎刃而解了……"

博士懊恼地摇摇头,努力使自己的情绪稳定下来,走回办公桌边,拿起刘振的草稿。

"我穷尽一生的精力,才在十年前破解了锇磁的奥秘,而这个只有二十多岁的年轻人却用了不及我十分之一的时间就成功推导出铂的磁变反应程式!唉,后生可畏呀!"博士不由得惊佩年轻人的才华,心中也暗暗嫉妒起他。从刘振手稿中那些鲜为人知的苏育文注解中,他已经确认这个同样具有古老的奥尔梅克族血统的刘振是谁了,他感到激动,也为至今仍被病魔缠身的刘振担忧。

机器人报告说,刘振在精神失常时似能轻而易举地控制它的动力系统,那是一种什么样的力量呢?

当这位老博士苦思不得其解的时候,阿瑞斯星的刘振亦在穷思竭虑地寻求着答案。

2

"这到底是种什么力量?"刘振独自坐在房中,一杯接一杯地喝着浓浓的提神饮品,这个问题深深困扰着他,两昼夜他都没有合上眼好好睡一觉了。

"如果何平说的是真的,这些资料是从我的计算机中发现的,那么说我的合金裂变实验应该成功了,我也应该掌握了那种使反应稳定的能量,否则的话,我不会推导出这些方程式的!没有一定的实验基础——至少现在我认为我没这种基础,这些公式是从何而来的?那种控制反应的外力场又是什么?"其实刘振已然相信,这份堆满了用他父亲教授给他的苏育文做的注解的资料是他亲手写出来的，却记不起是在何时何地以及根据什么写出的，那些含糊的注解只会让他觉得更加玄奥迷离，就好像那只不过是做了一个梦，醒来后却记不清这梦至为关键的细节了！

"让我仔细研究一下最后的几个符号吧，也许能想起什么有用的东西……"

可是几个小时后，刘振就打消了这个妄图由末及本的荒唐念头，一把丢下草稿纸，烦躁地在屋中踱来踱去，在他刚要端起饮料杯时，一个新的想法跃入他的脑海。

"机器人说（此时刘振已经知道那位漂亮的女士是个机器人，虽然他不信这世上能有如此精美的技术，但在狄娜从头至脚地向他展示机体内的线路时，他惊呆了双眼）……机器人说，我精神失常时，曾成功地两次控制了它的锇磁动力系统，而且是在手无寸铁的情况下。如果这也是真的，我又是怎么做到的？虽然任何智慧型生命形式都会下意识地自然而然地产生保护自身安全的意念和行为，但没有任何机械手段，根本不可能……"突然间刘振好像找到了一丝线索，"等等，无意识的状态中下意识的行为……难道？难道是意念力？难道是人类自身的意念产生的能量而导致的结果？但是……"

一个精通高能物理学的杰出科学家，竟然会相信起推崇精神至上的唯心学说，这是多么荒诞的一件事呀！尽管对自己的想法感到可笑，刘振还是决定找来机器人狄娜向它询问当时的详情。

"是的，刘先生，您那晚用来控制我的能量绝不属于物理范畴。"狄娜细述完"遭遇"后，十分肯定地说。

"你能确定吗？"刘振将信将疑。

"您怀疑我的功能吗？"

"不，不！我只是觉得这不大可能……"

"刘先生，我的设计者——翼星的博士为我输入了辨认接触到的任何形式的机械能的程序，包括辨认想象出来的、至今仍没有人掌握的物理范畴内的动能，而且我能在我接触到的外力中捕捉并分析其中的高能粒子，因而能确认那是以何种方式发出的何种性质的能量。我能肯定您的能量不属于我程序记录中的任何一种，而且从您的能量中我没有发现任何有形的具有高能的粒子束。也就是说您的力在表面上不具有一丝一毫的能量，却能在我体内的锇磁原子中产生强大无比的动能，它是无形无质的……不可捉摸的……"机器人显然想不出用什么词才能更好地表达出这种意思，最后只得说，"所以，我能肯定您这种能量不属于机械范畴，更不属于物理范畴！"

这有凭有据的推断非但没有给刘振以任何启示，反倒使他的思绪更加混乱，刘振固然不相信任何有关"心灵"的异端学说，尽管这学说也曾在阿瑞斯星风行一时，但最终都被正统的物理学家们以正统的物理学方法，驳责得显露原形了。

"可是这一切又如何解释呢？"刘振拿起他的"科研成果"，眉心又拧作了一团。

正当这两人苦思冥想着科学难题之际，那位肩负使命的何平先生，却优哉游哉地逛起商场来了。他以为事已至此，博士不日即会召他回国了，现在心里想着的就是给家人带回什么样的纪念品才好。可是几个阿瑞斯标准日后，狄娜收到翼星的命令，把他与家人团聚的美梦化为泡影。

3

"这是给您的，先生。"狄娜严肃地递过一纸文书，"这些卷宗是博士让我转交给您的，刘先生。"

两人接过文件，同时愣住了。

何平的命令上写道："事有转机，计划继续进行，务必全力配合刘振，不得懒散！"

"博士怎么知道我懒散？"何平咬牙切齿地叫了起来，"一定是你把我逛商店的事告诉他了，是不是？"何平狠狠地瞪着狄娜。

刘振却仍捧着那份厚厚的卷宗呆站着，那文件封面上醒目地写着几个大字："心理物理学研究报告"。

"'心理物理学'！这是一门什么学科！心理学怎能同物理学混为一谈？"刘振被这个新奇的名目惊得目瞪口呆，"什么人敢无视于流传了上千万年之久的传统物理学的真理，竟然自创出这一门科学？"可是当年轻的科学家仔细翻起这篇科研报告时，却更加震惊于其撰写者缜密的思绪及大胆的推理！

作为一名献身于高能核子物理学，多年苦心钻研，并且在这个领域中取得极大收获的老科学家，我曾毫不留情地鄙视并痛责过那些专门研究思想意识的声名狼藉的徘徊于真理和谬误边缘的科学家们。在这类边缘科学中，真理总是被愚昧无知的迷信和一些低级的江湖骗子们的胡言乱语弄得含糊不清，无法理解，尽管几十年来，我也曾为这真理无法解释清楚的一些超物理的，超科学的，甚至于超自然的奇怪但确实存在的现象而迷惑。我一直坚信不疑地按照物理学的方法去探索这个自然宇宙的奥秘，至少曾经是这样。可是，现在我已经彻底动摇了！因为我现在几乎可以确信，在宇宙中肯定存在着一种强大的，源自人类自身的，尚无法解释清楚的能量！我暂且称它为"心理物理能"。

当然，你我都明白，一个科学家最忌讳的就是对他丝毫不懂的科学知识妄加评论，这也正是我们推崇的物理学的真理所不允许的！可是，设想一下吧！如果我们假想出一门非物理的科学，并根据这个假想"推断"出这门科学的原理，而这原理却能让你对那些奇怪的非物理的现象做出完美的纯物理的解释来！你又做何感想呢？

那些确实存在并时刻发生着的违反常规的现象表明，现存的深入人心的传统物理学有可能是不完善的，有可能是片面的！所以，经过多年的思索，我决定创想出这门"心理物理学"来研究那些奇怪现象中隐藏着的科学真理，如果我们最终能使这门学科真正立足于科学界，那将是我们对科学的完整做出的最卓越的贡献！也是经典物理学向完美跨出的至关重要的一步！

现在，就让你和我作为开拓者，率先迈出这关键的、划时代的第一步吧！我们必然要为此做出异常艰辛的努力，以及付出巨大的无法预知的代价的！首先这种超自然的探求，必然要求我们在传统的物理学研究方法上做一些修改。因为，我们自身就是这研究的一部分，如果我们始终抱有否定的态度，那么我们获得的否定的效果也就是一种合乎逻辑的成果了！

读到这儿，刘振已被这位老科学家无可辩驳的言辞深深打动了。诚如其所说，如果真的能使"心理物理学"成为一门真正的科学，那人们对物理学的那种传统观念就将面临一次彻头彻尾的改革！

众多的奇怪现象不用我赘述了，就你我二人共同研究的核能物理学科来讲，我已经基本掌握了铍、铑这一系列重金属的原磁动力，并应用这种技术制造出一些产品。你身边的DH9004——那漂亮的机器人，就是我的一次最完美的尝试，而你似乎也掌握了这一类高分子磁能技术。我要说的是，你我可能都同样对这一事实——金属原子被纯物理学的手段激发裂变后放射出的磁能粒子却不遵循物理学规律，即我们的时间规律，而深深不解吧！几年前，我还只能把铍磁粒子的速度保持到光速的十几倍，而半年前的那次小行星爆炸却使我又悟到其中的奥妙。现在，我已经能够做到使铍磁粒子以秒差距的四次方推进，这当然得归功于你的铑弹的启发。虽然我并不明白，为什么仅仅是稍微改变一下，就会有这样激动人心的奇迹发生，但我确实做到了！我想说的是，我们可以运用并不理解其原理的方法，来得到我们想要的效果！正是这一点，激励着我以更大的信心来探索这门"心理物理学"的真谛……

刘振对此深有同感，他也对自己研制出的铑磁射线具有令人惊异的几何学性质的功能而不解，铑磁粒子的推进力与时间量相等，以距离的四次方推进！他不知道这是为什么，却能清楚并且真实地做到这一点。

刘振也想到了如果他自己不懂的话，那查理教授就更不可能懂，但查理却能用自己的医学仪器制成威力强大的铑磁导弹！虽然想起铑磁导弹的威力又一次引起刘振的悲痛，但这一铁定事实却增强了他以未知推有知的信心。

你当然也注意到了许多发生在身边的用物理学原理无法解释的现象。就以发生在你身上的事为例吧：我的机器人已经告诉我，你曾经无意识地扰乱了它的动力场。那么你有没有特别注意你的无意识呢？这有没有可能就是人类本身拥有的只有在下意识中才能体现出来的自我保护的意念力呢？

也许研究你的特异就是解开心中谜团的最好机会！

请让我用我们假设的"心理物理学"的原理来解释一下吧！现在，我们必须排除经典物理学带给我们的两个最大的障碍——"时间"和"空间"。因为从铑磁粒子并不遵循时间规律这一事实可以得出这样的结论：如果我们要研究的这种力真实存在的话，它必须也不受时空两大物理因素的束缚。在我们假设的理论中，时间和空间都不是实际的，而只是电磁能的组成部分中的某种附带的次要性质。这种假设虽然与传统的物理学原理背道而驰，但对于我们所要研究的学科却是至关重要的！

现在，让我们来看看锇190原子。作为一个杰出的物理学家，你当然能很容易地描述出这样一种回旋自然变量的原子。这种原子在几十亿年的回旋状态中仅仅有一次处于释放状态，就是我们所说的核聚变，如果我们将无形无质的那假设的意念力触及这个原子时，它必然只会对具有电荷的实际物质——原子核起作用，而因为意念力不受时间和空间的限制，它必然可以实际作用在原子核上，并且在一个假定的能场内因被作用物的质量的改变而可大可小。

小到巧妙地使核外电子脱离旋转轨道而处于释放状态，大到使游离态的原子处于静止的待激发状态！就是说意念力能随意改变最微小粒子的状态，稳定或是裂变！适当的控制意念力的角度或其他什么尚不可知的因素，就能控制粒子激发的程度和方向。想象一下，不用任何复杂的仪器，仅仅凭着我们的头脑就能形成一次可任意控制的核弹爆发，这是多么奇妙而激动人心的事呀！这不是不可能的！而你在我的机器人机体内就做到了这一点。你使锇原子处于静止状态，而且我相信你的意念力能使任何粒子的自然状态发生改变！当你恢复正常思绪能力时却体现不出这种特异，正说明这种能量与意识息息相关！

老人敏锐的洞察力和精辟的分析使刘振大为叹服。

此外，还有一个更实际的例子，它更能说明意念能同高质量金属的磁变动能在本质上的类同。你大概没有想到，你读着的这份卷宗是我昨天才整理完成的吧！翼星和阿瑞斯星球之间，在各轨道上的最近距离是24光年。如果我按照传统物理学的时间规律，以最大速度——光速传送出这份文件，我想你在阿瑞斯星上是无缘目睹到我的论述的！我要告诉你的是，为什么我只用了几分钟时间，就把这文件从遥远的翼星送到你手中。那是因为我掌握了一种更为奇特的技术手段，我把这种技术叫作"远距传物"。我分析出物质的质量波长，并且将其融合在铑磁射线的能量波中发射出去，然后在机器人 DH9004 身上装了个接收装置，仅此而已！虽然我说不出其中纯物理性质的奥妙，但我却真实地做到了超时空的远距离物质传送。我不但可以用假设的"心理物理学"的理论证明它，更能使这种证明完全符合量子力学这门古老的科学！

根据"心理物理学"原理，远距传物就是物质间的一种交换力的必然性，这是我需要向你解释交换力的理论。产生这个概念的事实是：所有的电子，以及其实相似的微小粒子，实际在本质上是完全相同的。从数学的角度来看，任何电子的任何运动都可以被看作是一个本体与另一个本体的质点上的转换。每个原子里都有电子之间的或其他粒子之间的，同一性有节奏的脉冲，正是这种脉冲决定并控制着粒子可以做本体之间的转换。

依照铑磁理论，这种交换力不受时间和比原子更小的距离的限制，因为每个粒子都可以被看作仅仅是同一性脉冲的波形的加强。正如我们假设的，时间和空间作为电磁能的附带次要性质，又存在于既有粒子又有波的复杂结构中。而力的交换性就是跨越时间和空间的桥梁！这又使我们涉及惯性、瞬时加速度等这些古老的电磁学的问题，这些问题常常使这种力的交换看上去超出理性的范围。

综上所述，远距传物技术其实并不是自然物质的实际传输，而只是一种受必然性控制的同一性交换，也就是由于组成物质的每一个粒子的同一性脉冲而引起的超越时间和空间的本体与本体之间的同一性转换！

现在，最值得考虑的是，既然自然物质的远距传送能被我们假设的"心理物理学"理论证明，而且在实际上我也真实地做到了这一点。那么人类,或者说生命形式是否也能像自然物质一样进行传送呢?构成生命的基本粒子间是否也能做同一性的交换呢?

  这个问题留给你来解答吧!我的孩子,这将是你在解开宇宙奥秘时所面临的最重要的一次考验!我期待着你的成功!

  希望我的这些研究所得能够给予你帮助与启示,如果你认为有必要同我直接对话,机器人DH9004会听你的吩咐。最后,请允许我以一个喋喋不休的老人的身份再啰唆几句吧,我在你的资料中发觉,你用来做注解的苏育文中有许多明显的语法错误,也许是你当初学习它时未曾用心,或者是教你的老师未尽到责任。如果你想在这种古老文字的学识上有所进步的话,我随时恭候你的叩问!

刘振是以一种十分好奇,却又半信半疑的态度读完博士的论述的。博士的结束语中所表达出的过分的热心并没有让刘振觉得太奇怪,他认为这只不过是一位老科学家对他的年轻同事的关切之情罢了。只是博士以"我的孩子"来亲昵地称呼他,使刘振的心情觉得有种说不出的亲密感并有些受宠若惊了。

还有一件事刘振很纳闷。

"父亲传授给我苏育文时曾说过,这种古老的文字是刘氏一族的先祖们,也就是奥尔梅克部族中的贵族内部流通的并一脉单传下来的,而且绝不传给外族人,那博士怎么会精通这种文字?"刘振想了想,摇摇头自我解嘲道,"也许是老博士的学识太过渊博了吧?"

此时此刻,刘振已经没有闲暇去捉摸这些无关紧要的事了,他要把精力全都放在博士的研究报告上。

老博士的这些研究成果确实打动了刘振,他对那本是假设的"心理物理学"的兴趣越来越浓了。很显然这老博士前所未有的,冒天下之大不韪的论断，使刘振对自己可以说很精通的古老的物理学知识，或多或少地产生了怀疑。"但那毕竟是传统啊，毕竟是流传了千万年之久的科学真理啊！"刘振这样想着，决定只有自己亲手做到了，才能相信它。

铑磁粒子的特异性能和铑弹无比强大的威力，使得刘振不敢再去尝试它，当然他更不愿意重回到精神失常的病态中去，以找回曾属于他的神秘的意念能。只有老博士所谓的"远距传物"才是最切合实际的探索途径，刘振决定立刻就辨其真伪。

何平因为接到"计划继续"的命令，已无精打采地到各个商场"退货"去了，套房里只剩下刘振和机器人狄娜。

刘振故作平静，非常礼貌地召唤机器人："狄娜！请你回答我几个问题行吗？"

"是的，刘先生，愿为您效劳！"机器人应声而至。

"是这样的。我知道，你同何平先生来到阿瑞斯星是来执行特殊任务的。只是我不太明白，和平星离此那么遥远，两地的风俗习惯必定不大相同，那么你们怎能这么快就适应了这里的环境？比如说住行呀，饮食呀，这类日常生活中的差异？"

"就，就饮食问题，如果您不介意我开句玩笑的话，这座酒店的经理与侍者们同样深感奇怪！"狄娜在其主人何平的长期"陶冶"下，也些许掌握了人类幽默的本领，只是不尽熟练罢了。

"此话怎讲？"刘振并未理解这种机械式的调笑。

"我们来阿瑞斯星已经几十个标准日了，却只在这家酒店进过一次餐。"

"那又是为什么呢？"

"不习惯呀！"狄娜解释道，"何先生第一顿饭就吃坏了他体内的消化系统和循环系统，坚决不肯再碰这里的食品，所以现在每天的食品都是翼星按时传送过来的。您与我们同住的这几日，一直是心事重重的,所以您可能没注意到咱们之间的食物不同。"

听到这,刘振也发觉了自己的失察,这几日他情绪低落,进餐时只注意到何平每餐必饮大雅族的特产蜂蜜酒,还真没留心何平吃的到底是什么。

"那么……你们肯定会陷入这样一些窘境吧,比如说,出发前忘带了某种工具,或者根本没想到在这里会用上的一些仪器,或者是某些仪器耗尽了特殊能源?"

"的确如此,而且不仅仅是工具仪器,每天的经历和接触到的新信息必须定时反馈回翼星总部。我还需时时查询总部档案库中的资料,以及损耗的机体部件,还要把随时都可能被毁坏的体内零件及时地更换。能源每时每刻都在以波的形式传送到我机体内,因此看起来,我这种机器人好像不用补充能量似的……"

"这些都是用远距传物来运输的吗?"刘振打断机器的喋喋不休。

"当然!难道还要每天飞回去取吗?"狄娜瞪着漂亮的大眼睛,仿佛是在听刘振讲笑话。

刘振耸耸肩:"我只是觉得好奇罢了。"心中暗想,照这么说,他们已经把这种技术运用得十分广泛纯熟了。

"我真是由衷地钦佩你的领袖——博士的学识渊博,只是没有机会一睹神颜而感到遗憾,不知道……"刘振想了一下,找出纸和笔,用苏育文写下"祝您健康,敬爱的博士"这几个字,并把纸递给狄娜,"我不知道你是否能把我的敬意转达给博士,并且请问博士是否愿意送我一件小礼物做纪念呢?我是说现在。"停了一下,又补充道:"用远距传物?"

机器人被刘振弄得莫名其妙,可是一来惧怕刘振一生气又会使用那"特异功能"来伤害它,二来也确实没搞懂刘振到底是何居心,只得按他的吩咐做了。

刘振看到,狄娜接过那张纸,把它折起来握在手心里,然后就伸着手一动不动地睁大秀目瞪着他。既不见这机器人去摆弄什么仪器，也不见它弄些夸张的魔术师似的古怪动作，大约两分钟后，一把精致绝伦的金雕玉镂的银把小手杖蓦然出现在机器人手中。眼都没敢眨一下的刘振并没看出纸条是怎么变成手杖的，而狄娜若无其事的表情使他觉得，那手杖仿佛一直就在它手中放着似的。

"博士吩咐我把这个转送给您！"机器人上前一步递过手杖。

"这不可能！"刘振心中暗叫着，接过手杖时却一眼看见那银制把手杖头上缠着一张纸条，打开一看，正是他写给博士的敬辞，而在他的那行字下面，多出一行同样用苏育文写的异常遒劲的字迹。

"你做得对，我的孩子！怀疑就是探索的动力！"

"天哪，真不可思议！"刘振惊呼出声，远距传物的神乎其神确实让刘振大为震惊，而老博士居然猜透了他的心思，居然算准了他会有这样试探性的举动，这让刘振感到难堪。"博士让我转告您，如果您愿意，可以随时与他直接通话。"狄娜一边转达博士的话，一边瞧着面红耳赤的刘振感到诧异非常，叹道："人类的某些举动真让我无法理解！"

刘振支支吾吾地道："噢，好的，好的……"可立刻又拒绝道："不，不！我想……现在还不是与他老人家通话的时候，请你代我问候博士，告诉他，我十分感谢他的馈赠，并会好好珍存这份礼物的！"

就在此时，何平风尘仆仆地回来了，一进门就大声叫道："是博士大驾亲临了吗？"

"没有啊！怎么？"

"这可是博士最喜爱的手杖啊，而且是从不离手的！"何平瞅着刘振手中的手杖，一边叫嚷着，一边半信半疑地要在各个房间里搜寻博士的"芳踪"。

刘振苦笑起来。

第四章

1

阿瑞斯星星际大酒店。

酒店的经理及服务人员，都曾对住在这个豪华套房的三位客人的古怪行径深感蹊跷。先有一男一女举止高贵貌似天仙，却不怎么吃东西。后来的少年更是又哭又叫，一刻也不能安静。虽然这两日"正常"了，却一天喝好几桶兴奋剂（提神的饮料）。一个人闷在房里不出来，把房间弄得肮脏透顶、臭气冲天却不允许服务人员进去打扫。最令人哭笑不得的是，他昨天竟然要求服务员给他弄一只狗来！而且还郑重其事说："不管是什么样的，只要是只活狗就行！"

何平已彻底沾染了贵族习气，半卧在长椅里，握着他的宝贝酒杯，正聚精会神地细阅一本厚书。不知从何时起，他迷上了大雅民族的文学作品。为了打发无聊的时日，狄娜从帝国图书馆为主人借来一大箱文学巨匠的经典之作，何平就一头扎进了书海中。也许是这本书的故事情节特别感人吧，此时，他的眼圈通红得仿佛随时都能掉出泪来。狄娜从厨房走出来，弯腰看了那书封面一眼——《破碎的爱情》，不禁张口笑出声来。

"讨厌！狄娜，你乐什么！"被打扰的何平气呼呼地叫。

"没什么，没什么。"狄娜赶忙抓起桌上的几本《大众饮食》跑回厨房去了。

这一阵，机器人迷上了阿瑞斯星的烹饪技术，尽管吃食物对狄娜而言，不过是把那些饭菜在外形上稍微改变一下，但那些精美得如同艺术品的菜肴，确实是光看着就让人说不出的喜爱。

起居室里又突如其来地响起一阵狗吠，气得何平双手捂住耳朵大喊："求求你，让我清净一会儿吧。"

话音未落，刘振已抱着一只大狗从里间冲了出来，满脸的倦色掩不住他眼中的兴奋。他瞪着几日没合过的充满血丝的双眼，大声喊着："我找到了，我找到了，我明白了，我明白了……"

何平一眼看见刘振的疯样，吓得立刻跳起身来，生怕刘振是穷思苦想的神经过于紧张，以至于旧病复发了，赶忙顶着一阵阵刺鼻的汗液与提神饮料味混在一起的扑面而来的恶臭冲上去，一面用手试着后者额头的温度，一面连声问道："你怎么了！你没事吧？"

"太高兴了！我终于想通了！"刘振激动地说，却也顾不得多做解释，一把将那只狗放在桌上，"喏，你看！"

随即出现的场面，的确是富有戏剧性的。一个蓬头乱发衣衫不整的年轻人目不转睛地盯着一只狗，而且口中仿佛还念念有词。那只又大又笨的长毛犬，却像中了魔似的一下举起前爪立起来，一边颇有节律地轻声吠叫，一边在桌上绕着酒瓶转圈蹦着。

这出"狗戏"已让何平拍着手大声笑起来，一边笑，一边随着狗叫的节奏也绕着桌子跳起舞来。何平笑着笑着却想起一件事，这只暴躁的劣狗，昨日让侍者们捆着四蹄拖进套房。来时尚不停地狂吠，而且刚给它"松绑"就咬了狄娜一口，恨得狄娜只想拿它来做红烧狗肉，现在只过去一夜，竟会变得如此温驯而且能载歌载舞了。

"难道这傻乎乎的小子竟然还有驯兽的天赋？"何平不禁停下来转头看着刘振。

"当然！快告诉我你是怎么驯服这只狗的。"何平故作饶有兴味状，又随手端起了他那喝了一半酒的精美高脚杯。

"我用我的意念力，控制了这只狗的神经中枢。"

"呃!"这句平静的回答,落在何平耳中宛若平地惊雷。他被那一口酒呛得连咳不已,"意……意……意念力?"

"是的,"刘振微笑着一屁股坐在座椅上,舒舒服服地伸了个懒腰,"其实很简单,一个很短的能量转换方程,而且与宇宙的本元物质有关……"可是看着后者茫茫然不知所以的神情,只得停住话头,请求道:"我能同博士谈谈吗?"

"当……当然!狄娜,狄娜!"

机器人应声而入,瞧见那只狗急忙往后退了几步,倚在门框后彬彬有礼地问:"要我做什么?先生。"

"这位刘先生要……要同博士讲……讲话……"何平语不成声。

看着主人宛似见鬼般神经兮兮的,狄娜很奇怪,但不解归不解,命令是命令,机器人小心翼翼地走到刘振身前,见那狗并未做无礼举动,才安心并很快与翼星取得联络。

"博士说,随时聆听您的指教,刘先生。"狄娜说道。

"好的,"刘振思索了片刻,从容地说道,"您好,博士,我是刘振。"

"你好!孩子,这么急找我,你肯定是有了重要进展吧!"此刻从狄娜口中发出的却是一个慈祥而威严的苍老语音。

"是的,博士,您猜得没错,我的确有了重要发现!"

"那快告诉我吧!我这个老头子已经等不及了。"老人风趣而极为关切地说。

"是这样的,我发现了宇宙万物的本元物质……"

"噢?"老人惊异轻呼。

"根据您的启示,我发现了这门'心理物理学'最基本也是最重要的原理,那就是:整个宇宙,也就是说一切物理性存在的东西;那些散布在星系之中、之间的一切物质,一切形式的能量,一切非物质的东西,如引力波、黑洞,以及一切延伸向无限的空间,都是由一种最初物质组成，就是我说的本元。所有的外在形式，各不相同的自然的理性的物质，都只不过是这种最基本的粒子在不同方式上的不同组合而已。其实在几万年前，那些古老的占星术家们就已经用'万物同一'表达过这个观点了，但那只是一种泛泛的概括，而且没有人相信。我发现的是，构成宇宙的'本元子'应该是完全相同的，而且每个本元子在其创造性的微小限度内都有智力。原子、分子这些较复杂的粒子中，因其本元子数量的增多而包含有更多的智力。机体结构越复杂，其中锁闭着的智力也越多；每个物质结构的新发展，在生命边缘的简单的病毒中，在复杂的有机体中，甚至于在人脑中，每一次进化，每一个这样的进步，都是由这些宇宙的本元物质创造性地在更高水平上有机结合的结果！"

"等一等！你在说本元？本元……是的，我明白了！不错，这就是我苦苦寻找一生的答案，这就是解答一切疑难的关键！你太伟大了！我的孩子！"

"谢谢您的赞誉，博士。而且，您应该知道，正是凭着您的重要启发，我才想到这些的！"

稍稍停顿后，刘振又接着说下去："请您听我说完，博士。正如我说的，本元物质构成了宇宙，而所有物质之所以种类各异、形态万千，我们人类与其他生命形式之所以存在很大差异，以及生命体与非生命体的根本差别，正是由本元物质的数量、组合方式以及在有机结构上的差异而决定的！这就是我的'宇宙本元理论'，这与那些只注重研究万物中的一种或只着眼于研究一种物质不同侧面的传统的具体科学经典物理学，完全是本质和形式的关系。我认为宇宙本元才是最基本、最完美的真理！"刘振说到这里，已有些激动了。

老博士也很激动，他说道："你是对的，我的孩子！要知道你已经把物理学，甚至于科学拓展到一个全新的领域，你的才智太让我惊讶了，我都有些忌妒你了！"

"我认为，"刘振接着说，"每个物质中锁闭着的本元智力都有可能挖掘出来，而意念能就是发掘并有效加以控制这些本元智力的不二法门。我认为意念能就是宇宙中最基本的能量，它维系着宇宙的平衡。它无时无刻不在以各种形式作用在我们身周，大到星系间的引力，小到原子核中带电粒子的无规则自由运动，等等等等。可以说，意念就是宇宙，意念就是生命！"

刘振停下来喘了口气，又开始了他的论述："可是，这就使我们涉及天文物理学及生命理论学中最引人注目的课题，也是时时刻刻都在烦扰那些科学家和哲学家们的难题，那就是：宇宙是怎么形成的？为什么会有一个我们生活于其中的具有一定自然规律、一定结构模式的宇宙？这些关于客观存在的难题，把这难题放到我们'心理物理学'的框架上就是：如果说是意念能创造了宇宙，那么它是以什么方式创造的？为什么会有这种方式？我认为如果确切地理解并掌握了意念能，我们就能很正确、很完美地回答这个问题。我认为这是心理物理学科最重要的，也是终极的目标。"

博士认可地说道："是的，非常重要！虽然这个目标看起来是那么遥不可及，而且若隐若现，甚至注定会被那些客观主义者看作是不切实际。但这是最重要的。科学不仅要求我们脚踏实地，更要有一个正确的目标！"

"所以，现在最实际的课题就是怎么把人体中封闭着的大量本元智力开发出来，并能有机地、有效地控制它！"

"我们的确应该把自己的肉身作为主攻方向！"

"是的博士，根据您的'心理物理学'，把人体中本元子的智力汇集起来，我们就能得到意念能的原型。我们把这种能量暂时定义为'心理物理能'怎么样？"

"很恰当，我的孩子。"

"可是，想了很久我才知道，人这种生命形式本身的心理物理学机能在很大程度上，受我们脑神经所产生的意识的影响，确切地说，它应该是无意识的。随着我们肉身的进化，体内的部分本元智力被创造性地开发，并体现在我们大脑的思维能力与我们的智慧上。但绝大部分心智被锁闭在不用来进行意识思维的脑组织的某些重要部位中。要想充分地、有意识地开发这些心智，以加强自身的心理物理机能，必须要经过长期的严格训练，更需要高度集中精神来排除人体自身的干扰。这干扰就是所有智慧型生命形式都具备的一种不受主观意念控制的自我保护意识。这种保护意识在一定程度上保护了肉身和精神不受外力破坏的同时，也限制了人体自身意念力的深入性发展。当然，要排除这种自身干扰是十分困难的。我花费了相当精力和时间，才逐渐能够克服自身的保护意识，并将意念力初步控制在主观意识中。只是生命的心理物理机能，是否因其智慧的高低而明显体现出差异，这一点我还不能十分肯定。目前我正在利用一些智能低下的生物做实验，我已经能够成功抑制或改变狗的脑思维脉冲，并能将我的意念灌输进它的神经中枢，有效控制它的行为。"

"噢？这么说，你已经能初步掌握自身的心理物理机能了！我要祝贺你！孩子。"

"谢谢！但这只是个开端，我仍需要加倍努力。"刘振十分自信地说道，"您知道，我现在就像一个刚刚学会加减法的孩子，面对着高等数学微积分公式。虽然知道那公式是正确的，但要想自如地运用它，还需要更为坚实的基础。"

"哈哈……"老博士被逗乐了，"正是这样，你我现在面临着的正是这种处境。要知道，我们正在用一种非常规的方法解决一个非常规的问题！以未知推有知，以最高理论推断具体细节，虽然并非没有这种可能，但这却如同一把手术刀要解剖它自身一样困难。"博士亦做了个有趣的比喻，并鼓励起年轻人："刘振，你已经有一个良好的开端，在这条探索真理的道路上努力前行吧！我要你知道我和我的和平星都在随时准备着帮助你,你一定会成功的!"

"您放心!博士,我不会令您失望的!"

刘振壮志激昂地说出这句话时,何平已被眼前这少年彻头彻尾的改变所惊呆了。这已不再是那个曾痛哭流涕的颓废的刘振了,虽然他还是蓬头垢面地站在那里,可是他双眼中却洋溢着热情的火花,坚定的目光中带有一丝超脱的淡然,还有一种不可动摇的自信。那是一个强者所拥有的凌驾于万物之上的信心!他的瘦弱的身体,似乎也因眼中流露的神采,而闪耀出夺目的光芒。

迄今为止,这是何平发现的第二个拥有这种眼神的人,当然第一个就是他敬服的博士,而眼前刘振的目光显然比博士更有震慑力。何平盯着那双眼睛,心中只有一个想法,这个看上去弱不禁风的憔悴的年轻人因为他那无比超然的信心而变得威武、强大,震人心魄!

刘振淡淡地笑了笑,转头又给了那狗一个暗示,大狗立刻一摇三摆地跑到门口,用爪子扒开房门,风度翩翩地踱了出去。

这一夜,刘振终于能够安稳地进入梦乡了,连续十几天的昼夜奋战让他疲惫不堪,直到此刻他才觉得轻松一些,如释重负地甜甜入睡了。

因为刘振已经找到了解决一切疑难的关键,如今欠缺的只是其中具体的操作以及用之解答实际问题的中介过程。虽然面临的处境确如博士所说的,尽管已经找到了金钥匙,却不知道怎么运用它才能开启困难之锁。但是,刘振知道自己已向那"目标"跨出了最关键也是最大的一步,成功已是指日可待了!

这一步意味着,人类已经掌握了采用完全违背大自然进化规律的方法,来探索自然宇宙的奥秘和真理;意味着观察到的各种现象能用假设联系起来,用理论阐明,用规律来结合!更意味着效果服从逻辑的分析,服从经验的预言,还服从动机的支配!这一步也意味着,现今存在的所有传统科学理论,都要面临一次完善化的、完美化的彻头彻尾的改变!

传统物理学已成为过去,"心理物理学"将创造未来!

2

刘振在睡梦中甜甜地笑了。

在梦中,他似乎来到了那充满希望的美好的未来。在那个时代里,所有的人都开启了自己的"心灵",他们掌握着神异的心理物理机能。他们能轻而易举地做各种劳累的工作,更能随心所欲地创造出美丽的事物……他走在温暖和煦的春光里,一边用他的心智创造出蜿蜒的河流,参天的巨树,美丽的花园,一边哼着小时候母亲教的歌谣。他要为父亲建一所大大的别墅,让他愉快地度着晚年,还要治好母亲的风湿病,不让她再受病痛的侵蚀……

刘振从梦中醒来,惊奇地发觉自己脸上湿乎乎的满是泪水,他刚要下床去洗漱一番,抬头间看见了床边父母遗像。一股凄痛悲伤的心情牢牢地占据了他的思想。

"我一定要为你们报仇,此恨不雪,誓不为人!"

刘振一念及此,心猛地一动,一把抹掉脸上纵横的眼泪。

"对,报仇!靠我的潜能!靠我的意念力!我不是已能控制狗的神经中枢吗?一定也可以控制人类的思维,一定能,一定能!"

又是接连十几日的足不出户,除了服务人员送饭食,刘振不让任何人进他那间小屋,何平与狄娜对这些时日来的安宁已经有些奇怪了,他们不约而同地想:"这小子又在搞什么名堂!"

这日午时,何平津津有味地吃完故乡可口的饭菜后,照常一边让狄娜为他捶腿,一边用文学作品"消食养性"。正读至精彩处,突然间感到一阵强烈的头晕目眩,一股莫名其妙的狂热猛地攫住了他,周身血液霍地一下沸腾起来，有一种想跳起来狂呼的念头。

机器人立刻感知了主人的异常激动，忙问："您怎么了，先生？是不是哪里不舒服？"

"噢，没什么。"何平竭力抑制住内心的莫名冲动，平静下来时，自己也觉得奇怪，不禁扭头看看手中的酒杯，讷讷地道，"大概是酒喝多了，头有些晕。"

"头晕？我去给您找些药吧，先生。"狄娜殷勤地跑出去。

何平晃着脑袋想："奇怪！我的身体很结实呀！这点酒怎么会……"抬头间，却发现刘振已不知何时从小黑屋里走出来了，而且一反常态，变得衣冠整洁，仪表堂堂。

"哟嗬！刘老弟！装扮起来挺帅的嘛！"

"谢谢！"刘振一面谦逊地说着，一面目不转睛地紧盯住何平的双眼，而后者又被一阵突如其来的冲动搅得心猿意马难以控制。

"怎么？你可有什么异常的感觉？"刘振看出了对方的窘态，做出关心的样子问道。

何平因为浮想联翩思绪大乱，而且正全力压制心底野性欲望的蠢动，并未理解这句话的含义，以为只是刘振的友好关怀，掩饰道："没事，就是有些头痛。"话一出口，才惊觉嗓音如此沙哑刺耳。

刘振却大吃一惊："自己明明用意念力最大限度地刺激了他的心神，他怎么可能仅仅是有些头痛？"随即释然。面前的这位，因为身负着重要使命以及训练有素的强健的体魄而明显地比其他人意志坚强，况且人体本身的下意识自我保护心理本就十分强烈，要想完全控制这样一个人的脑思维功能当然是十分困难的。

极其自信的年轻人很快想出了对付何平的刚强意志的办法，他突然用手一指门口，大声叫道："博士来了。"就在何平转过头的一刹那，运用最大强度的意念能，毫不手软地向对方的脑神经逼去。

立刻，刘振就满意地发现，何平马上变得平静了，仿佛被切断能源的机器一样,保持着回头看门的姿势一动不动地伫立着,像一尊雕像。他的眼睛失去了原本的光泽与神采:茫茫然不带有任何情感,空洞得没有一丝生气。

刘振得意地笑了起来,他的意念控制术不仅获得了圆满的成功,而且这次"应用"还让他找到了正确的使用方法:当一个人毫无防范之心时,他自身的下意识保护心理就会大大减弱,就会很容易受控。

刘振于洋洋自得中猛觉脑际一阵针刺般的疼痛,并发觉何平的头微微颤了一下,正一点一点地转动,而且眼神的空洞中亦显出一丝明显的恐惧。刘振大惊,他知道刚才自己稍稍走神儿,给了何平一个机会进行反抗了!只是在他强大的能场中,并没有真正解脱出来。

刘振进一步了解了心理物理能运用上的规律:对付一个意志坚强,像何平这样的对手,不能有丝毫大意。如果稍有松懈,让对手从受控状态中挣脱出来,后果则不堪设想。而且,如果对手亦是"此道"高手,那施术者就会反受其害。一念及此,刘振不禁惊出一身冷汗,如果刚才让何平挣脱出来,那么此刻站在那儿呆若木鸡形同傀儡的一定是自己了!

刘振重又全力施用意念力,看到何平又进入受控状态后,舒了一口气,开始毫不留情地享受起胜利的喜悦。

狄娜取了药回来,刚进门便惊叫起来,只见刘振正坐在何平的位子上悠然自得地呷着杯中酒,而它的主人何平却跪在地上,充当自己常干的角色——按摩员。

"怎么回事,先生?"

刘振抬头看了她一眼,风趣地笑道:"没什么,你的主人只是在对我表示一下亲近而已!"随即俯下身冲何平道,"好了,你可以起来了。"

就在刘振收回意念的同时,何平呼地一下从地上蹦起来,却立刻又摇晃着瘫坐下去。何平感到身体有种强烈的从未有过的疲惫,他当然不知道，那是下意识地全力对抗刘振的意念能的后果。而此时，除了特别累、周身乏力之外，他并没感到什么异常，只是注意到机器人投来的惊愕目光时，才想到自己为何会坐在地上。

"我这是怎么啦？狄娜，干吗那么奇怪地看着我？"

"没什么……先……先生。"狄娜吞吞吐吐，"我看见你，你在给刘先生捶……捶腿呢。"

"什……什么？捶……捶腿？"

"不只是捶腿，你还为我斟酒呢！"刘振在一边幸灾乐祸地笑着。

"斟……斟酒？我……我……我怎么会给……给你斟酒？"何平一头雾水，可是从机器人生动的表情中，他得知刘振之言确实，不觉涨红了脸，急着要站起来，但浑身的酸楚让他觉得动一动都很吃力，只好就那么坐着，窘涩得说不出话来。

"何先生，请原谅我的失礼，我刚刚利用您的身体做了个小小的实验。"刘振解释道。

何平瞪大双眼。

"是这样的，何先生，我用我的意念能控制了您的脑细胞与神经中枢的思维脉冲，您刚才的一切行为都是在我的意念控制下产生的。"

"你……你说什么胡话！我怎么会……我怎么能……"何平显然不相信这个匪夷所思的解释。

"如果您不相信，我可以证明给您看，现在我仅仅操纵一下您下肢的迷走神经群，注意看您的腿。"刘振话音刚落，一旁的机器人就惊奇地看到，它主人的两条腿以跑步姿势上下蹬动起来。只是坐在地上跑步看起来很滑稽，很显然何平亦不愿这种滑稽出现在自己身上。当他竭尽全力要停下这两条腿的动作时，才发觉自己腰以下的功能全都失灵了。

看到何平的恐惧神情，刘振赶紧停止了对这位何先生的捉弄。可是，无论自己怎么安慰都减少不了何平内心的羞辱感，刘振只好将杯中酒一饮而尽，温和地说："好好休息吧，这并不影响您的身体健康！"走到门口，才想起嘱咐机器人，"留神你的主人，他一会儿可能会呕吐。"

酒精，的确是种奇妙的东西，不但让刘振心情激昂，热血沸腾，而且它产生的醉意更使他年轻俊逸的脸上增添了一丝神秘。刘振大步流星地走出酒店，激动地想，"尽管我掌握的心理物理能远不够强大，但对付你们，一群杀人放火、禽兽不如的强盗，足够了！"

强烈的复仇欲望，使刘振从一位文质彬彬的科学家变成一个杀气腾腾、目露凶光的莽汉。

虽然理智已被欲望焚热，但生性谨慎持重的刘振仍能深深保持住镇定自如和过人的机敏。而使他能冷静、缜密地进行复仇的最重要的原因是，原本隐藏在脑组织深处的下意识自我保护心理，已经被他挖掘到主导意识中并锻炼得十分强大了。正是这意识，每时每刻都在提醒他小心警惕，能使他对即将发生或有可能发生的变故产生警觉，并能及时采取有效的措施。现在，一个大胆、疯狂的复仇计划已在他脑海中成形。

刘振骗过护卫，以意念力控制住管理员，让他打开了新技术开发中心的保险库。当那个久违了的，被查理教授利用完又束之高阁的铹磁射线雏形——当年他准备做医疗仪器的装置出现在他面前时，他已经感受到了深仇将报时的快感。

"老查理，你死定了！"刘振心中狂喊着。

"三天，只要三天时间，我就能把它改造成威力强大的武器，我要让教授亲眼看到，他用来毁灭三百多万生灵的武器怎样把他自己炸得尸骨无存！"刘振抚摸着凝聚着他多年心血的仪器，又一次想到了父母的惨死，只是目光中不再有悲痛，充满他一双眼的，是刻骨的仇恨和残酷的杀机。

3

同往年一样,阿瑞斯帝国今年的内阁年会办得既隆重又热闹,既体现了政府官员的威严,又流露出上流社会的风雅情趣,当然,还要有与民同乐的欢快气氛。

总统大人神采飞扬地宣布了会议最后一个项目——宴会开始后,站起身来与身边的大小官员们一一握手,以表示对臣子们的体恤和激励,这大概也是阿瑞斯星的传统习俗吧!

刘振手提皮箱站在议院门口时,出现在守卫眼中的却是一个手提摄影器材的电视台记者,这大概也是"心灵控制术"的神奇效果吧。尾随其后的、紧密监视着的机器人狄娜,却颇费了一番周章才进入议院。

众位官员陆续走出议会厅,谈笑风生地步进这个花团锦簇的盛宴会场时,刘振一眼就认出了自己的仇人,他把那伪装成摄像机的铋磁发射装置牢牢地对准了查理总理。

经过意念改容的刘振相信不会被任何人辨认出来。

查理总理笑容满面地在他眼前晃来晃去时,刘振手中的仪器也紧紧跟随着这个老人。他的心悸动得一阵阵颤抖,几乎要忍不住动手了,但每一次,他都克制住了那股强烈的欲望。

"这里的人太多了!"刘振想,"如果现在就射他,查理教授虽必死无疑,但他身边的人们也不免受到伤害!"

虽然刘振极想立刻杀死这个人为父母报仇,可他却不想殃及无辜,要那么多条性命给一个丑恶的灵魂陪葬……不,我要等,等最好的时机。

刘振的满腔恨意不自觉地引发了体内的能场,使得他的目标——查理总理立时觉得后背像给人扎了一刀般剧痛,疼得冒出一身冷汗,朦胧地感觉到好像有人用针使劲刺他的后脑和后背,他转过身,这种刺痛又出现在他脸部和前胸。查理总理仔细朝前看了半天也没发现有什么不对劲,不过是有几个记者在追着摄像而已,他下意识地觉得今天似乎会有什么事情对他不利,他急走几步挤进密集的人群里坐下时,才觉得刺痛感减轻了许多。他舒了口气,把不祥的预感赶出脑外。

"先生们,现在我宣布……"总统先生站起来大声讲着什么,刘振一个字也没听进去。他目不转睛地盯着查理总理,终于,这老人站了起来,他一边向周围众人点头示意,一边慢慢走上讲台,刘振的心已揪成了一团。

"还差三步、两步、一步,上来了!走近了!走到话筒前了!停下来了!别动,别动,让我瞄准你,好吧!再见吧,查理教授!"

新总理意气风发地站在讲台上,话还没出口,刘振就迫不及待地启动了铑磁射线仪。

接下来的场面是,所有人都为总理神奇般地遁空而去惊呆了一分钟。人们都以为新任总理在为年会提供笑料,甚至真有人捧腹大笑着喊道:"绝了!绝了!"可是那些并没有安排这项节目的负责官员们都有些心惊胆战,在大庭广众面前,尤其是在总统面前开这种玩笑,查理总理是不是活腻味了?

总统大人却被总理即兴表演的神奇节目逗得连连发笑,可是当他四处张望,发现总理并没有像其他魔术师那样,消失后再从某个小角落走出来,当在场所有人都嗅到空气中那股难闻的焚烧肌肤的焦臭味道时,才隐隐感到此事的严重性。

冷眼旁观的化装成服务小姐的机器人狄娜,发现刘振始终把摄像机对准一个人,而且这人是查理教授时,已经觉察了他的意图,可没等它来得及采取措施来阻止刘振愚蠢的谋杀时,惨剧已经发生了!

得偿所愿的年轻人激动地狂喊起来:"我终于报仇了!爸爸!妈妈!你们看到了吗?你们的儿子为你们报仇雪恨了!那个害死你们的凶手已被我杀死了!"以血还血的快感和心底兽性的迸发使刘振冲动

得再也控制不住自己,他挥舞着手中武器大声哭喊着。

意识到危险的人们立刻呼啦啦在刘振四周趴倒了一片,都被这疯狂的谋杀者和他手中疯狂的摄像机吓得浑身直抖。只有那位身经百战的铁腕将军急跑几步,用身子挡住总统大人,大声对那些呆若木鸡的卫兵们喊:"保护总统!捉住刺客!"士兵们醒过神来四处寻找那个行刺的记者时,狄娜早已趁乱拖着癫狂不能自己的刘振冲出会场。

4

一个人闷在酒店的何平百无聊赖地打开电视,想打发这一天的时光,却看到了那些电视台记者们在混乱中抢拍下来的镜头,他立刻从床上蹦了起来。

"天哪,刘振?暗杀总理?这该死的家伙!为什么总给我找麻烦!"

何平心神不宁地一边盘算着如何对付即将到来的追捕,一边大声诅咒这个愚蠢的复仇者。就在此时,狄娜带着刘振飞快地冲进了房间。

"你怎么会干出这种事!"一见刘振,何平气得破口大骂,那种莫名的惊惧暂时全抛到九霄云外,"你怎么不想想,你倒是痛痛快快报了仇了,我们怎么办?我们的计划怎么办?要是被他们抓住,我也得陪你一块儿送死!你这个自私的傻瓜!"

可是,当看着刘振缩在椅子里吓得魂飞魄散的样子,何平心里不由得升起一股怜意。他知道自己绝不可能丢下刘振不管,不论是出于博士的命令,还是发自内心地对这年轻人的惺惺相惜,他都决定帮助他渡过这一难关。

何平回头望着狄娜叹了口气,刚要有所命令,狄娜却道:"能允许我提醒您一件事吗,先生?"

"什么事?"

"博士曾说,在危急时刻可以求助我们翼星的间谍。"

"间谍？咱们就是间谍呀。"

"博士是指那些多年前就混入阿瑞斯星上流社会的翼星情报人员，先生。"

"噢？那么，现在算是到了危急时刻了吗？"

"我想应该算吧！先生。"机器人耸耸肩答道。

"好吧，尽管我极不愿意在遇到困难时向他人求助——这不符合我的风格……"何平想了想，"我还是愿意看看这些间谍们有什么特殊的本事。"

"是，先生！"狄娜早已习惯了这位主人拐弯抹角故作姿态的表达方式，递过一纸文书道，"这是博士输入在我电脑中的名单，请您过目！"

何平接过名单，翻看着，口中念念有词："国防部的，军队的，内阁的……嘿，什么人都有，简直就是一个翼星驻大雅族高级事务办事处，这足以说明咱们和平星的高明手段以及博士的远见卓识……"当看到一个他曾经有段时日念念不忘的名字时，何平惊叫起来，"珍妮·卡特！那个，那个风头正健的《透视报》的女……女老板？"

"是的，先生。"狄娜掌握的资料很详尽，"雅各族，出生于翼星，翼星国防部情报司成员，大约十四个阿瑞斯星标准年前被博士派至该星球从事新闻报道工作，十二年前，成立'透视'报社，国防部对她工作的评价是'机智勇敢，忠于事业'。"

"珍妮·卡特！"何平惊叫不已，回想起第一次见到这名字时对这女人的特别感觉，心中百感交集。

"这样一个出色的女人，一个在她文章的字里行间流露出爱国情绪的女人，一个忠心耿耿于国家文化传播事业的女人，一个迫切希望新闻媒介能影响民众勤奋报国而胆敢挺身而出直面官僚与腐败的女人……一个所有人眼中阿瑞斯帝国最忠诚的臣民……"何平兴叹，"没想到，她竟是翼星的间谍！"

"我们也是间谍呀！先生。"

"是啊，从这个意义上讲，你、我、珍妮·卡特全是一路人！"何平道，"只是作为间谍，这个女人自我掩护的手段不得不让我吃惊。"

"的确，先生，珍妮·卡特是翼星最优秀的谍报人员，情报司有她各种特训课程的上佳成绩记录。"

"一个优秀的间谍……"沉吟了半晌，何平一摆手道，"别说这些了，快去打点行装，我们去见这个优秀的间谍！"

"是！先生。"

"等等！为了稳妥起见，把咱们的处境报告国防总部。"

看着机器人忙着收拾东西，何平走到刘振面前："我有些话要对你说，希望你仔细听。"

刘振于心绪翻腾中，抬头看了何平一眼，又低下头去。

"听我说，祸已经闯下，再多想也于事无补。现在最重要的是怎么躲开政府的追捕，尽快离开这个是非之地，保全性命才是上策。你明白吗？"

何平满意地看见刘振轻轻点了点头，接着说道："我们现在去见一个朋友，看看她有什么办法能帮咱们躲一躲。我要你保持心情平静，一会儿不管碰上什么人，不管发生什么事，你都不能惊慌失措，引人注意，千万要冷静。还有，不知道政府是否已经查出你这个刺客的确切身份，现在只能做最坏的打算，咱们的身份卡绝对不能再使用了。假如遇上盘查，只能随机应变，我不知道你的……你的意……意念能……"何平很费劲地说出意念能这个词，"是否真的有什么神奇功能，但现在你我两人处境相同，我希望你能尽你的能力使咱们闯过难关！"

三个人简单收拾一下，以外出购物为由，匆匆离开星际大酒店。

街道上，落目处尽是荷枪实弹的士兵，禁卫军已经开始挨门挨户搜查了，一个个忙得不亦乐乎。何平一手握着刘振，一手拥着机器人，一边故作从容地闲逛，一边为政府工作效率而暗自咋舌。

所幸透视报社并不远，一路上没遇到特别盘查，可是走进报社大楼，看清底楼里密密麻麻的军人，何平的心一沉。

"你们三个是干什么的？出示证件。"一个军官模样的人一面大声呵斥，一面示意手下士兵围上前查问。

"我们……这个……我们。"何平支吾着，想着该如何编造借口。

军官见此人行止可疑，剑眉一立，正要发怒，刘振抢先一步挡在何平面前，平静地说："我们是国家安全局五处的特派员，奉国防部的命令，来此调查几个可疑的记者，这就给你看我们的证件。"回头看了何平一眼对军官解释道："这个人口吃。"

刘振边说，边偷偷从衣袋中掏出一张纸，双手背在身后轻轻撕成三份，由于何平与狄娜紧紧贴在身后，官兵们都没有看见这个小动作。可是刘振把那三块纸片拿到身前，并举到军官眼前说"喏，这是我们的证件"时，何平吓得头发都快要立起来了。

军官接过纸片，仔细地看着并不时抬头核对三个人的相貌，随即面容一整，上身挺直，双脚跟一磕，"啪"地行了个十分正规的军礼，这一举动又吓了何平一身冷汗。

"是！长官。请原谅我的失礼。"军官毕恭毕敬地说。

"没关系，我很欣赏你的认真态度。"刘振伸手取回证件放进袋中，背起双手做威严状，"请你将这底层楼严密封锁起来，以免疑犯逃掉。如果任务顺利完成的话，我会将你的功绩上报给国防部的。"

军官又肃立敬礼："遵命！长官。"

"跟我来！"刘振一挥手，三个人头也不回地向楼上急步走去，直到确定身周没有军人了，刘振才吁出一口大气，回头冲何平一笑："这就是您不相信的我的意念能的神奇功效。"何平惊魂未定，刘振又自顾自地笑了起来，"这是我第一次骗人，倒也蛮有趣的！"

三人在工作人员的带领下，走进顶楼那间豪华的社长办公室，看见一个高大丰满，长着一张狐媚脸的中年女人正坐在办公桌后整理文件。

"社长，这几位说是您的老友，找您有事。"

"老友？"女人一脸狐疑地从桌后站起，注意到何平下垂着双手摆出的奇怪手势，立刻说道："是的，是我的老友，没你的事了，出去吧。"

办公室的门合上后，屋里只剩下这四个人。

何平走到女人面前，说了一句令刘振莫名其妙的话："聪明的人知道怎样了解他人。"

"明智的人知道怎样了解自己。"女人接道，表情很奇怪。

何平笑了，这是博士给国防部题的词，就刻在情报司门前的大碑上，当然，只有翼星的人，而且只有翼星情报机构中的人才有可能知道这两句话。

"你……你这里说话安全吗？"何平边问边四下打量。

"十分安全，"女人很严肃地回答，"四壁都有隔音系统，还有一层等离子屏蔽网，任何声波和无线电波都传不出去，你在这里讲的每一个字都不会被不该听到的人听到。"

"很好，"何平笑了笑，随即也庄严肃穆起来，"我是何平，国防部现任部长，FDA 计划的执行官。"

女人闻言肃容而立，恭敬地道："是！长官。我是珍妮·卡特，国防部情报司秘密行动小组组长，听候您的吩咐，长官！"

"不要太拘谨。"何平官架十足。

"是！长官。我曾接到总部的命令，博士指示我全力配合您完成 FDA 计划！"

"不要叫我长官，叫我的名字吧。"何平友好地说，"在翼星我们是等级分明的上下级军官，但是在这，我希望我们忘记军阶，像朋友般地友好相处。现在我最想说的就是，很高兴在远离家乡的地方遇见一位这么美丽的同类。"他边说边热情地伸出手。

女人却面色一寒，向后退了一步："对不起，长官，我并不是你的同类。"

何平闻言一怔，心思敏捷的狄娜兴高采烈地冲上前一把抓住珍妮·卡特的手，欢快地说："太好了！原来你是我的同类。"

珍妮·卡特挣开手，冷冷地道："很遗憾，我也不是你的同类。"

狄娜亦是一愣，才明白这女人的话是什么意思，刘振却冒冒失失地问了一句："那你是什么？"

"我什么都不是！既不是人，也不是机器人，我是珍妮·卡特。"女人的声音如冰一般寒冷。

"噢？如果是这样的话，我倒是十分钦佩您的独特气质，"何平道，"如果您愿意具体解释一下的话。"

"是，长官。如果您要求我解释，"女人抬头看见何平眼中已有愠色，只得改口道，"好吧，何……何先生，我……我是个土生土长的翼星人，并在翼星度过了最美好的童年。我十七岁时，患了严重的脑瘤，是博士治愈了我，在我脑中装入了电脑芯片和大量的信息微处理器，并要我加入情报部门受训，使我脑思绪的灵敏度及对信息的分辨和贮存能力大大超过常人。十几年前，我被调来这里并加入新闻媒介，凭着我的超人能力，轻而易举成为新闻界最有前途的记者。十二年前，我亦凭此能力并购了七十余家私人报馆，成立了现在的透视报社……"

"我有着生命的躯体，有着生命体的生长规律，却长了一个'电脑'，要严格执行指令。我既不能算是一个完整的生命，也不能算是完整机器，所以我说我什么都不是。"

女人说这番话时，语气平静得仿佛在评论他人的事，与己无关，只是眼中流露出些许无奈的痛苦悲切之情。

"现在请听我说，尊敬的女士。"何平心中释然，欲开导她一番，"这么点小事并不值得自怨自艾，如果因为身体中有机械的成分而耿耿于怀那更大可不必。您看我算是个完整的人吗？其实我和您一样，我的左臂关节与左腿胫骨都是高钛合金的。几年前执行任务时受的伤。但这并不影响我作为一个健全的生命，不是吗？我们有感觉，有感情，有悲伤和快乐，能按自己的主观愿望去做任何事。这些正是只能完全执行程序的机器人所不具备的。我们在肉体中渗入了机械成分，只是为了使我们更完整和更好地完成工作而已。所以我说，您和我一样，都是不折不扣、毫不掺假的真正的生命！"

机器人狄娜闻言一撇嘴，仿佛在说："谁稀罕！"

看到珍妮·卡特眼中露出感激之色，何平热情地道："那么，让我们重新认识一下吧！"女人顺从地伸出了手。

"好吧，言归正传，我正是为了 FDA 计划来求助于您的。"

"我会尽全力协助你的，何先生。"女人的声音里明显带上了生命所特有的感情色彩。

"以您的消息灵通性，大概听说了今日午后有人谋杀内阁总理的事了吧？"何平问。

"是，我刚刚整理材料，正要撰文报道此事。"

"喏！"何平冲刘振扬了扬下巴，"那就是凶手！"

女人盯了几眼，又转头看着何平问："刘振？"

"是的，我叫刘振！今日我刚杀了一个人。"刘振接口道。

"杀了一个人，嘿，您说得倒轻松！"女人冷笑，"恐怕不单单是一个人。据我所知，当时的宴会负责官员，几千保安官兵，还有那几个不知天高地厚的，偷拍了现场镜头并立时在电视台播映的，胆大妄为的记者，全都会被牵连在内，性命难保。刚才我得到确切消息，目前被捕入狱的已有两千余人！您能说您只是杀了一个人吗？当然，如果您不被抓住的话，那因此事而丧生的人数会减少一个。"

闻听此言，刘振跌坐在座椅上，双手捂头，痛苦至极。

"事态已如此严重了吗？"何平赶忙接过女人的话头。

"当然,而且还会继续发展下去,所以我已经决定在报道这一事件时,将它定性为政府的政治派别之间的争斗,争取尽快见报。阿瑞斯帝国政府极为注重政党的名誉,并会极力保持它的政治体系的纯洁和高尚。有鉴于此,政府就不敢牵连过广、杀戮过重,这样也许能挽救一些人的性命。"

"但是,这么做,你不怕政府迁怒于你吗?"

"政府不能把我怎么样,我早已立于不败之地。"女人淡淡地道。

"是,我相信您能做到这一点,您有这个能力,"何平边想边问道,"那您是怎么知道刘振这个名字的呢?"

"不仅仅是我知道,恐怕国家安全局也早已调查出刺杀者的身份了。很简单,查理总理既迂且腐更不善交际,仇人极少,能与之达到必杀之而后快的刻骨仇恨的就只有被他陷害的刘氏一族了。"

"有道理。"何平风趣地说,"您看,您的电脑给了您如此超凡的逻辑推理能力,您却不珍视它。"

"是的,"女人笑起来,随即问道,"您来找我是为了他?"

"是,刘振亦是 FDA 计划中的重要成员之一。"何平道。

"他?"珍妮回头盯着刘振,"那就是说……"

"那就是说,我们必须设法保证他的安全。"何平接口道,想了想又说了一句,"这也是翼星的命令。"

"好的,我会照您的吩咐去做,"珍妮重又转身面对何平,"尽管我不清楚 FDA 计划的具体内容,但您的命令我保证无条件执行。"

"遗憾地说,我也不清楚 FDA 计划的全部内容,我也是在随时等待着博士的下一道指令,"何平笑笑说,"所以从这层意义上来讲,我们同是该计划的执行者,是同等地位的。我来是寻求您帮助的,不是来命令您做什么、不做什么。"

珍妮耸肩浅笑,低头沉思了一会儿,说道:"案件刚一发生,国防部立刻就下令将第一层和第二层之间的自动通道全部封闭,不准任何人随意出入，尤其是新闻媒介。"她回头看了刘振一眼，接着说道，"上面那层相对来讲比这里要安全得多，上面的平民百姓有很多都受过我的恩惠，我想他们会同意让你们在那儿躲上一段时日，等风声过去再找个更稳妥的地方……"

"这点不用您费心，"何平道，"只要您能把我们送上第一层，我们自有安身之地。"

"噢？"珍妮歪着头，扬着下巴惊奇地盯着何平，这个动作给何平留下了十分深刻的印象，以至于若干年后，他唯一记得这女人的地方就是她这奇怪而又迷人的一视。

"这是计划中的一部分，请原谅，由于职责所在，不得不有所保留。"何平解释道，女人点头无语。

傍晚时分，女人带回一纸通行令、几张身份卡和几张摄影记者证。

珍妮·卡特以命令的口吻道："这是国防部长亲笔签发的通行令，凭它可以顺利通过通道。这几张是我在我下属中能找到的与你们三个体貌最相像的职员的身份卡，你们得多少化一化装才能鱼目混珠。这几位是我在电视台的最好的朋友，为让他们躲过这场灾难，我想顺便也把他们送到上面去，有了这几位摄影记者，就使我们看上去更像一个赶赴表层考察恶劣气候中农作物长势的专访小组。好吧，各自准备一下，半小时后启程！"

坐在疾速飞行的采访车里，何平向珍妮细述刘振的际遇，使得这个女人不再对刘振抱有敌意。何平问珍妮·卡特："你是怎么搞到这张通行令的？"

"直接去找铁腕将军要的，"女人说着抬头看了看他，补充道，"当然得付出一些代价。代价就是在这件事情未真正结束之前，'透视'不能报道它。这样，政府就会无所顾忌地惩治凶犯，被牵连其中的人肯定会越来越多，这也正是铁腕将军借机铲除异己、独揽大权的绝好机会，这条老狐狸怎会让这机会轻易溜掉。"

"那么，怎么样才算这件事真正结束呢？"何平不解。

"要么刘振死掉，要么铁腕将军死掉。"女人平淡地说。

到达分手地点后，何平同大家一一握手道别，最后他热心地问珍妮·卡特："离开故乡那么久，你难道不想家吗？如果你想调回翼星工作的话，作为国防部长，我想我可以……"

"不！"女人坚决地拒绝了，"十多年来，我已经习惯了在这里生活，这里的人们虽然在文化素质上远远不如咱们翼星的居民，但他们更质朴、更勤劳、更热爱生命和生活。这十几年，我已同阿瑞斯星的人们建立起深厚的感情。"说过这几句话，女人才猛省到，自己的上司可能会因此而怀疑自己谍报工作的态度，立刻补充了一句，"当然，这绝不会影响我对翼星的忠诚的！"

何平从最后这句话中听出了明显的惧意，宽慰地边笑边用手指着自己的头说："我这里和您的办公室一样安全，我保证，您对我说过的话绝不会经我的口告诉任何人！"

女人笑了笑，没有说什么。

"再见！"何平伸出手。

"有缘再见！"女人有力地握了握那只温暖的大手。

地表的夜景朦胧而萧瑟。

大雅四的光与热已经随着星球的自转，转移到另一半球去作威作福了，只有地面上的人工光线与金保护层交相辉映着。星辰被金层和云层挡得严严实实，只能偶尔自黑云的缝隙间闪出几点寒光，微弱的光亮在急急而至的寒冷中显得那么黯淡。尘沙在剧烈的温差形成的狂风中漫天飞舞着，顷刻，暴雨来临了。那厚厚的水蒸气团再也承受不住自身的重量，化作巨大的雨滴，自半空中无休止地用力砸向地面。干裂的土地上立刻会泥泞得挪不动步，可这泥泞坚持不了多久，明日清晨的炽热光芒很快会把这些雨水蒸发掉，只在昼与夜交替的黎明时分才会显现得略微晴朗的天空很快就会乌云密布,湿润的土地也会即刻间被强光晒得裂成块状。阿瑞斯星球地表上居住的人民,在一日夜间就会领略到四季的变化。

翼星的光速飞行器,早已隐匿成为那巨大的环贯金球的长城般大型空气调和仪器中的看上去牢不可分的一部分。它在静静地等待着主人的到来。

逃亡者们潜进飞船上时,早已滚成泥人儿。

何平立在刘振的船舱外听那里面的号啕声,狄娜告诉他,这已经是不幸的年轻人的第七次自噩梦中哭醒。

何平走进舱室,意识到刘振已经处于绝望的边缘了,他必须去开导这绝望的人。

对一个从小就受到传统美德教育的、正直、善良、热爱和平的少年来讲,杀死一个同类是一个热爱生命的人所犯下的最严重,而且是最不可饶恕的罪行。何况他的行为更连累了无数无辜的人。

到达藏身处后,刘振对自己的所为悔恨不已,他不明白命运为何如此这般捉弄人,为何待自己如此不公平,不由得又大声哭喊起来。

"哭吧!孩子,哭吧!把委屈和痛苦都化成眼泪,不要憋在心里。"何平抱着刘振,眼圈也红了起来。

良久,何平觉得刘振平静了些,才开口问道:"把心事都告诉我好吗?把我当作你最好的朋友吧,你知道我很愿意替你分担心中的痛苦。"

刘振擦着红肿的眼睛轻轻点点头,却讷讷地不知说什么好。

"说说你是怎么……啊……消灭那个总理的吧!我对你用的那架摄影机很感兴趣呀!"何平找了个自认为不会引起刘振过于担心的话题。

"噢,那摄影机是架铯磁变动力射线仪,我只是把三年前的制品改进了一下……"

何平见刘振已不像方才那样激动了,知道自己的安慰有了成效,只是听到他的话觉得有些奇怪。

"三年前?你是说三年前你就掌握了铑粒子磁变技术?"

"是啊,你知道我自童年起就对高能物理有浓厚的兴趣,我的家族中不少都是核物理专家,他们留下的资料足够让我领略到科学的魅力。几年前,我父亲从穆岛调回时,带回了流落在那里的科学家的科研资料,我正是凭了那些资料的启发,才初步揭示铑磁的奥秘……"

"穆岛?"何平话一出口才醒悟到自己已两次打断了刘振的话头,"对不住,你继续说吧!"一边道歉,一边对穆岛怎会拥有那样一个出色的科学家而感到奇怪。

"三年前我掌握了铑磁变理论,研制出磁动能射线仪器的雏形。当时就发现它具有极强的危害性,于是精心设计了限控装置,把它的能量限制到只适于用作医疗器械的程度。可是,被当时科技中心的查理教授发现后,他却瞒着我把它改造成毁灭性极强的铑磁导弹,并用它毁了一颗行星,我知道真相后,又急又恨,一时想不开就……"

"这么说,你是因为受到欺骗才气病的,不是因为你的父母……"何平掩住口,歉意地望向刘振。

"没关系,我已经习惯了,"刘振苦笑,"正如你说的,我被你们治愈后,才得知双亲过世,所以我才这么恨教授。"

"啊!"何平恍然大悟,至此才真正理解了刘振行为的偏激,失去亲人的痛苦并不是每个人都能承受得住的,刘振能做到这样已经很坚强了,虽然行为很不理智。

"有些事我始终想不通……"刘振脸上复现悲痛神情,何平把手搭在他肩上,鼓励他说下去。

"我,我几乎是拼了性命,用全部的精力和心血去研究这些科学理论,我想创造出更先进的技术,制造出更完美的仪器。我想用它来造福人类,让所有人过上幸福的生活!我,我认为我的理想是正确的,甚至可以说是高尚的。可是,现在看起来我的理想与这个现实世界是这么矛盾。人民在受苦挨饿,达官显贵们却在争名夺利,我为人民研制出的技术反而被制成武器给人民带来灾难!这是为什么?难道我所做的一切都是错的吗?我错在哪呢?我想不明白,这究竟是怎么回事!"

望着刘振眼中的泪水,何平心中释然,并兴奋地想:"我终于找到刘振心中的病根了!这也正好顺水推舟让刘振进入翼星的计划中!"

"你没有错!刘振,你的理想与你所做的一切都是正确而且高尚的!恕我直言,你所做唯一不足的是:你虽创造出先进完美的科技,却不知道如何正确使用它,你没有把技术运用到它应该发挥作用的地方!"

刘振闻言悚然一震,瞪大眼睛盯着何平。

"你没有错!是这个社会错了,是这种压迫人民的制度错了!"何平义正词严地讲道,"你想用先进的科技为人民谋求幸福和美满,这是高尚的,但你的方法错了。官僚们作威作福,人们受累挨饿,这些并不是你的科学技术所能改变得了的!"

刘振的眼神变得清朗了,目光中透露出兴奋与激动。

"现在,我也没必要隐瞒我的秘密了,我和狄娜被派到阿瑞斯星来,正是为了这个正义的、高尚的目的。我们翼星的人都想早日看到你们的人民脱离苦海,过上平等幸福的生活,我们就是来帮你的,你作为阿瑞斯帝国的公民,有责任拯救你的国家!"何平慷慨激昂。

"我说这些只是想让你知道两件事。第一,你只有用你的技术、你的力量彻底消除这个不平等的社会制度,才能真正实现你心中的美好理想;第二,我们,我们的博士,所有和平星的居民,都会尽全力帮你实现这个理想。来吧!"何平期望地伸出双手,"博士和我们会助你成功的。"

"我们一定能成功!"

"一定!"

第五章

1

多年以前,为了抵御外星系强权国家不断的武力侵袭,一个明智的人,凭着他高尚的爱心和充满哲理的雄辩,制止并结束了阿瑞斯星球上长达几个世纪的国家间的民族主义战争,创建了一个世界性的共和国。而今,这个星球国家却要在更大的宇宙范围内,面临一次更严峻的考验——炎热。

这一天是内阁例行的年会,虽然同往年一样,政府官员都到齐了,却没有往年新年联欢的热闹气氛。官员都像科学部那些物理学家和天文学家一样,眉头皱作一团。

年老体弱的老总统颤悠悠地同众人打了声招呼后,颓然跌坐在座位上,困难地喘息着。

"先生们!这气候大家都领教了吧,我们总得想个办法改变这种状况才行啊,"老总统已没有心情也没有精力去评论政府工作情况了,眼下的天灾已让他觉得力有不逮,"那些……科学部的先生们,找……找到原因没有?这到底是一种暂时的气候现象,还是……啊?"

老人的话含糊不清,可所有官员都明白,总统最关心的是这种天气会持续多久,也就是说"灾情"有多严重。

国立天文台负责人站起身,抹了把汗道:"总统先生,天体物理部的科学家们同高能物理专家们,经过仔细研究已经有了结论:导致高温的主要原因,是我们星系的主要恒星已经开始了向超新星转化的剧烈演变。虽然也有些专家指出，由于严重的工业污染破坏了大气层的均匀分布，而形成的'温室'效能，也能导致温度急骤升高。但大多数科学家都认为，恒星大雅四内部的核能源已经濒临枯竭。在其超新星演化过程中，热核辐射会越来越强，升至极限，并且恒星会很快因能量耗尽而自我焚毁……"说话人注意到同僚们脸上的惊惧，意识到自己的话委实过激，立刻补充道："当然，我所说的'很快'是与宇宙的年龄相比较而言的。保守估计，大雅四自毁最早也会在十万个星系标准年后。"

闻听此言，官员们的惊恐心理并没有减少，不消说十万年，这么热下去，十年就得变成"肉干"。

"有没有……有没有解决的办法？"老总统问。

众人面面相觑，哑口无言。

这世上什么都可能改变，就是大雅四恒星改变不了。正是这恒星缔造了这个星系和星系中的所有生命，可以说它是这个世界的造物主，又有谁有能力去改变缔造自己的造物主呢？如果大雅四毁灭了，玛雅星系的生命也会随之毁灭。这是必然的，任何人都改变不了这条真理。

突然，两个年轻人自科学家队伍中越众而出，说道："有办法！"

众人的目光齐刷刷地射过去。

"这两位是谁呀？"老总统循声望去，奇怪地问道。

"这两位是我部里的科学家，"科学部长站起来介绍道，"这位是高能物理专家刘青云，这位是机械动力专家王天一，他们就是几年前预言此事的人。"

老人转头冲着刘王两位问道："你们两个有何高见哪？"

年轻气盛的刘青云抢先张口作答。

"我是一名研究高分子物理的学者，也对生命自然科学有深入研究。我想说的是，有可能从生命物理体系这个新颖的科技领域中，寻求到改变这个当前玛雅星系生命所面临的危险处境的办法。从现今的形势而言,我们已危在旦夕了!因为恒星大雅四注定要自我毁灭掉。虽然我们这代人看不到那一时刻,而且我们的哪怕是第五十代子孙也不一定能看到……假如在那时,那个更恶劣的环境中我们尚有那一代子孙的话。可是,想想几万年后吧,想想当大雅四焚毁时我们星球上的人民吧,难道恒星毁灭了,我们的人民就必须要随之一道毁灭吗?难道大雅四消失了,我们玛雅星系的生命历史必须要随之终结吗?不!我们是生命,神圣的生命,没有什么能终止生命的延续。没有什么能让神圣的生命,被动地承认失败并眼巴巴地无助地等待灾难的降临,哪怕残酷的自然宇宙也不能!我们有责任、有义务而且必定有能力,去改变自然条件直至适应生命存活的程度。"

刘青云一口气慷慨激昂地说到这,四下看了看,见群情振奋,趁机语锋一转,接着说:"所以,要解决当前的困难,绝不能头痛医头、脚痛医脚,要本着治标更要治本的原则,从大局着想,要着眼于未来,着眼于困难的根本。我认为眼下困难的实质是,生命本身已不能适应越来越恶劣的环境条件,所以现在最重要也是最有意义的,是如何提高我们生命体本身的适应外部存活环境的能力!

"从一门流传已久的古老的科学理论中得到启示,我认为生命形式本身,具有极为可观的适应和改变自然条件的潜力。就我们星球上的主体民族——大雅族而言,我举出一些现实生活中的实例来证明我所言非虚。大家都看过魔术和幻术一类的表演吧,可是有没有注意到,几乎所有优秀的魔术家幻术家,都出自古老的奥尔梅克族和阿芝克族。而且,诸如'超人视觉,超感官机能,心灵感应,意念控物'等等这些,在常人看来神秘甚至荒诞不经,但是其中确实有真实的、有据可循的、技高精巧的擅长者们也全都出自这两个民族。在这两个古老民族的传统宗教仪式上,那些令人无法想象的怪异现象触目皆是,而且真实得就如我们身周的空气一样自然。为什么他们会具有超越自然规律的能力？为什么这些古老民族的族民，在智力与身体素质上并不比我们强，甚至在生产技术科技观点上较我们落后诸多，却拥有超出我们正常人许多的适应并改变自然规律的能力？这难道不让人深省吗？"刘青云停下话头卖了个关子，环视了一下大家，又激情地说道，"经过我多年的研究和深入的调查，我发现，奥尔梅克和阿芝克族，正是自打我们的祖先——原始人类入驻我们这个星球并繁衍至今而形成的，众多民族中受科技进步影响最少的，在生命自然进化中改变的程度最小的两个民族。他们至今仍保留着人类的文化传统，而且显然也继承了我们祖先赐予他们的超凡能力。我们的祖先——原始人类，必定具有能改变自然环境，甚至能创造自然环境的能力。同为他们的子孙后代，这显然对我们而言并不公平，而这不公平正是我们自己造成的。很显然我们在追求工业、科技这些现代化产业的同时，削弱了、遗弃了我们原始的能量。甚至可以说自我锁闭了这种能量！"

"我请求您，尊敬的总统先生，"刘青云转向总统，双手合十虔诚地说道，"请允许我创建一门新学科，研究并发掘这种对我们的生存至关重要的潜力。拥有这种潜力将对生命的延续具有极其重要的意义，如果您支持，我保证在一定时间内拿出令人满意的结果。也许这时间会很久，也许需要整整一代人甚至几代人的辛苦努力，这在我们子孙千秋万代的生存中，以及生命发展历程中算不了什么，却有极深刻的历史意义。可以说，尽我们的努力，换得人类生命的延续是值得的！"

刘青云期待地看着老总统。众人瞪大眼睛聚精会神地一直听到最后一个字，当刘青云话音一落，议事厅内立刻乱了营。每个人都在争相说着什么，以至于谁的话也听不清，会议厅就像一锅刚煮沸的开水，沸沸腾腾……

老总统一抬手，制止住了混乱的场面："这……听起来倒蛮吸引人，只是，这……这也太离奇了吧？"他似点头又似摇头。

良久，大家都认为科学界该有人站出来说点什么了，于是一位科学家代表大声说道："我们科学部的专家经过讨论后，已经有了一致的观点。科学家们认为，刘先生的理论委实有些……噢，恕我直言，有些太出格了。因为任何一个科学家都相信，诸如人体潜能、心灵术云云都是荒谬的迷信的无知的代名词。至于说到祖先，经专家们考证，我们的祖先——那科技水平远超过当今社会的玛雅民族，在发现环境变化时，并没有试图发掘潜力或试图改变自身肉体的特征以适应存活条件等等这类的举措，而是派出大规模太空探险队，于外太空中寻找适合本身存活的可替代居住星球。因此，我代表科学部，也是全球科学界，提出这样一个建议：我们应遵从古人的选择角度，放眼于宇宙。茫茫宇宙中必有能适合生命存活的地方。据历史记载，祖先玛雅人大规模迁移就证明了这一点。我们星球现今的科技手段，已能做到星系远航。我们应组织探险队四处寻找新的居住地，这才是根本上解决生命如何繁衍的办法。虽然，泛星系的航行意味着结果到来的时日久远，但毕竟有日可待，而这位刘先生的办法，似乎……似乎遥遥无期。"代表说出"遥遥无期"这个词后，耸耸肩，坐下了。

"有道理，有道理。"老总统说，并不理会刘青云欲开口辩解的表示，径自对王天一说，"说说你的意见！"

"是！尊敬的总统先生。"王天一礼貌地对老人躬了躬身，语音清晰而缓慢地说道，"对刘先生的见解，我不想妄加评论，我只说说我的观点。现在问题的关键是我们的科学家不可能对恒星大雅四做什么修正，既然不能改变外部环境，那我们只能致力于完善我们星球自身的内部条件以适应这种环境。经过我这段时间对各种金属的测试，我发现，重金属 Au，也就是我们用作铸造基本货币的黄金，具有特殊的可以利用的性质。它熔点极高，能阻挡住高能光线，并将其绝大部分反射出去。而且它的分子结构极其致密，可以大量吸收对生命体构成危害的各种高能宇宙射线，包括大雅四的热核辐射，它还有异于其他金属的高度伸展性和可塑性。因此，我的建议是，在星球大气层中建造一个一定厚度的黄金保护层，来抵御大雅四的高能辐射。经过精密计算，适应阿瑞斯星的保护层厚度，不能小于 1.3997 标准毫米，只要能达到这一厚度，我向您保证黄金保护层将完好无损地在恶劣环境中保护我们十万至二十万年，直至这个星系毁灭。在此期间，我们应该像尊敬的科学家们建议的那样，派出探险队寻找新的年轻的可居住星球，因为只有离开这个行将就木的星系才是我们真正的出路。在寻找新的阿瑞斯星这段也许十分漫长的时间内，我的黄金保护层会最大限度地保障我们人民的生命安全。即使我们的科学家几万年后才会在浩渺宇宙中找到新家园，我们也可以从容不迫、毫无损伤地带着我们的财物，领着我们漂亮的妻子举国出游！"

王天一的谦逊态度和最后的那句玩笑，引起乐天派们的哈哈笑声。

"但是……"建筑部门的专家出声诘问，"照您说的用黄金造保护层的话，我们国家哪有那么多黄金？阿瑞斯星球的体积并不像您家的后花园似的，想随便加个盖就能盖得住的。而且，在那么高的大气层中建造一个重金属工程，以我国现有的技术手段，也不可能做到。"

所有人的目光都集中在王天一身上，想听他如何解释。

王天一和缓地说道："首先，我提醒您，黄金保护层的厚度只有 1.39 毫米。我计算过我们国家精确的黄金储藏量，该金属不像您想象的那么稀少，完全足够建这样一个保护层。其次，请允许我指出您的一个语误，我并没有说该工程需要建造，我采用的是等离子喷射成形法。经过我精密的计算，在大气层的对流空间处，金分子正好处于地心引力与星球自转产生的离心力相抵消的位置，而自然悬浮于高空中。我的办法是，在全球范围内，等距离使用数万架高度可达到对流层的飞行器，同时喷射出粉末状的黄金粒子流。当然，必须要数十万次这样的反复喷射，黄金层厚度才会达到合理标准，并且永久保持住这个厚度。以我国现今的技术手段来说，做到这一点并不困难，而我们也恰好有能力制造出相应数量的飞行器。"王天一笑着取出一本厚厚资料："如果您仍有疑虑的话，这是该工程的技术报告，里面有工程的全部细节，请您过目。"

建筑师们接过资料，翻看了一阵后，不约而同地赞叹道："妙！很有创造性，太妙了！"部门主管征得同行们的同意后，站起说道："我们建筑局一致认为这个工程很合理，而且以现今的技术手段完全能胜任，我们一致同意。"

环境部专家站起问道："然而您有没有注意到，这种封闭式的建筑肯定会影响星球内部的自然环境。封闭必然会导致比如空气不能流通、全球升温等等这些环境问题。挡住了光线，那些靠光合作用的植物赖何生存？空气中必不可少的氧气如何合成？二氧化碳如何宣泄……"

"您说得很对，我当然也考虑到这方面的影响，所以才在保护层上设计了一圈大型空气调和仪和温度调节装置。我们的黄金保护层绝不会是一座密不透风的牢墙，之所以将保护层的厚度设计在2毫米之内，正是为了能一定程度地透进光线来。您大可不必担心人们会因嗅不到氧气而窒息，也不必担心植物和农作物的长势，我保证它们的长势一定很喜人。不过我要说，您是位真正称职的环境保护专家，您尽到了您的责任，我们的国家和人民需要您这样的人！"

环保学家擦了把汗，腼腆却又颇为自得地坐了下去。

接下来仍有几位各系统的主管发表不同意见，不过只是些基本上认可，对某些细节有疑虑的观点，王天一胸有成竹，一一讲解，坦然面对众人，不卑不亢。

"如果没有不同意见，我们就……"正要做结论的面带喜色的老总统，被一个人的语声打断了。

"尊敬的总统先生，诸位同僚，我认为应该提醒大家注意一件事……"须发花白的财政部长颤悠着站起身,"作为国家财政和经济部门的领导,我有必要提醒大家,黄金储备在我国经济领域中有着举足轻重的地位,可以说它是我国经济命脉。如果我们将黄金用于该工程,可能会耗去我国的全部黄金储量。在这个以黄金为基础货币的星系中必会引起其他星球对我国经济实力的不信任感,导致我国流通货币在星系市场间及在对外贸易中的贬值,而且有可能因此导致国内的经济危机。所以,我个人虽然同意王天一先生的工程计划,但我建议另选别种金属做建筑材料……"

"不可以!绝对不可以!"王天一立刻坚决反对,而老经济学家的一席话已引得众人暗暗吃惊了。

"首先,我的工程中最重要的就是利用黄金的特殊性质。实验证明,虽然有几种稀有重金属也同样具有抗热核辐射的性质,但在效果上都没有 AV108 黄金明显。而且在实际价值方面,我国黄金同那些稀有金属相比是经济实惠的,因为黄金是我国矿藏中最丰富的金属,它极易得到。况且,我虽不精通经济理论,但我想所有人都清楚,现行的货币制度是根据国家的黄金储备而发行相应的流通货币,而不是真正流通金币。我请大家注意'储备'这两个字!储备在国库中,同建成保护层保护人民的生命财产,哪一点更重要、更有意义呢?而且黄金层在对流空间,绝不会有丝毫的损失,绝不会影响我国的黄金储备量。更何况,用黄金做保护层,既证明我们阿瑞斯星是星系中经济实力最雄厚的,也标志着我们国家在星系中的宗主地位,绝不会引起其他星球对我国实力的任何猜疑,这岂不是一举而多得吗?"

"有道理!说得对!"老总统频频点头。

众人亦自纷纷称善,老经济学家见自己已经不能力挽狂澜,而且势孤无助,只得无可奈何地坐下了,心中却想:"唉,就这么着吧,反正我也看不到那一天……"

议会以全数通过采纳了王天一的黄金防御层工程计划,并确定了黄金工程与星际探险两者齐头并进的方针。

2

黄金工程的准备工作刚刚开始时，已擢升副总理的王天一为避免因政见不同而导致友情破裂，找到已是科学部副部长的好朋友刘青云，力图弥补已是很明显的裂痕。

"你飞黄腾达我无可非议，"刘青云劈头盖脸地问道，"可你为什么当众诋毁我的研究理论，那是我多年的心血！"

"可……可你的理论是不正确的呀！你怎么还执迷不悟呢？"王天一亦对朋友的固执十分反感。

"我执迷不悟？这只是你我目前尚未了解的理论，你没有权利说它是错的，我总有一天要把它研究出来给你看！再者说，你的观点也太保守、太消极了！你的工程只是对环境进行的暂时的形式上的改观，根本没有改变困难的本质。试想一下，若干年后，大雅四转变成白矮星而毁了整个星系时，你的黄金保护层有什么用？偌大宇宙中找到能适合人类居住的星球谈何容易。即使找到了，那新星系中，新星球上就没有类似的毁灭性的危险了吗？到那时又要建个什么样的防御层来保障人类生命和财产的安全呢？你的做法根本没有改变生命终究要灭亡的命运，你不是在拯救人类，你是在愚弄他们！"刘青云大声吼着。王天一气得脸色青白，闭口不言。

"所以我说，只有在根本上提高生命对环境的适应能力，开发他们自身的强大潜能，才能最终摆脱困境，而且是永远摆脱困境。"

"可是，所谓的潜能，那……那都是极荒唐的迷信哪！"

"迷信？你等着瞧吧！总有一天……哼！"刘青云铁青着脸，摔门而去。

王天一望着他的背影，知道此人再也不是自己的朋友了，而且……如果说自己的事业还有什么障碍的话……那只能是他！

半年后，黄金防御工程正式动工。

两年后，升任总理的王天一以散播异端邪说、危害社会秩序的罪名将多年好友刘青云定罪流放。从此，刘青云的一切就被他封存在脑海里。他特意命令将刘青云档案秘密销毁，仿佛阿瑞斯星球上从未有过刘青云此人。这个假想也在一定程度上抵消了王天一对刘青云的愧疚之情。

不久，老总统病逝，王天一以无人能及的功绩和对国家的巨大贡献，理所当然被一致推举为阿瑞斯帝国新任总统，开始了他长达四十年之久的统治。

该年的星系议会中，阿瑞斯星被誉为"黄金之星"。

3

时光飞逝，转眼间，当年生龙活虎、艰苦创业的王天一总统如今已是鬓发斑白、老态龙钟了。虽已年老体衰，可每每回想起当年力辩群雄、睥睨天下的雄壮气魄，心底不由自主地升起一股豪意，又觉得浑身上下充满了力量，正是这力量支撑着他对付接连而至的困难。

规模宏大的黄金工程确实给阿瑞斯星带来巨大的发展。虽然工程举步维艰长达十几年之久，大量的人力物力消耗带动了各个行业的迅猛发展。急剧下降的人口，也减轻了国家财政支出上的重荷。科技的发展尤为令人瞩目，不消说工业和建筑业的突飞猛进了，在这几十年间，科学技术的提高更是日新月异。在宇宙探险中，光子跃迁理论已被应用到宇航飞行器上，旧式宇宙飞船的龟爬式速度已成为过去，靠超原子核动力运行的跃迁式飞船使泛星系旅行成为可能。应势而生的宇宙虫洞理论揭示了超时空的秘密，在星系间穿梭的时间，大大缩短到宇航员的生命范围内。尽管如此，河外星系看起来仍是那么遥远，以至于一个探险家的成果要等到几个世纪后才能反馈到本国。探险者自身根本不可能活到亲自将好消息报回到祖国，然而科学家们仍然坚持着每过几年就派出一批敢死队，而且前赴后继、乐此不疲。

虽然几十年来耗资庞大的外太空探险并没有取得令人满意的效果，可尖端科技的发展已经可以稳稳同近二十年才突然崛起的科技巨星——和平星相抗衡了。这是令总统每每于忧心忡忡中聊以自慰的。

老财政部长预言的经济危机果真出现了，而且如下山猛虎般势不可当的迅猛，击垮了阿瑞斯帝国自以为雄厚的经济基础。以至于总统不得不于十几年前施行与邻国以先进科学技术换取日常生活物资的政策，才使这个疲惫已极的国家支撑到今日。

只是王天一总统对自己和自己的帝国仍充满着信心。他坚信经济危机很快会过去，坚信自己的政策没有错；坚信自己主张的黄金工程没有错，而且至死都会坚信这一点。

在豪华的宫殿中，王天一总统面带笑容地想：尽管黄金工程确实消耗了帝国所有的黄金储备，也带来了一定的负面后果，可是我保住了我国民的性命。我给他们创造了一个继续活下去的机会，尽管活得很苦，可活着毕竟比死要好！

"唉，最近发生的一些事，真叫我头疼。"总统踱了几圈又坐到办公桌边，拿起桌上的文件，想起这些时日来的烦恼，不由叹息起来。

"一年前，国防部长告诉我，有个科学家发明了武力强大的什么磁变武器，我当然十分高兴，科技毕竟是越来越先进了。可谁料想，他们竟敢擅自搞起实验，还毁了星系边上的一个小星球，而且事后才告诉我。这些不知深浅的武夫和愚不可及的科学家们，除了给政府找麻烦外，什么都不会干。幸亏这事总算掩盖过去了，要不然，天知道会闹出多大的风波。"总统恨恨地回想着部下们的蠢动。

"我的国家已经够麻烦的了，可是不久前，查理总理，就是那个发明武器的科学家竟然给人暗杀了，而且还是当着我的面！据查是查理总理把别人的研究成果窃为己有,还害死了那人的父母!害人终害己,可说是查理总理的报应。可是……"总统越想越气,"可是最让我头痛的是,那个姓刘的小子非但没有东躲西藏,反而组织起什么义军,来反对我的政府!居然还指责政府政策不公!你个毛孩子懂得什么政治政策,有什么资格指责我!"

"唉,你杀了我的总理,我也可以睁只眼闭只眼,这事也就过去了。可我弄不懂这跟我有什么关系,干吗要反对我的政府?!最可气的是那些住在上层的叛民,不知好歹,我为他们做了这么多,有吃有穿还有救济金,居然还公然反叛!这些鼠目寸光的愚民,真是墙头草,随风倒!"

总统长吁短叹,感慨万千。这时,贴身秘书长走进办公室,打断了他的思绪。

"什么事?"总统问。

"总统先生!国防部长有急事求见!"

"好,请他进来吧。"总统说话间已恢复了他的威严。

门声响处,老国防部长——铁腕将军,迈着豪迈军人的英挺步伐,走到总统面前,敬了个军礼。很显然,年龄一点也没夺去老将军的豪气,只是,他目光中却掩不住一丝忧虑。

"将军,这么急见我有什么事?"

"总统阁下,您……您看了战报了吗?"

"还没有呢!噢,琐事太多。"

"给您!这是最新的战报。"老将军递过一纸文书,不等总统细看,已开口解释道,"这两个月来,战况很不理想,我军已连败了……连败了六次,叛军已扩大到……啊……二十多万人,都已经侵犯到……"

"到哪了?"总统不悦于将军的吞吞吐吐。

"这个……到第一层的自动通道了。"

"什么？你是说……叛军把第一层完全控制了？"总统又惊又气。

"还没有，阁下，只是大约一半的城市……我们的几十条通道，也只是首都附近几个大城市受到威胁和侵犯。"将军小心翼翼地回答。

"嘿！"总统冷笑，"堂堂装备雄厚的联邦军队，竟被一群乡野村夫、乌合之众打得落花流水！"

"阁下，我……我令您失望了！"老将军汗颜。

"我并没有责怪你的意思。正规军轻敌是在所难免的，我只是奇怪叛军的速度如此之快。"总统急忙温言安慰这个得力部长，"可是那些上下两层的通道……"

"是！阁下，我明白！我一定会派人死守。"

"嗯！你明白通道的重要性就好了！如果叛军打到第二层来，那后果不堪设想……"总统忧心忡忡。

"总统阁下！我想……"将军语焉不详。

"怎么？"总统奇怪将军今天说话怎么吞吞吐吐。

"我想，叛军其实并没有号令严明的制度，也没有什么可值一提的作战计划，我们的几次遭遇战，已经发现叛军在作战部署上的幼稚和盲目。只是叛军手中掌握有某种威力强大的新式武器，这种武器虽然数量不多，可杀伤力极大，使我的先头部队屡屡受挫，而且使将士们胆战心惊。"

"噢？有这种事？"

"我想……我想请求总统阁下允许，批准我军使用铑磁武器。"将军费了很大劲才把这句话说完整。

"可是，那种武器的威力是不是太……"

"这点请您放心！查理总理去世前，已将这种武器改良得十分完美并且易于控制了。如果您同意我使用的话，我保证在最短时期内以最小的伤亡损失打垮叛军！"将军期待地盯着总统。

王天一总统沉吟良久。

"好吧，为了国家大局着想，我批准军队使用这种武器。"

"是！保证完成任务！"老将军兴高采烈地走出去。

"是啊，他的确是员虎将。"

蓦然间，一个苍老的，却仿佛带有主宰人间一切的威严声音，突如其来地打破了这暂时的宁静。

"是谁？谁这么大胆！"总统厉声责问。

王天一惊怒于竟有人偷潜进他的房间，而且显然偷听了他与将军的谈话。他怒不可遏地去找寻那声音的来源，却发觉他刚刚坐过的那大皮转椅，不知何时已掉了个方向，很显然，那张背对着他的椅子上还坐着一个人。

从那人只有稀稀疏疏几根白发的后脑来看，他的年龄不在自己之下。可是那只手……除了头颅外，总统唯一能看见的是闯入者正搭在椅子扶手上的一只枯瘦、满是皱纹的手，那手上握着的还在冒着烟的显然是自己最喜爱的烟斗。

"你是什么人？"总统被这个侵入者的无礼行为气得涨红了脸，声音也抖了起来。

没见那人有何动作，皮椅已缓缓地转动起来，慢慢地把一张苍老消瘦的面孔对正了总统。

王天一总统只觉脊背上腾地升起一股寒意，后脑"嗡"地一麻，看清了这张脸，汗水已浸透了他的内衣。

"我是刘青云。"那人淡淡地说出自己的名字。

第六章

1

夜，凉凉的夏夜。

"这些人哪！"刘振远远注视着仍在不断扩大的起义队伍，想道，"这些穷苦的人啊！其实他们并不十分理解我的理想，只是害怕了苦难的生活，害怕了这不公的社会制度，都迫切需要改变现在的困境。可是怎样去改变，改变成什么样……"刘振叹了口气，"唉，其实他们并不在乎其他，只要不再受冻挨饿他们就心满意足了。"

至于参加义军的人数多少，刘振并不在乎。

"只要人们知道我是正义的，都支持我，即使没有这支队伍也没关系。现在，我单枪匹马就有足够的能力去征服这个腐败的政府！可是……"刘振走到一个瘦弱的少年身边，弯下腰替他把蹬掉的薄毯重新盖好。"可是这并不是我自己的战争，这是人民的战争！如果人民不亲自参加战斗，不亲自体验成功的艰辛，那么得来的不管是多么辉煌的战果，他们也不会真正地珍惜！"

刘振踌躇满志地朝自己的大帐——那座军营中最大的，也是这个夜空中最明亮的帐房走去。他对自己充满了信心，这场战争在还没有开始时就已经决定了它的结局。刘振认为义军必胜是这场战争的唯一结果。因为他已拥有了一切决定胜利的因素：他有自己亲手设计制造的大批强大的武器，他有所有劳苦大众的热烈响应；穷人们正在源源不断地拥到他身边来并拿起他的武器，他有必胜的信念。

一开始，刘振并没有彻底弄清自己是怎么会走上这条反叛道路的。可是，当何平告诉他应该用自己创造的技术亲手改造这个社会时，刘振就决定了要以另一种崭新的面目在这个世界上生存下去。

"既然我已经乘上了这条船……"刘振坚定地将手中的小树枝投向黑暗的深处，"我就一定要到达彼岸！"

作为义军创始者之一的何平，在义军第二次获得胜利后就把自己本来与刘振相同的权力，拱手让给了年轻的刘振。因为他问刘振为什么不使用手中的铑磁武器，刘振这样回答："你知道的，铑磁武器的杀伤力太大了，而这个世界上没有比一个人的生命更重要的了！"

刘振从未显示出的过人的军事天赋令何平瞠目结舌。当他看到政府军在刘振机智巧妙的战略陷阱中仓皇逃亡时，他就意识到义军更需要的是这个年轻人。他们需要刘振的智慧和信心，正是刘振强大无比的自信，把人们从对战争的恐惧中解脱出来，勇敢地投入战斗，勇往直前地打击敌人。看到所有人都用恭敬的目光看着刘振并完全服从这位年轻首领的每一项命令时，何平确信自己的让贤是明智而正确的。

战争是可怕的。

这场可怕的战争将会以刘振一方的全胜而结束。

大地又恢复了那本该属于它的黑暗和寂静，寂静得仿佛从来就没有过喧闹似的。

2

星辉淡淡，微风习习。

桌后的一面年代久远的大理石屏风中，苍松圆月，一矫然仙鹤直欲展翅飞进月中，犹似即刻破石而出。旁边还立有一面大穿衣镜。

刘振平静地走到镜子前，擦净了脸，整理好头发。对宇宙本来面目已有所认识的刘振，突然间又想通了一些事：这世界上的那些所谓的原则呀，制度呀，甚至于人们公认的真理，其实都是某种相对意义上的表面现象。对与错，成和败，也都只是一种事物的众多决定因素中的两个方面而已，只不过绝大多数人都只能看见这两个方面罢了。对人类来说，最重要的莫过于生和死，而这也不过是生命的一种形式转变到另一种形式的过程而已。

　　宇宙中并没有绝对的真理，凡人只觉得自己对而敌人错就此争执不休，且死而无悔，却不知道其实并不存在什么对和错。

　　宇宙中的万物都各自有其存亡、转变的道理，并无时无刻不正遵循自己的道理发展着，进化着，因此才构成了宇宙漫漫的历史长河。没有什么能改变宇宙发展的本质和事实，每个生命、每个本体都只是构成这条历史长河的亿万条线中极其微小的点而已。生命的成败、荣辱不过是这个极其微小的点上更微不足道的一个凸起，没有任何力量能够改变或阻止这个点沿着这条线在历史长河中运动的本质。

　　可为什么所有人都热衷于试图改变那无法改变的宇宙本质，抱着虚无缥缈、过眼云烟般的理想并孜孜不倦呢？

　　"因为所有人都认为自己做的是正确的，所以才虽千难万阻而热情不减，虽无伤大局却乐此不疲。"

　　刘振觉悟了。

　　"效果服从动机，思想决定行为，意念约束万物。就这么简单。只要我认为我做的是正确的，那我就是正确的。"

　　刹那间，刘振的心情因思想上的超脱而变得平静自然了，当他以全新的心态来观望这个世界时，他觉得异样轻松！

　　然而外面的世界……

　　寒星依旧，微风依然。

第七章

1

"我是刘青云。"那人淡淡地说出自己的名字。

这句话如惊雷般震入王天一总统耳际时,这个闯入者的面容也和他记忆中的刘青云的形象重合了。

"是!我能认出你,你是刘青云,你……你老多了,也瘦多了……"总统喃喃着。

"四十多年了!你不是也老了?"刘青云笑道。

"四十多年了!你……你还活着?"

"怎么?你希望我已经死了?"刘青云尖刻地笑。

"不不!看见你尚在人世,我,我高兴极了!你知道我无时无刻不在怀念我们当年的情谊!"

"噢?只是怀念……情谊吗?"

"是啊!啊不不!我,我也知道对不起你!这四十多年我常做噩梦,我……我几乎寝食难安了!我……可是你,我希望你能理解我,我是迫不得已的,为了我当年的志向,我不得不……"王天一艰难地解释着。

"志向?难道野心也可以称作志向吗?"轻笑声中,刘青云的话似乎漫不经心,却一句比一句尖利地刺进昔日至交的心里。

"这……这……"王天一支吾了一会已经汗如雨下,他猛然意识到了自己世界大总统的身份,多年养尊处优而形成的尊荣感与权力感已经不允许他再向任何人如此示弱了,不知不觉间已经从对老朋友的歉疚中解脱出来,他立时觉得心里好受了些,言词间也逐渐恢复了平日的威严和沉毅。

"人各有志!你自然可以认为那是野心,但我却把它作为毕生的理想与追求!当然,现在说起来,这对你不公平,可是如果换成你,你可能会做得比我还绝!如果你来找我是有所要求的话,尽可提出!我会尽一切力量满足你,"他停一下又补充了一句,"作为给你的补偿!"

"你能补偿我什么?"刘青云霍地从椅上立起,语气严厉,目露凶光,"你能让我重新去活那已逝去的四十年吗?"

"那你……你想怎么样?"

刘青云出人意料地友好地笑了。"你错了!我并不是来要求补偿的,正相反,我还要衷心感谢你对我的所作所为!"

王天一瞪大眼睛,迷惑不解。

"我真的要谢谢你。如果不是你为我创造了一个优雅清静的工作环境,我的科学研究也不会成功的!"

"成……成功了?"总统当然还记得刘青云当年辛苦钻研的是什么,并于半信半疑中已隐约有一丝妒意了,而且也不再显得担惊受怕了。从刘青云的话语和表情中,他多多少少已有些相信,老朋友此行真的不是来寻仇的。

"你对我的研究不感兴趣吗?"

"啊,如果你愿意的话……我洗耳恭听。"总统倍觉尴尬。

"难道你忘了?是潜能啊!当年你认为是极荒唐的人体潜能啊!"老人越说越兴奋,"我成功了!我找到开启潜能的方法了!而且我已完全掌握了这种强大的能量!它的威力已经到了无以复加的程度,你信不信,我可以在举手间将你这座漂亮的宫殿夷为平地?"

尽管王天一觉得刘青云有些危言耸听,而且那些话很明显带有威胁性，可是他了解老朋友的脾性，刘青云这个人一旦决定着手去做一件事，不达目的是绝不会罢手的，"现在他既然这么说了，恐怕就真的能做到！"

"是……是吗？真的有这么……这么强大吗？"总统再一次心惊胆战，又有些于心不甘。

"如果你不信，咱们可以做个小小的实验，"刘青云宽容地笑着，用手指了指总统那张硕大的、精美华丽得令人咋舌的办公桌说道，"看这……"

"这"字还没有从刘青云口中完全吐出，总统已惊讶地察觉到，他的办公桌不翼而飞，原本在两个人之间摆放桌子的地方已经空空如也，仿佛那桌子从未存在过似的！

"你不用为它惋惜！"刘青云轻笑，"我并没有损坏它，只不过替你挪了个地方。"

话音刚落，楼下的秘书已满头大汗地冲了进来，惊慌失色地道："我……我不知道，总统阁下，您的办公桌不知怎么就跑……跑……跑到我的办……办公室里去了……"

惊得瞠目结舌的总统挥手打发走秘书，转过头如同见了鬼似的盯着刘青云，后者已经在笑了。

"这很简单，总统阁下！这不过是我的诸多能耐中一个不足挂齿的小玩意儿罢了。"刘青云收敛笑容严肃地说下去，"但这绝不是魔术，这是科学。"

总统张着大嘴，呆立无言。

"如果你仍有兴趣的话，再请问总统阁下，你知道我是从哪儿来的吗？我是在……"刘青云看了看腕上的计时器，"大约十分钟前，从和平星启程的。"

"和……和平星？"老总统好不容易挤出一句话。

"就是那颗24光年远的和平星，我走到这，才用了不到一分钟的时间。当然，这也是科学，也就是当年你把它称为迷信的东西！"

刘青云目不转睛地欣赏着世界总统那又惊又疑又惧的奇特神情，悠悠笑着，好半天，才好像突然想起什么似的说道："对了，我还忘了告诉你一件事，我就是那和平星的领袖和创始者，我的人民都习惯称我作博士。"

"呃！和……和……和平星？"

"是的，我想您十分清楚和平星在星系中的地位和它不可忽视的力量吧！"

王天一总统再一次吓得魂飞天外。

"你不用害怕，王……总统阁下，我不是来报复你的，我还要谢谢你，没有你当年的恩赐，我亦不会有今天的地位！而且，我不但不会伤害你，我还准备尽我和平星的一切力量帮助你呢！"

"帮……帮助我？"王天一茫然无力地说，此刻的总统就像一只被用来实验的小白鼠，被面前这位实验者毫不留情地随意摆弄来摆弄去，他已经沉浸在自己反复无常的情绪变化中不能自拔了。

"难道你不认为你的国家正面临着危险吗？"

"危险？危险，是的，危险！"一触及自身肩负的责任，帝国总统立时清醒了许多，"我的国家中出现了叛乱，我必须要制止它！"

然而，作为阿瑞斯的世界主宰，尊严在时刻提醒他注意并坚守自己的权力范围，他不容许有人触碰它，并坚信，无论从哪个方面讲，他都没必要也不能接受这个外人的帮助，"只要你不妨碍我就谢天谢地了！"总统想。

"我当然不会妨碍你，我还要帮助你剿灭叛党呢！"

总统惊得三魂出窍："怎么我心里想的，他……他都能知道？"

"你心里想什么我当然能知道，如果我愿意那么做的话。"刘青云若无其事地又说了一句。

王天一总统勃然变色，面如死灰。

"不过你放心，我虽然拥有这许多令你感到……惊讶的能力，但我不会用来对付你的，请相信我是诚心诚意地想帮助你的！"刘青云友好地说。

"这个……我……"王天一偷偷地狠掐了自己大腿一把，强打起精神，竭尽全力不让自己的身体发抖，他重又记起自己仍是主宰天下的世界总统，于是深喘了几下，语调尽量平稳地慢慢说道："这个……我的国家目前是有些……困难，但这只是个小麻烦，而且很容易解决，叛民终究是叛民，要想给我的国家造成伤害，要想打败我强大的军队，那不过是痴心妄想，螳臂当车而已！消灭这帮乌合之众，我想我眼下还不需要什么帮助。况且，这是我自己的事，这是我阿瑞斯帝国的内政！你的好意我心领了。"

总统婉言谢绝了。

刘青云笑着说："我并不强求你接受我的好意，但我随时准备向你奉献我的热心。目前，我将在贵国逗留数日，就入住在星际大酒店，如果你需要我的帮助的话，我的大门随时向你敞开着！"

博士礼貌地点头致意，潇洒地转身，慢慢消失在门后。

刘青云已离去很久了，总统先生仍不能止住全身的冷汗，也仍没有搞清这老朋友居心何在。

那个倒霉的秘书，亦在汗如雨下，绞尽脑汁地在想如何把办公桌还给他尊敬的总统阁下。

2

刘青云悄悄下榻星际大酒店时，何平和他的机器人万万没有想到和平星的领袖，他们的老博士会亲自驾临阿瑞斯星球。

义军的"大总攻"行动正在紧张地筹备着。

这次义军要夺取的目标是上下两层空间的自动通道，也是那通向地下首都的唯一门户。这些门户都异常坚固，而且深藏地下，毫无破绽可言，刘振和手下军官们商议了很久也没找到比主动进攻更好的办法，因为政府军一味死守，拒不出战。

首领们制订了一个最好最狠的作战部署。

进攻日。

天刚亮，暴雨刚刚停歇，空气也因这不灰不白的天色而变得寒冷，恶战在刘振的手臂用力向前一挥后开始。

十道波浪冲出义军的战壕时，那灰色的人流在泥泞的土地上漂荡着散开去，一层一层地涌向前方，高能粒子束和激光束如同急剧的瀑布一般向守军防线泻着。

与此同时，从通道两旁的建筑物中，从高低不平的掩体中，政府军的枪弹亦连续不断地向外射来。

战斗进入了高潮。

炮兵的齐射，使那震天动地的巨大轰隆声，飞快地充塞在周围方圆数十里的地面上，守军的重炮也开始还击了，进攻的人们在炮弹中散开来，翻着，滚着，又马上汇集在一起，向前冲着。

望远镜中，义军魁首刘振满意地看到，头几道进攻波浪马上就要冲破政府军的防线，就在此时，一种奇怪的声音突然自战场上冲进他的耳中。

"刷、刷、刷。"这声音怎么这么熟悉？

"噢！天哪！"铑磁武器！刘振猛然意识到，那是铑磁武器！那是强烈的铑磁射线撕裂地面撕碎人体的声音！

"退回来！停止进攻！快退回来！"刘振焦急地喊叫着，而眼前的情景告诉他，太迟了！

贴在地面上的磁力炮越来越残忍地扫射着，刺耳的尖叫声也越来越密集地自进攻的队伍中迸散出来，冲锋的波浪刚滚到守军防线前，就像被碰碎了似的，由一道道猛烈的瀑布，变成一条条小河，一滴滴水珠，倒流回来……

只有最后两道攻击波返回义军营地。

刘振心痛地望着仅存的进攻士兵，第一次当着全体官兵的面落泪了。所有人都知道年轻的魁首并不是惧怕了敌人，他是在痛惜那些阵亡的勇士，在痛恨毒如蛇蝎的政府，更深深痛责着自己的心慈手软。

"我对不起那些惨死的将士！更对不起你们！我辜负了你们对我的期望，这一切都是因为我造成的！"

"魁首！"何平大声道，"你心存善良并没有错！只是那些残忍的暴徒们不允许我们再对他们善良了。将士们永远爱戴你，信任你！你不要再自责了，快使出你的绝招吧！"

"是啊！魁首，别再自责了！我们狠狠地打吧！"战士们怀着对仇敌的满腔痛恨，发出直刺云霄的厉吼……

3

穆岛星。

那场"小行星爆炸"风波的余威，同样让穆岛君主寝食难安，而且噩梦连连。

穆岛位于玛雅星系的边缘，距离恒星大雅四较远，因此，这个星球还没有被烤得太热，只是球上的居民都或多或少意识到这个致命的天灾了。当所有人都在抱怨天气越来越热时，只有老国王霍华德在愁眉不展地担忧着另一个有可能发生的更为严重的人祸。

此刻，霍华德正独坐寝宫长吁短叹着。天灾炎炎，仇敌狺狺。其实老人对天灾并无成见，只是无时无刻不在担心阿瑞斯星的报复。二十多年前，阿瑞斯星曾因黄金工程而面临严峻的经济危机，穆岛趁火打劫，甚至是落井下石地提出了用原材料交换尖端核技术的"合作"建议。阿瑞斯星不得不屈辱地接受了这个条件。如果阿瑞斯星果真拥有炸毁［伊尔-β］小行星的致命武器,而且一心想报当年的一箭之仇,那穆岛恐怕要危在旦夕了！令他感到欣慰的是,前几日收到间谍们发回来的关于半年前阿瑞斯帝国发生叛乱的消息。他稍微松了口气,热切盼望那帝国总统忙于内政而无心报仇。

老国王于思绪繁杂中,听到随从官禀报有客来访。

"陛下,是和平星的特使,啊,应该说是和平星的宗主来拜访您,正候在前厅呢！"

"你怎么能确定是和平星的宗主？"老人有些疑心。

"陛下,十年前属下陪同您去和平星参加星系联会时,曾见过这位宗主的面容。"随从恭敬地如实回答。

"这样,"老国王沉吟一会,"好吧,我去见他！"

霍华德走进客厅,眯起眼仔细打量起来访者的容貌,立刻又惊又喜地跑上前去,拉住那人的手,大声笑道:"哎哟,尊敬的博士！什么风把您老人家给吹来啦！"

"当然是热风喽！国王陛下的身体还这么硬朗啊！"

两位君主寒暄几句,先后落座,仆人们奉上茶盏。

霍华德呷了一口本国特产的香茗,慢慢放下盏具。

"博士,大驾光临,有何贵干哪！"

"哈哈,陛下还是那副直爽脾气！好,那我也就直言不讳了,我这次是特地来帮您解决难题的！"博士语出惊人。

"尊敬的博士！您为了星系的事务过于操劳了！只是我们穆岛目前并没遇到什么难题呀。"霍华德面有诧色。

"真的没有吗？嘿嘿。"博士打着哈哈调侃道,"啊呀！这天气可真够热的呀！是不是啊,陛下？"

"这,"霍华德当然听出了他的暗示,讷讷地说道,"是啊,的确是越来越热了。照这样下去,唉,我想您知道后果有多严重。而且,嘿嘿,你的和平星也正在为这件事发愁吧？"

"是啊,是啊。"博士仰起头打量着墙上的壁画,漫不经心地道,"可是,您关心的不只是这一件事吧。"

明显听出博士话中有话,老国王只得追问:"此话怎么讲啊?"

"那个阿瑞斯帝国……"

"阿瑞斯帝国?那,那与我有什么关系?"

"没关系?当初您那些损人利己的交换条约,虽然是我和平星出面担的保,可是万一阿瑞斯帝国气急败坏存心报复……再说他们拥有的那些先进武器……我就是真要阻挡,恐怕也挡不住哇。"刘青云逗弄着老国王。

"那,那次小行星爆炸,真是他……他们干的?"

"千真万确!"

"啊,这……这,您怎么能袖手旁观呢?"霍华德大惊失色,"即使不是您做的担保,维持星系内的和平,也是,也是您的责任哪!"

"和平?您真的把和平看得那么重要?"博士目光炯炯。

"您……您怎么能这样说呢?"

"实话对您说吧!其实我早就看不惯阿瑞斯帝国那王天一总统的所作所为了!那个总统太狂妄自大、目中无人了!且不说他依仗武力公然违背星系和平法案,还居然扬言要灭了你我二国,称霸星系!哼!我早就看他不顺眼了!"刘青云义正词严、怒气冲天地说道。

"您……您怎么会看他不顺眼……"霍华德嘟哝道。

"国王陛下,您别再装腔作势了,您不也是必灭之而后快!"刘青云毫不留情。

被说中心事的霍华德涨红了脸说不出话。

"行了!老朋友!别再演戏了!咱们一家人不说两家话,如果我为您提供一个铲除阿瑞斯星的机会,您该怎么报答我呀?"

"机会?我不懂您的意思。"霍华德依然不敢轻信。

"霍华德国王!不要以为我是在捉弄您,阿瑞斯帝国发生叛乱的事，我想您已经知道了吧？"

"知道。"霍华德马上补充道，"刚刚才知道。"

"这就是个绝好的机会！阿瑞斯帝国总统王天一，委托我把这封函件转交给您，他想请您出兵助他剿平乱党。"博士边说边递过一纸文书，"我想知道，您看了这信之后有何想法。"

霍华德接过信函仔细读了一遍，沉吟良久，才断然开口道："不去！凭什么借我的力量给他解围！"

"那您就大错特错了！您也不仔细想想，这么堂而皇之名正言顺地入侵机会您上哪儿找去！您正应该借着助他平乱的名义将大军直压其境！阿瑞斯帝国正自内乱纷纷，总统见您鼎力相助，他感恩戴德还来不及呢，哪有余心去防范您！您正可以乘机有所'作为'嘛。况且，阿瑞斯星那黄金防御层坚固得可以抵挡这炎热达二十万年之久。您这样做既解了心头大恨，又为您的人民谋得一条生路，岂不是两全其美？您何乐而不为呢？"

霍华德国王恍然大悟，且激动不已："对呀！我怎么没想到？我怎么没想到！"

"国王陛下，这件事由我和平星从中撮合，那帝国总统断然不会起疑，何况此事是他主动提出的。到时候，该怎么做就全看您了！您放心，我会尽我一切力量帮您。我敢担保，只要您照我的计划行事，就一定会成功！"

"士兵们怎么去呀？我们的交通工具没有能力……"

"这个不用担心，一切交给和平星！"

"太感谢您了！我一定照您说的做！"

"只是话又说回来，事成之后，您怎么谢我？"

"啊，这……这……"

"您放心，我不会要求太多的。我唯一想得到的报答是，在您的人民迁居到阿瑞斯星时，也能允许我和平星的二万余名居民入驻该星,到时随您怎么安置都行。唉,我也只是想为我的人民争取一条活路而已。"

"那当然!那当然!这是您应得的!"霍华德国王忙不迭应允着,心里却嘀咕道,"你想得倒美!到时候有没有你和平星还两说呢。"

大厅里,两位君主的欢快笑声,直达门外。

第八章

1

今日的风沙很小,天空也较往日晴朗许多。

四十几个星系标准年度里,阿瑞斯星球上很少有这种好天气。世界总统御驾亲临"旧地层",也是自王天一掌大权以来破天荒的一件大新闻。

王天一总统与穆岛君主霍华德并肩缓行在这支庞大考察队伍的中列,身前身后是数以千计的随行和护卫。

"国王陛下!"总统笑逐颜开,"真是巧啊!今天这种天气是难得一见的,恐怕是您带给我们国家好运的好兆头呀!"

"真的吗?"霍华德开怀大笑,"这大概是上苍在奖赏您成功地剿平乱匪吧!"

君主们谈笑风生地在黄沙上散着步。

"总统阁下,说起叛匪,我倒想问您个问题,不知您把那个刘振怎样惩治了?"霍华德问。

"那个乱党首领?还在审讯当中。此人对曾犯下的杀人重罪倒直认不讳,但拒不承认聚众叛乱,而且顽固不化得很,关押一个多月来,仍在口口声声鼓吹着什么自由呀幸福之类的无稽之谈,哼!执迷不悟!"

"依我看,您不如杀一儆百!"

"杀?"总统回头看了霍华德一眼,笑吟吟地道,"都是我的子民,杀谁我都心痛,我只盼他能痛改前非,我阿瑞斯帝国还能有他一席之地!"

"您真是太仁慈了!爱惜臣民,不失仁义之本哪!"

帝国总统对这几句恭维不置可否,回过身望着眼前这片无际的黄土地,脸上渐露愁色。

"如今已经国泰民安了,阁下为何还闷闷不乐呢?"霍华德见状问道,"如再有贼子作乱,我一定还会鼎力相助的!"

"如果是乱臣叛党,我倒不用如此忧心了,"总统叹口气,"我愁的是这种天气,再这样热下去……"

"嘿!"霍华德笑起来,"兵来将挡,水来土掩嘛!总有法子对付的。再说热也不完全是件坏事,我的穆岛就已经兴建了大规模的热能电力转换装置,利用热能造福国民。我建议您也把这里修建成为能源基地,那岂不是很好!"

"多谢指教!"闻听国王说起穆岛的热电能源装置,帝国总统眼睛一亮,随即恢复常态,"我们别说这些费神的事了。今天不是来参观叛军的营地吗?喏,就要到了。"

片刻后,考察参观队伍已来到曾被叛民们用作临时营地的大洼地上。

与一个月前不同的是,这块盆地上已不见了漫山遍野的帐篷,不见了那些生龙活虎的起义者,不见了战车和伤兵,取而代之的是新建的被总统命名为"战争博物馆"的那个营利性的小型建筑群落。这里已经被修缮得没留下一丝行军打仗及硝烟炮火的痕迹。如果没人告诉你,谁也不会想到这块平常的土地曾是喧嚣一时的平民起义队伍集结地。

帝国总统神采奕奕地一边哈哈笑着,一边对着众人指指点点,当君主们走进那座精巧别致的博物馆时,总统的得意扬扬更是溢于言表。

王天一命令将此地建成战争博物馆,正是为了向世人炫耀他攘乱安国的丰功伟绩。只是在他内心深处，与其说炫耀倒不如说是展示，那样也许心理上平衡些，因为总统清楚，这功绩并不值得他炫耀。

当初，两国联军以迅雷不及掩耳之势，对义军进行了最后的总攻。绝大部分叛军将士在这场战役中阵亡。联盟军团欢庆胜利时，君主们彼此心照不宣，这次所谓的总攻不过是对义军以及百姓们的一次残酷屠戮而已。

不经意间，霍华德被眼前一件形状极其威武的战利品惊了一下，他驻足定睛细看，那展品标牌上分明写着"叛军武器，火力威猛"几个大字。他抬头端详了一会儿，深深震惊于那重型火炮豪壮的外观和它本身具有的似乎可以征服一切的气魄。

王天一总统注意到老人脸上的讶色，不禁哈哈大笑。

"国王陛下，您可真好眼力呀！喏，这就是叛民们竟能作乱许久，并同我武器精良的政府军相持不下的原因。这种火炮的威力实在太强大了，那些乱党险些凭靠它将我击败！哈哈……"总统的笑声中略带有自我解嘲的意味，"唉！可惜的是，至今我的科学家们仍没能搞清它的原理和使用方法，这么威武的利器却不能为我所用。哼，那个刘振真是太顽固了，竟然坚决不肯对它的秘密透露分毫。"

"噢？"总统的长吁短叹令霍华德大感兴趣，"您是说，这东西也是那个刘振研制的？"

"是啊，就是那个叛军首领，虽然年轻有为，但不思以学识报国，反而聚众谋反。哼，这等乱民虽说可恶，可也有点……可惜啦！"王天一作惋惜状摇头叹息，"那刘振祖孙三代都是杰出有为的人才，他父亲刘正义就是十几年前我派驻到贵国的优秀工程师，我那议会大厦就是他设计的！他的祖父就是……"总统惊觉自己把话题扯得太远了，忙正色道，"三代人却不愿为国效力，空有一身才能，却都走上反叛道路并都落得同样的下场！"

"当然，当然。"霍华德表面附和着，心中却想，"这等人才不能为你所用,难保不会为我所用。要是有了刘振……"

霍华德目不转睛地观赏起那重型武器。可是,栅栏里的炮身却如同它的制造者一般具有傲视天下的自信,在被老人观看的同时,同样也以盛气凌人的威猛默默睥视着参观者。尽管此时已被圈进牢笼,可是它本身无可比拟的强大气场却仿佛正在告诉世人:它是不可征服的!它仍能够随时以无比的力量摧毁轻视它的每一个敌人!

穆岛国王被这种感觉猛地摄住了心魄,此刻虽然天气炎热如火,可他的全身却渐渐被冷汗浸透了,他已被这幽黑沉静的炮筒中所蕴含着的不可战胜的力量骇得心惊肉跳,觉得任何非分之想都将是对这圣物的亵渎。老人甚至再也不敢多看那火炮一眼,赶紧找了个理由结束了参观。

2

这日已是刘振被收监入狱的第三十六日了,荷枪实弹全神戒备的狱卒们把遍体鳞伤的犯人抬回牢房时,刘振脸上的神情仿佛丝毫未感到肉体的疼痛。

这三十几日对刘振来讲,是很难熬的。

刚入狱的头几日,刘振的心情是极为复杂的,既有对丑恶政府的刻骨恨意,也有对同志们牵肠挂肚的思念。但最主要的感受是失望,不仅仅是因为他呕心沥血的正义事业半途而废,也不只是为善良无辜的百姓惨遭杀戮,而且是对这万恶的制度,对这个现实的人类社会,甚至对整个世界都有种极大的失望感。

"为什么美好的愿望却带给人们无穷的痛苦?为什么我不能改变过了时的生存方式,建立新的生活秩序?难道真的都是命中注定的,没有人能改变它吗?还是我不具有改变它的能力?"

"我所做的究竟是对是错?"这个问题再一次把刘振牢牢缠住时,

年轻人几乎快要崩溃了。

直到有一日，一些惊人的事实才令他自迷渊中稍稍抬了抬已深陷进去的双脚。当刘振愤怒地试图用他自身的潜能伤害那些狱卒时，他自认为非常有用的意念能竟不那么灵光了，甚至可以说几乎没有多大的效果！这个奇怪的现象令刘振重新感到了对心理物理学曾经浓厚的兴趣。

"难道意念能也分其针对的人和事而不同吗？它受主观意志和行为动机的善恶与否的影响，还是受客观条件的影响？"

刘振苦思几日，结合自身的际遇，并终于有所领悟时，他才真正在探索宇宙奥秘的道路上迈出了第一步。

尘埃！

我是一粒微不足道的尘埃！无论做什么，无论怎么做，都改变不了我的只是无穷的宇宙中的一粒极其微小的尘埃的事实！一粒尘埃的存灭对这个浩瀚的大千世界来讲，根本是无足轻重的！

宇宙万物自有其生存、发展的规律。一个生命本体，一个作为宇宙组成部分的生命本体的生死、成败、荣辱，都不可能引起宇宙本质上哪怕是最微小的变化，怎样努力也不可能稍微改变宇宙的发展规律！

我又何必执迷不悟呢？我又何必痴痴徘徊于世界万物的外在形式上的转变呢？

因为这是我的发展规律，一粒尘埃的发展规律！

这一切构成了我的一生，这就是生活！这就是一粒尘埃的生活。

既然无关紧要，而且显然无足轻重，那我只需要做我认为对的事情就足够了，因为这就是我的生活！

可是什么是我认为对的，认为该做的事情呢？清除邪恶和压迫，为人民建立美满幸福的生活吗？那不是我所能决定并改变的！那是人民的生活！

献身科技，探索宇宙的奥秘？对！寻找宇宙的发展规律，让所有人都认识到这一规律！这才是我真正的愿望！这才是我真正想做的！

刘振那满是伤痕的心灵现在要回过头来寻找安慰了，他要在寻求宇宙真理的新模式的工作中寻找安慰了。

现在，刘振很明显改变了自己的态度，一反头几日的勃然大怒或悲痛欲绝，变得温文尔雅了。他安安静静地坐着，不管主审官怎么训斥，他都毫不介意，低着头仿佛在想自己的心事。

直到有一天，审讯官们厌烦了犯人的缄默而暴跳如雷时，刘振突然抬起头来，向着主审官笑了笑。将军立刻为犯人脸上纯真的笑容和他目光中流露的恬静的喜悦所惊住了，结巴着问了一句："你……你笑……笑什么？"

刘振报以更灿烂的一笑，如绽放在春风中的野花一般，潇洒地、出人意料地站起身来，于众目睽睽中推开审讯室的门走了出去。具有戏剧性的是，当狱兵们起身追赶时才突然想起来审讯室的门应该而且仍然是紧紧锁着的，待士兵们掏出钥匙打开门追出来时，发现刘振早已躺在他自己那间牢房里睡着了！

这之后的几日里，更有一些令人瞠目结舌的怪事。

例如犯人在现代化高科技电子刑具下自铜墙铁壁的牢房中突然失踪，几个时辰后又突然出现，而且事后刘振还解释说不过是想出去透透气而已。更有甚者，有一天犯人告诉狱卒说不必每天费心接送他去审讯室，第二天军官们打开审讯室的门时才发现刘振已坐在那儿了。

诸如此类的事层出不穷，直到士兵们跑来报告说该犯昨日还鲜血淋漓的伤口今天竟已完全愈合时，将军们再也忍受不了这可憎的巫师的戏弄了。

3

天地四方为宇，古往今来为宙。

宇宙是怎么形成的？经典物理学和心理物理学到底哪一个是正确的？或者说哪一门科学更为重要？

这些问题曾日夜徘徊在刘振的脑海中，令他寝食难安。直至一天深夜，他忽然忆起那蕴藉宏深的古太极图时，才意识到自己已找到了开启科学巨锁的钥匙。

生命本体必然生活在理论物理和心理物理这两种表象完全相反却又相互重叠的双重系统世界中，正如古太极图上黑白阴阳鱼所代表的两个互为镜像的世界，它们在时空上互相依存、互相耦合，正如图中间那条奇妙的 S 形曲线一样。虽然这两个世界其中之一注定不能被我们直观地观察到，但我们却可以感觉到。从宏观上讲，如果我们把生活着的这个有序的系统的现在的世界称为本体，那么，必定有一个混沌无序的镜像世界与它同时存在着，并且牢牢地以某种奇妙的方式结合在一起，互相支持，互相制约，只是凭生命体现今掌握的科学技术与观察手段尚没有能力而且至今还没有发现它而已。而铑磁变动力对本体世界中的绝对真理——光速的极限——的突破，正是镜像世界确实存在的最有力证明！

正是这个互为映射并紧密吻合的两个世界构成了现在的宇宙。这个双重世界也必定存在于具有无穷多个自由角度，无穷大维数的多相空间里。在这个空间里，时间、速度、距离，都只不过是这无穷大维数中极微小的一部分，只是宇宙的发展变化也说明了这个双系统世界无时无刻不处于运动中。但运动状态却表现出一种涡漩状、不稳定、无序的高度耗散的性质。有许多现象证实了它的无序：大到星际中的漩涡状星云，空气分子的对流，小到原子核外电子的无规则运动，无一不是这无序的混乱的运动的具体体现。

为什么会这样？为什么有序的空间中却存在有无序的混乱的运动形式？为什么正是这种无序的运动组成并决定着这宇宙的有序的发展规律？为什么无序的运动却使有序的双系统世界达到平衡稳定？

难道这种从无序到有序又回到无序的循环才是宇宙发展的原始动力？难道这就是真理？

如果无序的内部循环决定了有序本体世界的有规律性的发展，那古太极图中具有的黑白回旋结构便是一种最简单、最形象的描述了！可太极图中的那两个黑白鱼眼又代表了什么呢？

用现代经典物理学观点来解释那无序的漩涡运动形式的话，这种混乱运动中的漩涡状的高度的能量耗散，必定会导致多相空间其向内部坍缩，从而产生一股向心力……这向心力在一定程度上在一定时空范围内保持着空间向外耗散与向内坍缩之间的平衡稳定……

向心力！这么说那黑白鱼眼就是向心力的奇点，而这两个向心奇点正如正负磁极一样将两个混乱的无序的本质互相排斥的世界牢牢地结合成有序的系统的宇宙！

思考中，刘振不禁哑然失笑了。他实在想看到，那些战战兢兢不敢涉足于无序复杂的领域中的经典物理学家们，如果知道自己竟然能用他们奉为真理的传统物理理论正确、完美地解释混沌的宇宙的本质时，这些人脸上到底会是一种什么表情！

如果是这两个向心力奇点决定了无序世界的平衡稳定，那么位于本体世界中的奇点必定具有镜像世界的性态，反之亦然。这也完全符合阴阳互生的古老哲学理论！

"心理物理学"就是存在于我们生活着的现实世界中的一个鱼眼！只要彻底掌握了它，就等于掌握了宇宙另一个神秘侧面的全部秘密！

刘振被这一发现激动得热血沸腾,他终于找到了彻底揭开无穷宇宙本质的奥秘的方法。

刘振已把他的"心理物理学"理论升华到了最高点,这一理论摧毁了不同学科之间的界线,因为它是关于宇宙体系的总体本质的一门科学,它渗透到原本各自分离、各自为政的各个领域中并将其有机地结合成为真正的科学真理。它必将导致一场全面的轰轰烈烈的观念革命和心理革命。

刘振不禁又对现代理论物理学的主导方向产生了不解。在几千个世纪之前,古代的哲人们就已经用这个精奥的古太极图向世人展示了宇宙的本质,可为什么时至今日仍没有一个人能真正理解它呢?他也由此想起了自己在科研工作中的一些体会,当初他自己也是迫于经典物理学理论的束缚,而在铭磁动能的研究中畏首畏尾。

科学巨匠们留下的辉煌成就如同一株参天的巨树,遮住炎炎烈日的同时,也遮住了生命体探索的目光。人们都满足于栖息在这片浓荫下,满足于在伟人们筑造的物理学框架上添上片瓦粒石,而不愿意或根本不能走出巨人们的影子,去开辟一块新天地。

"那好吧!"刘振激动不已地想,"就由我来重新开拓一片绿洲吧!就由我来铸造那开启宇宙大门的金钥匙吧,我坚信我能做到这一点!"

踌躇满志的科学家平静下来后,决定用这条真理来检验一下自己从前发现的科学理论是否正确。

当初,最令刘振费解的就是铭磁变粒子的超光速性,可现在用"心理物理学"理论来解释它时,这问题已经可以说如同"1+1"那么简单了。光速这个概念只适用于我们生存着的本体世界,而在那个神秘的对立世界中,漩涡运动梯度流所产生的能量是无穷大的。所以,光速只是镜像世界即第二空间中用以度量时空转换的最基本的单位。

然而量子场论和经典相对论中的真理却警告世人:运动速度越趋

近光速的物质（其镜像世界是意念的世界，生命以思想的形式存在，根本毫无质量，因此质量无穷大，不能束缚镜像世界的生命形式），其质量也将趋近于无穷大，亦就是说，此时无论再加诸多大的外力，都不能将它的速度再增加分毫。因此科学家们断言，生命形式将永远不能进入超光速世界。

这种理论最有力的根据是，如果运动物质超过光速，那时间观念就会变得毫无意义，这个世界的时空秩序将被打乱，事件的因果链顺序也将因为参照系的混乱而产生颠倒，即所谓的时空倒流。而这与我们的直觉和经验是水火不容的。可是，刘振现在已知道，人类常常将最显而易见的事实视而不见。其实只要稍加留心，全面、系统地去研究，就会发现，在生命体的思维世界中，在生命感知间万物的这个思想过程中，这种超越时空的现象，这种先果后因的现象普通得随处可见。

比如只有当我们用眼睛看到液态水蒸腾为气态（水蒸气）这个结果后，大脑中才会出现其受热的原因。如果运动物体的状态没有发生改变（结果），我们就无从知道其是否受到外力的作用（原因）……几乎所有用大脑思维来判断事物形式的过程都是超越了因果顺序的，但这种逆转的确只发生在生命体大脑感知外部事物的过程中，而且没有这种逆转，生命就不会具有记忆和推理功能。

所以，大脑中的信息思维波动的速度必定突破了光速的极限！因为只有这样，人类的思维领域中才会产生这种时间顺序上的逆转！

那么，脑内的信息思维波动与形式这种波动的具体的脑部神经细胞之间是什么关系呢？是什么在维系着这一由无序的神经运动到有序的思维脉冲的转变呢？神经细胞以何种方式产生思想活动呢？是什么使神经转变为精神？是意念力吗？是心理物理能的作用吗？

以人脑感知声音为例吧，一声巨响后，声波冲击耳鼓，引起了耳鼓的振动，这振动由几根精巧的骨骼传到耳蜗。耳蜗中的一种膜接收到了振动,再把振动传给内耳中的一种流体,流体又拨动了一些敏感的细丝,受拨动的细丝产生了电脉冲,脉冲沿着神经通道进入大脑,在大脑中,由电脉冲组成的信号碰上了一个复杂的电化学网络引起神经细胞的兴奋,于是声音就被感知了。

这一连串的虽说是复杂的物质的相互作用,怎么就突然变成了一个精神事件?是什么在起决定作用?是心理物理能吗?难道心理物理能能够进入电子和原子,进入大脑细胞和神经所属的领域中并能产生电能和化学能?心理物理能能够使精神作用于物质,而不把物理学的基本原理放在眼里?难道物质世界的运动要有两种原因,一种是物质作用,一种是精神作用?

从宏观上讲,物质作用就是我们的本体物质世界中各种运动的原因,那么,精神作用必定是镜像世界中产生运动的原因!所以,如果心理物理能作为现实世界中的鱼眼,那么,那奇妙的第二空间,奇妙的对立世界的模式将同人类大脑的思维模式具有同一性质!

"这可是个奇妙的突破!"刘振的心狂跳着,他已忘却了肉体的疼痛和自己的悲惨命运,仿佛已遗弃了存在于尘世上的躯壳,只剩下了思想。他让自己的思绪在这奥妙无穷的崭新的科学领域中任意驰骋着,并且谨慎小心地抓住大脑中的每一个闪念,因为每一个看似荒谬的念头都有可能是意念领域中的新突破,都可能带来科学技术的飞跃。

刘振把这令他茅塞顿开的心得与在宇宙本元论听之任之的发现联系起来时,那些曾经百思不悟的难题已迎刃而解了。

煞费苦心得到的宇宙本元论现在已经明朗得如同加减法的运算公式了,刘振有些惊疑,当初在不清楚其本质的情况下,自己是怎么发现同一本元这个宇宙的基本模式的。

"这大概就是天赋吧!"刘振愉快地笑了笑。

当然,宇宙本元也就成为超时空逆转的又一有力佐证,只有世界万物在其基本组成的本质上的性质相同，宇宙中形态万千的事物才能达到美妙的稳定与和谐，并有机地牢牢结合成为统一的系统的宇宙。

组成万物的基本粒子是相同的，心理物理能就是决定这些粒子以不同的方式组合并表现出不同外在形式的巨大的能量，心理物理能是通往镜像世界的唯一法门。

心理物理能既然能使基本粒子有机结合，那么，它能不能够使具体的物质重新分解呢？

刘振激动异常地试图运用自身的意念能来使身边的物体解体成基本粒子，才发现并不像想象中那样简单。

意念能存在并产生于大脑的高级思维层面上并受到主观意识的束缚，不管有无生命，有无智慧，各种各样的事情因其内部本元子的有机结合，而必定各自具有一定的内在能。正是这种内在能控制着物质能牢牢保持住自身已经固定了的较完美的形态。如果只着眼于事物的外在形态，忘却它们潜在的同一本质，要想改变其这种外在形态是根本不可能的。如果依靠强大的外力场硬来的话，那只能破坏物质本身的内聚力而使其粉碎，使其毁灭。

想通这一点后，刘振试着重新调整他那与生俱来的传统的由表及里的观察事物的方法。他闭上眼，尽力把根深蒂固地存在于脑海中的各种事物的表面形态全部摒弃，当他把自身的心理物理能发挥到极致，并以一个超然的上帝的身份睁开眼时，他发觉自己已进入了另一个世界。

这是一个多么美妙的世界！眼前的万物都消失了！与其说消失，更准确地说是万物在刘振心理转变的刹那也随之遗弃了它们原有的简单的形态，如今呈现在刘振眼前的是一片晶莹悦目的，闪烁着温和光辉的小亮点！那光辉是这么柔和、圣洁，刘振仿佛置身于天堂中，又仿佛已脱离了脚下的星球，一跃来到高贵而深奥的茫茫宇宙中。光点们似夜空中的繁星，以美妙得无与伦比的角度和曲线，排列成各种美妙得无与伦比的形状，它们闪动着的光就像是一只只明亮的眼睛在眨动，似乎是对刘振说：欢迎你来到这座圣殿！

这是令人心醉的美景！

当刘振为这美丽而心神荡漾时，那景观也因他心理的稍稍松懈而瞬时消失了，重新映入他眼中的仍然是铁栏和牢墙，坠入尘世的年轻人并没有因现实的冷酷无情而些许影响他心中的狂喜。

"我找到了！"刘振大声叫着，这一刻他再也抑不住心头的激动，失败的悲惨与成功的喜悦都化作热泪夺眶而出，这种体会可称作悲喜交加吧。虽然残酷的现实世界夺去了他那么多，但沉痛代价换得的成功是不是值得呢？

第九章

1

惨淡的一团光晕斜挂在天际,那若有若无的星辉几经金色的高大建筑物的阻挡,终于勉强疲惫地躺在政府监狱重犯刘振的脚下。

昔日英姿飒爽、气宇轩昂的义军首领,已变得如此瘦弱憔悴、衣衫褴褛,他正静静地俯在地上,用纤细的手指轻柔地摩挲着那缕星光。从他那专注的神情中可以看出,此刻这年轻人正沉浸在美好的回忆中,他是在回想当年驰骋疆场的意气风发?还是在怀念阔别已久的同伴?

寂静的天宇,寂静的夜。

闷闷的几声巨响粗鲁地扰乱了沉寂的氛围,将刘振从沉思中惊醒。他猛地抬起头来,目光中依然是人们熟悉的热情和活力,唯一不同的是,这热情更加炽烈了。

一群勇猛剽悍的士兵炸开牢门冲了进来,在见到这犯人镇定自如又似乎很友好的神情时,都不觉呆了一下,为首的一个沉声问道:"你是刘振?"

年轻人微笑着点了点头。

历史,之所以这么吸引人,似乎就在于它捉弄人的巧合性。浩渺的宇宙中,这颗微不足道的阿瑞斯星,居然在一个星系标准年度里,先后经历了两次几乎一模一样的战争的严峻考验。

当第三势力——贫民起义军队卷土重来时,那两个超级大国已经战得天昏地暗了。

众所周知的理由——穆岛的乘人之危，阿瑞斯帝国的忘恩负义，使两个对手都以极大的疯狂投入到这场在各自心中都认为有利有义的战争中，且对己方的胜利深信不疑。当两支队伍同样伤亡惨重却仍旧不肯停歇时，义军力量的介入使战局发生了历史性的转变。在一次乱糟糟的大混战后，三支军队重又陷入了深沟高垒的僵持状态。

2

翼星宗主刘青云携同何平及机器人狄娜出现在起义军营地时，刘振内心涌起一阵强烈的震动。

"何平？狄娜？你们怎么找到这儿的？"刘振急问，关切之情溢于言表。自他越狱后再重新召集义军，就一直没有何平和狄娜的消息。机器人见状，报以感激的温柔一笑。

"魁首。"何平出声唤道，刘振这才注意到他身边的一位老者。

老人的面容刚一落入刘振眼中，他的心里便泛起一阵莫名的激动，似乎有一种奇妙的温暖使他周身发热，他赶忙定了定神，仔细打量起来。

瘦削的身体，掠入发际中的剑眉，淡淡的若有若无的微笑，精神矍铄且气度雍容，这是老者给刘振的第一印象。刘振觉得这种庄重而华贵的气度只应属于那种拥有无上权力、养尊处优的人，在王天一总统和穆岛国君霍华德身上都能找得到这种气度，只是帝国总统暴戾多于持重，霍华德虽华贵却难掩庸俗，只有面前这位老人，静静地站在那儿，却给人一种君临天下的气势。

"那是因为……对！是因为他的一双眼睛！"刘振想，那眼光中流露出的是无比的淡然静泊。静得仿佛已勘透了世俗名利，飞升仙界了，又淡得好似已经拥有了世上所有美好的事物，再没有什么可以打动他!当刘振注意到那老人眼中极难捕捉到的隐隐流动的精芒时,他惊讶异常了,这老者仿佛已成了智慧与力量的化身。

"如果世界需要一位主宰的话……"刘振想,"那就是他!"

刘振迈步向前,刚要开口说话,猛觉脚步一滞,周身发紧,后脑嗡地一热,他发觉突然间有种力量阻挡住了他,仿佛他与老人之间忽然出现一道无法冲破的无形的屏障。他抬起头,注意到老人眼中的光芒陡然间增亮了无数倍,变得盛气凌人了。

"一定是有种力量在保护这个老人!"刘振震惊,老人的神秘力量仿佛正告诫世人,"他是神圣不可侵犯的"。刘振暗想,如果这老人亦精通心理物理能,那他才真正算得上是此道高手,自己的力量不及其十一,意识到这一点,刘振顺从地停止脚步,突然间他觉得自己有些可笑。这种感觉是不是可以称为"臣服"呢,抑或是"敬畏"?总之不管这种感觉叫什么,这老人的确是除了刘振的父母外第一个只用目光就能征服他,令他感到敬畏的人。

刘振心中亦有一种捉摸不清的兴奋,他下意识地觉得这老人必定与自己有些联系,以至于见到他的第一眼就有一种亲切感和信任感,他是……

"算了!"刘振收摄心神,"不管这老人是谁,只要不是我的敌人就行!"他微微向后退了一步,对着老人淡淡地笑了笑。

刘青云第一眼见到刘振时,心中亦油然而生一缕温情,面前这个英俊的青年就是自己的亲人,只是此时此刻却不是一叙亲情的时机。当他从刘振眼中发现只有深谙意念学的人才能具有的精芒,而且是只有精通"心理物理学"的人才能够察觉出的异芒时,产生了想要试探一下的念头。

老人看见刘振被自己的意念能阻于数步外的窘态,心中不无自豪,这也许就是老年人的自尊心理吧。只是刘振对老人产生戒心时,刘青云亦立刻感到皮肤发紧,内息紊乱,不由得一惊。两个人都没意识到这是刘振的意念能在与刘青云的潜能针锋相对。当刘振微笑后退时，老人却觉得内心一忽闪，立时有力不从心的感觉，对方的抗力突然消失了，自己的能量也如泥牛入海般随之消逝了！

刘青云又发现，无论自己如何努力，所发出的意念能却再也不能对刘振有丝毫影响，他大为震惊："怎么回事！怎么我的意念能对他不起作用？难道是自己连番奔波，体力有所不支……"老人并不知道，此时此刻，刘振所拥有的心理物理能已经高出他甚多，而且已经到达无为无不为的境界了。只是刘振自己也没认识到这一点，他甚至对意念能的护体神效都没能搞懂。

现下，博士对刘振发动的能量犹如百川归海一般，无声无息地汇入刘振体内潜能的海洋中，如果博士知道自己的能量非但不能对刘振构成伤害，反而更增强了他自身的能场，真不知老人的自尊会扔到哪去。

何平看着这一老一少相互微笑时，并不曾想到，这两人暗地里已进行了一场生死较量，如果刘振能充分了解并运用自己的力量反击的话，恐怕博士老命危矣！

"魁首！"何平介绍道，"这就是我常向你提起的我的导师——和平星的领袖博士。"

"真的是您！我对您仰慕已久，只是无缘得见，今日相会，实在是平生幸事！"刘振大喜，快步走上前来。

老人见状大惊，忙运气抵御，岂料刘振却若无其事地径直走到老人身前，热情地握住了老人的双手。

刘青云内心悚然，表面却不动声色。

"早听闻阁下年轻有为，极想亲见，只是我事务繁忙，无暇脱身啊！"

"您太客气了，应该是我这做晚辈的去拜会您才对！来，请里面坐。"刘振边说，边拉着博士的手步进内厅。

"博士！还记得您送给我的研究资料吗？您的见解令我大受启发，实在是受益良多，今日相聚，还望你不吝赐教！"

"哈……"刘青云干笑几声，内心一阵难堪，"谈不上赐教，只是学海无涯，你我既然同路，就共同探讨吧。"

何平见气氛融洽，插言道："博士一直都很关心阿瑞斯国民，早就想改变一下王天一的暴政苛制了，博士这次来，就是帮咱们的！"

刘振喜出望外："太好啦！有您的大力相助，铲除暴权指日可待！"

"反对暴力，宣扬民主，对每个人都是责无旁贷的。"博士笑着说，随即语锋一变，"只是据我观察，义军现今面临的困难可不少呀！"

"是啊！"刘振语气沉重地道，"义军新募，力量本就薄弱，那两支敌军却又十分强大，所幸三方力量互相牵制，否则，义军实难与其抗衡。只是这样僵持下去，受苦的只有百姓了，唉，一时之间也想不出良策。"刘振企盼地望着博士，"您有何高见，愿闻训诫！"

"我认为，现今最关键的就是不能让那两支敌军合在一起对付义军。以一敌二，义军定败无疑。"

"是啊！"刘振叹道。

"最好是让那两支军队先自全力厮杀，义军再坐收渔利！"

"是呀，我亦有此想法，只是那两个君主全都是狡猾奸诈之徒，必不肯先自妄动呀！"

"所以最关键的就是，用什么样的办法，才能让两虎相争。"

刘振急道："愿闻指教！"

刘青云却慢条斯理地笑了笑，捋了捋胡须，问道："还记得当初你是怎么被打败的吗？"

"当然记得。"提起往事，愤恨之色浮现刘振脸上，"当初王天一假言议和，却用卑鄙的手段将我关押起来，还趁机残害了我那么多好兄弟！这个奸诈的老狐狸，我一定要他血债血偿！"

"奸诈？"博士微笑，"岂不闻兵不厌诈？"

"兵不厌诈？您是说……"

"你何不也给他来个诈和呢？"

"您是说……诈和？诈和，那就必须向那两方各自表示愿和……再分别予以允诺，助其攻敌！这样两军必定死战！我义军再渔翁得利！好！"刘振赞道，"好一个诈和之计！只是……此计虽妙，却恐怕对义军的名誉不利吧！"

"此言差矣！"刘青云长身而起，"义军的目的在于为百姓谋求幸福，只要达到目的，手段无关紧要。何况，以其人之道还治其人之身，正是对付卑鄙敌人的良策！"

刘振亦慢慢站起来，围着桌子踱了一会儿，好半天才坚定地点点头："嗯！为今之计，只有如此！多谢指教！"

3

数日后，午夜。

义军营地的方向突然响起震天的枪炮和喊杀声时，王天一和霍华德也放下了一颗悬着的心，几乎同时下达了总攻的命令。

这场大会战比以往任何一次战役都激烈得多，广阔的战场上充满了血腥气味。

当嗜血的气氛和肉体上的伤痛把厮杀着的士兵们本性中原始野蛮的凶残激发出来时，每个人都忘记了，这不过是一场战争而已。欲望和目的都被抛在脑后时，人们关心的就只不过是选择生还是死的问题，然而，连隐藏在内心深处的凶残都被消耗殆尽时，有谁还会在乎是生还是死呢？

两支心力交瘁的残兵再也争斗不下去了，才发觉自己的营盘早已易主,冲杀无力,后退无路,所有人都心灰意冷了,包括那些将军和君主们。

"其实很简单!"刘振笑着对两位尊贵的阶下囚解释道,"我只不过是重复了你们对我的所作所为而已。我分别给你们两人写了封议和信,之后在约定的时间放几声空炮,当然,两封信的内容不尽相同,虽然主旨都是和此攻彼……"

"呸!"王天一气得破口大骂,"卑鄙小人!用这么无耻的奸计,还妄称什么义军?!"

"卑鄙?!"刘振拍案而起,"咱们到底谁更卑鄙?你将我扣作人质,逼降义军算不算卑鄙?你动用铯弹屠杀义军将士这又算不算卑鄙?我只不过是将你赐给我的还给你而已!况且,我这样做是为了让人民不再受你的压迫,为了让百姓过上幸福美满的生活。你又是为了什么?"刘振转头用手指着霍华德大声责问,"还有你,你千里迢迢跑来我国又为的是什么?"

王天一哑口无言,霍华德却冷冷地抬头看了刘振一眼:"胜者王侯败者寇,我无话可说!"

"好一个成王败寇!佩服!豪言壮语不失英雄本色!只可惜……"说着,刘振的表情黯淡下来,"只可惜两位本都是治国有方的君主,如能体恤百姓施以仁爱之政,必定会成为受万民景仰的贤君,可你们的所作所为却与善良百姓的意愿背道而驰!知道是什么原因让你们落得如此下场?贪婪!欲望!无休止的贪欲使你们迷失了方向!丧失了本性!"

刘振叹息着慢慢坐下,片刻后,平静地宣读道:"鉴于你二人所犯下的罪行,我代表阿瑞斯星、和平星和全星系热爱和平的人民作出以下判决:两国的所有士兵免于处罚,政府军立即解散,由新政府负责重新编制和安排就业,穆岛士兵将依其意愿遣送回国。至于你们两位,将罚以终身监禁,即刻执行,监禁地定于黑11区-102号小行星群。好了，如果你们没有什么话说，可以马上启程去那里安享晚年了！"

老霍华德一声未吭，站起身头也不回地走了出去。

王天一仰天悲叹："唉！悔不该当初轻信刘青云这老狐狸！"

刘振闻言一怔："你说什么？"

"就是因为他……"王天一忽然觉得这一切很可笑，忍不住大笑起来，"哈哈……天理轮回！真是报应啊！刘振！好戏还在后头！你可要当心啊……"

王天一哈哈大笑着走出去。望着他的背影，刘振黯然无语。

4

"博士！真对不起！你交给我的任务我没做好，以至于劳累您亲自出马了！"何平歉疚地道。

"没什么！我对你很满意，只是，你对那义军投入的热情似乎太多了。"博士神平气和地道。

"这……因为那些百姓实在善良正直，被迫无奈才拿起武器去争斗，我觉得应该全力帮助他们！"

"哼，这些愚昧的草民不过是些棋子罢了！"老人猛觉失言，看着何平吃惊的神情忙解释道，"我是说，当初给你的任务只是尽量引起争端，只有敌对的力量在内部互相抵消了，我们才能很轻易地掌握这个国家，因为这么大的星球，也只有我这样的君主有能力治理好它！"

何平愕然。

"怎么？你怀疑我的能力？"

"不不！我只是觉得……只是觉得咱们造成的伤亡太大了。"

"这等愚鲁贱民，死不足惜。"博士嘿嘿笑着，"说起来真是有趣，霍华德那五十万雄兵，而今只剩下十几万，唉，也真够可怜的。"

何平黯然无语。

"对了，何平！有没有发现你的机器人有何变化？"

"狄娜她……"何平想了想，"近来好像更善解人意了。"

"不错，这聪明的机器人居然为自己设计了一套好奇程序！"老人自豪地笑，"我又给它完善了一下，喏，现下除了生老病死这些生命发展的自然规律以外，它可以说是与人类毫无二致了。"

"那可太好了！"何平表面大喜，心中却认为博士言过其实。

"言归正传吧！何平，立即建立工厂，制造超大型的远航磁动力飞行器，好把那些穆岛士兵送回去。"博士正色道，"具体细节，狄娜会详细告诉你。"

"是！"何平应道。

"还有……"博士起身从办公桌内拿出一个极小的纽扣状金属物件，交给何平。"大批量制造这种仪器，在每个穆岛士兵体内都植入一个，记住，是每一个士兵。"

"是！"何平接到手中，一边摆弄一边问，"博士，这是干什么用的？"

"这个嘛，只是一种信息跟踪装置，而且能抑制思想中的暴力倾向。为防止那些野蛮的穆岛人再生异心，这是很有用处的，而且我们可以随时掌握那些人的心理动态。"

第十章

1

某些时候，某些场合，或者对某些事物的态度中，人类这种生灵会表现得相当耐人寻味。

当阿瑞斯星的人民这么快就把他们曾遭受过的欺凌和苦难从记忆中抹去，并且开始新的生活或开始憧憬美好的未来时，刘振惊讶了，不得不由衷地敬佩起平凡的劳动人民对幸福的向往和追求的单纯。

这场战争中最令刘振这个正义之师的领袖满意的，也是唯一令他满意的，就是在最后最关键的战役中，义军的人力物力几乎没有损耗。在保全百姓的生命和财产的基础上取得胜利，是刘振最期望，也是竭尽全力想做到的。如今他做到了，虽然这得归功于博士的所谓"兵不厌诈"。

"没有什么能比一个人的生命更重要了。"刘振常常这么想，而且也常常对将士们这么说，"虽然战争是残酷无情的，而且义军所做的看起来和穷凶极恶的强盗差不多，同样是杀人掠地，但我们杀死一些人是为了保全更多人的生命。我们占据这些城市是为了把它建设得更完美，我们所做的完全是为了正义的目的，而且，我从不为我们做过的事后悔，因为我坚信，我是正确的！"

刘振说这番话时的语气是那么坚定，目光中充满了信心，可是没有一个人会相信，这位身经百战，出生入死，令敌军闻风丧胆的年轻魁首，至今还在内心深处为他曾经杀害一个仇人的性命而深深愧疚着。

所以博士提出处决两个元凶——王天一和霍华德时,刘振毫不犹豫地拒绝了。

2

天空晴朗,空气清新,人们在大声欢笑着。

一切给人一种万象更新的感觉,刘振一边走向议会大厦,一边兴高采烈地东张西望着,他的心情从没有这样愉悦过,也从没有像此刻这样轻松。

刘振坐进这会议厅中唯一空着的座位——当年那帝国总统的宝座时,才注意到人们都在惊奇地注视着他,他潇洒地扬手,笑道:"诸位好。"

这一来,连他身旁的刘青云亦感到奇怪:"向来不苟言笑的刘振今天这是怎么啦?一进门就笑容满面。"

刘振扫了眼文书官递上的文件,又看看刚好指针指向八点的大钟,正色道:"开始吧!"

会议厅里立刻鸦雀无声,所有人都屏息静气地等待着那个庄严的时刻。

与会者都知道,这一天不仅仅对于这个国家和人民具有非凡的重大意义,对他们来讲,亦是人生一次重大转折。今天将诞生一个新的政府,与会者中的大部分将会被委以重任,成为这个新国家中权倾一时的人物。所有人都在暗自揣摩着自己会得到一个什么样的职位。

最重要的是,今天将选出这个新政府的首脑,他不仅是这个国家的新总统,还是阿瑞斯星及翼星等十七个行星联合王国的世界总统。大家都把目光投注到刘青云或刘振身上,他们两个是最有资格也是仅有的候选人。

明眼人清楚这将是两个派系之间的竞争，而且会十分激烈，因为与会者中有相当一部分是博士从和平星迁来的精英，而且刘青云作为和平星的领袖几乎可以说是全星系最有声望的人，无论是资历还是治理国家的经验，都较刘振超出太多，他的当选，会把阿瑞斯星立刻推到全星系领袖的地位。刘振虽然年轻，但统领义军出生入死，一举推翻旧的暴政，自然功高盖世，况且他与广大平民百姓结有深厚的情谊，他当选总统，自会使全国上下万众一心。

这两个人谁会当选总统，没有人预料得到，两人在众人心中的确难分轩轾，只是所有人都有这样一个想法："无论是谁做总统，都会受到国民的爱戴，都将是这个国家和全体人民的福分！"

刘振站起身，默默地环视一周，看到那些曾与他并肩浴血奋战的将士们时，他的目光中充满了关切和欣慰。

"同胞们！"刘振开口说道，"我们都知道这个胜利是多么来之不易！在今天这个重要时刻，我想，大家和我一样心情激动，因为战士们的鲜血没有白流，我们的汗水没有白流，我们的泪水也没有白流！在终于获得成功的今天，我要说，谢谢你们！谢谢你们所做的一切！国家和人民永远不会忘记你们！

"在宣布新法案和新政府成员名单之前，我对在座的各位还有一个要求，那就是，在今后的日子里，不管你们处在什么岗位上，都要尽心尽力地为国家为人民做事，尽心尽力地捍卫这个多少勇士用鲜血和生命换来的胜利果实！我要求你们永远把国家和人民的利益摆在第一位。当有一天你们将离开人世，回首往事扪心自问时，我要求你们都能自豪地说出这句话：我对得起国家！对得起人民！对得起自己！"

当"是"这个字从每个人口中喊出，响彻整个大厅时，那些与刘振并肩作战的将军们眼里都噙满了泪花。

刘振稳了稳情绪，抬起一只手，示意肃静。

"还有一件事，我宣布，我，决定退出总统竞选。"

众人大哗，刘青云亦大吃一惊。

"我提议由刘青云老先生担任联合王国新任总统。"刘振平静地道。

"魁首！"将军们喊，"您为什么退出竞选？我们支持您！"

"不！"刘振语气坚决，坚决得让任何人都看得出他不是在假意谦让，"我知道你们信任我。但治理国家却非我之力所能及，无论从哪方面讲，刘老博士都强我甚多，只有他才能胜任总统的职务。况且，我只是个科学工作者，我认为只有在科研岗位上才能发挥我的长处，更多地为国家为人民谋利。请各位相信我，我这么做完全是为了国家和人民的利益，也请刘青云老博士千万不要辞让！"

刘青云略显激动地站起来大声道："为国家人民略尽绵薄，我万死不辞！"

"谢谢您，博士！由您来宣布新政府成员名单吧。"刘振淡淡地冲他笑了笑。

当晚盛宴过后，联合王国新总统刘青云带着微微醉意来到刘振的住所。

"啊，博士！快请进！"刘振感到意外，老人却兴高采烈地拉着他的手径直走进客厅。

"博士，啊……总统先生，快请坐！"

"阿振！怎么跟我还客套？"刘青云嗔道，"你怎么早早就退席了？是不是身体不舒服？"

"不是的。"刘振对老人的亲切关怀感到受宠若惊，"我，我不太适应那种场合。"

"傻孩子！不多接触怎么会适应？放心吧，你早晚会适应的，对国家总理来说，这种场合以后还多得很呢！"

"国家总理？"刘振一愣。

"是呀！从今天起你就是这个国家的总理大人了，没有谁能比你

301

更适合这个职务!"老人神采飞扬,"我了解你的能力!"

"可是,这个职务的人选早已决定了呀!"

"那不是问题!"刘青云一挥手,"最重要的,如果你没得到你应得的地位,人民会埋怨我们的政府的!"

"我不能!"刘振态度很坚决,"因为我不配!我只是个科学家,我的专长是高能物理学,不可能在国家的治理上有所建树!"

"这不是理由!没有人天生就会做某件事,经验和能力都是在工作中磨炼出来的!"刘青云针锋相对。

"可是我……我不喜欢政治。"

"不要再对我说这些借口!"老人已有些恼意,"如果你不出任总理之职,那所有人都会指责政府的不公正。难道你想看见新政府成立的第一天就被它的人民耻笑吗?"

总统的义正词严在刘振听来,已有责怪的意味了,可是生性倔强的刘振不想让任何人知道他的苦衷,他再一次推托道:"如果您担心人们会因此产生不满情绪,我会亲自向他们解释清楚。"

"你!唉。"对软硬不吃的刘振,老人计穷了,他只得恳切地道,"刘振!我这全都是为你好啊!"

"总统先生,我十分感谢您的关切之情,但我确实无心从政。如果您非要给我个职务,那就安排我在科学部做研究工作吧,除此之外我别无所求!"

"真拿你没办法!"刘青云亦不耐烦了,"好吧!如果你不愿意,我也不勉强你了,那就这样吧,希望你在科学部努力工作。告辞了,明天还有重要会议。"

翌日,冗长的会议结束后,总统稍做休息就把何平召进了他的办公室。

"我让你制造的那些小仪器都齐备了吗?"

"是的,总统阁下,已经完工了,足够配给穆岛的所有士兵了。"

何平毕恭毕敬地答道。

"很好！"刘青云露出满意的笑容，走到何平的身边，亲切地拍着他的肩膀，"这次能顺利地合并星系十七个星球应该算是你的一件大功！我要好好地奖励你！"

何平急忙道："不，这得全部归功于您指导有方，我只是按您的计划行事而已。"

"哈哈……年轻人懂得谦逊很是难得！这样吧！既然仪器完工了，我再给你一个任务，立即把这些仪器运送到穆岛星，分配给穆岛士兵。记住，必须是每一个服役的士兵都接受仪器的皮下植入手术，如果数量充足的话，给那里每一个有暴力倾向的人都做这种手术！"

"是！"何平应道。

"至于怎样奖励你的功劳……"老人语气和缓地道，"现在，我委任你为联合王国驻穆岛星球特使，全权处理穆岛国家事务，代行国王职责。你看怎么样啊？"

"这，谢谢总统栽培！"何平喜出望外。

"何平，这可不是件轻松差事！你可要用心干哟。"

"是！您放心。我一定不会让您失望的！"

"当然，我信任你的能力。"老人慈祥地笑道。

何平刚欲转身退下，又像想起什么事似的，"我有个小小的请求，不知您能否……"

"说。"

"我，我想，机器人狄娜对我的工作很有帮助，我想……"

刘青云看着何平吞吞吐吐抓耳挠腮的样子，不觉好笑，爽快地答允道："带它一起去吧。"

何平一路小跑着冲出议会大厦。

几周后，联合王国特使何平顺利抵达穆岛星，开始了他的"帝王"生活。

与此同时，刘振被正式任命为国防科技院主管，开始潜心研究自己的科学理论。

某日，刘振自政府任命中看到，当初帮助自己逃离旧政府追捕的《透视报》负责人珍妮·卡特已荣升为国内新闻传播媒体的领袖，十分高兴。

联合王国新政府接连不断地推出一系列利国利民的政策，使得民心大悦，从此国泰民安。

第十一章

1

时光飞逝,阿瑞斯星球于安宁祥和中不知不觉地迎来了大变革后的第二个旧历新年。

十七星联合王国的刘青云总统仍在努力建设着他的帝国,当政体制度尽趋完善时,联合王国已牢固树立了它在星系中的领袖地位,只是总统似乎并不满足于现状,仍在为他心中的目标废寝忘食地拼搏着。

刘振已经先后两次婉言拒绝了总统大人为他安排的婚事,一心扎在实验室中夜以继日地做着自己认为该做的事,而且已经大有收获了。

人民安居乐业,国家日益强盛,一切似乎都圆满得令人无可挑剔,只是那该死的温度,仍在不断地上升着。大雅四恒星以越来越无情的炎热蹂躏着它星系中每一个星球上的每一寸土地,似乎任何力量、任何美好的愿望都不能阻止它的疯狂。

联合王国治下的穆岛星民众突然群起暴动的消息传到宗主星阿瑞斯时,全国上下为之震惊。

暴民们以极其残忍的方式发起暴动,一开始就将它的似乎属于政治叛乱的性质演绎为目空一切的屠杀。据官方保守估计,只一日夜间,穆岛六成以上的平民就已死于或正在死于杀戮中。

对这一变故,感触最深的当属联合王国驻穆岛特使何平。一年多前,何平刚在这个陈旧的星球走马上任时,曾严格执行了总统的每一项命令,其中包括给每一个服役的士兵,甚至给平民百姓中每一个身强力壮有暴力倾向的人皮下植入一个神经控制器。据当时情况看,接受手术的人都表现得令人满意,勤快温顺,寡言稳重,一副遵纪守法的好市民形象,何平亦因此对总统这项深具远见卓识的预防性措施赞叹不已。

这个战败国在何平的悉心整治下,逐渐摆脱了长期战争的阴影,生产力得到大幅提高,人民安于宁和而且勤于劳作。当何平觉得自己的特使工作获得圆满成功时,大规模暴动却使这个昨日的乐园一夜间变成魔鬼的屠宰场。

何平对生活美满的民众的暴乱异常惊讶,他彻底糊涂了,他还从未遇到过如此不可捉摸的情形。

在血流成河、尸横遍野的都城,何平一边巡视,一边痛心地想:"什么人这么残忍,杀死这么多老人和孩子?"

接到所辖各地幸免于难的官方人员的事态报告时,何平不由得猛然一惊,各地的惨状全然与他亲眼目睹的一样,死难者中绝大多数是老人、妇女和儿童!尸首遍及每个角落!

"为什么死了这么多人,事先却绝无半点征兆?"

"为什么死的大都是老幼妇孺?"

何平双手颤抖着,站在尸体中不停地冒着冷汗,他并不是害怕,他本是个极勇敢的人,只是并不习惯这种惨无人道且毫无顾忌的屠杀方式。

2

刘青云总统亲率十万政府军登陆穆岛星后立即开始了全面的武力镇压。随行而来的刘振大体了解了一下情势后,急急赶赴特使官邸去看望他的朋友。

华丽的使馆几乎被夷成平地，入眼尽是残垣断壁，刘振匆匆安抚了伤亡惨重的使馆守军，焦急地来到特使大人何平的住所。

原本整洁的卧室似被强盗洗劫了一番，凌乱不堪，刘振冲进来，看见床边衣衫破烂神情痛苦的何平时，心中一阵刺痛。

刘振赶忙扭头擦去已快要溢出的眼泪，恨恨地咬牙道："该死的暴徒。"

"事发突然，又绝无征兆，实在是难以防范！都怪我疏忽大意，以至于……以至于……"何平哽咽着说不下去。

"这不是你的错！而且事已至此，伤心无益……"刘振温声劝慰。

"关于这次暴动，把你知道的都告诉我，这很重要。"刘振见何平逐渐冷静下来，便严肃地问道。

"好。"何平亦知事体严重，点头道："我尽力而为。"

何平凭着记忆，尽量详细讲述着事发前后的每一个细节，刘振边听边皱着眉头在房间里踱着方步思考，当听到死难者多为妇孺时，心里亦是一惊。

刘振默不作声地想了片刻，慎重地对何平道："我觉得这件事处处透着诡异，奇怪得有些匪夷所思！首先，根据你的工作报告，我们知道你在这里的成绩相当令人满意，政局基本稳定，人民安居乐业，而且近期以来，在政策上根本未出过差错。"

"所有百姓都意识到并体会到和平生活的美好，"何平补充道，"包括那些退役的或正服役的士兵们。近半年来这个星球上的暴力犯罪几乎为零。"

"所以才奇怪，"刘振道，"民众没有理由在生活美满的时候意图谋反，组织暴动！按照常理，穆岛国民如果是因为战败而产生愤恨情绪，应该早在你这个特使初到之际就有所行动了呀？"

"是的。"何平道，"本地居民对我一直抱有好感。"

"这就是第一个疑点：我们找不到民众暴乱的动机！"刘振边说边慢慢地踱着方步。

何平知道刘振在思考问题时总爱这样，而且问题越重大，他的步子就越慢，仿佛他迈出的每一步都是在艰难地走向难题的答案。

"第二个疑点，从我了解到的以及听你说的情况看来，暴乱遍及穆岛星每一个城市每一个角落，换句话说就是在同一时间里，类似的杀戮发生在所有的地方！如果这是预先策划好的，我绝不相信有人会把屠杀计划得如此完美，而执行者又做得如此精确！"

何平听得瞪大了眼睛。

"我断定，这绝不是人为策动的叛乱，没有一个谋反的首领会有如此大的威信，能带动几乎所有人都同时参加他的行动。"刘振摇了摇头，"每个人的兴趣、爱好、欲望都不同，没有人能同时了解所有人的愿望来利诱他们，或掌握所有人的弱点来威逼他们，这点我想你也深有体会。"

"对呀！"何平道。他的确深有感触，当年他和刘振一起领导阿瑞斯星的平民起义时，不管采取什么措施，总有许多士兵临阵脱逃或叛变投敌，正所谓人心似海，深不可测。

刘振又踱了一圈，抬头看了何平一眼，问道："依你看，会不会是某种宗教力量在作祟？"

何平细想了一下否定道："不可能，穆岛的大多数人都信奉一种上古时代流传下来的宗教，但这种宗教是以弃恶扬善为宗旨的。"

"这就太离奇了！"刘振有些焦躁地道，"毫无理由地突然死了这么多人，而且死的大都是老人和孩子。"

"老人，孩子？"何平蓦地一惊，猛然间想起一件事，可马上又被自己的想法吓了一跳，"难道……不可能，不可能……"何平讷讷地道，但是两者之间的联系太过明显了，以至于他不得不那么想。

"怎么了，何平？"刘振看见朋友心神不宁的样子，问道。

何平意识到这件事关系重大，小声道："我也只是猜测而已……"

"告诉我！"刘振正色命令道。

"我上任以前，博士曾交给我一个任务，"何平谨慎地说道，"他让我给战败国的士兵和平民百姓中每一个有暴力倾向的人安装一个神经控制器。"

"哦？"刘振深感兴趣。

何平急忙解释："博士只是想让那些人不再产生反动和暴力心理。"

"你这样做了吗？"

"当然，"何平小心翼翼地回答，"我得执行命令。"

刘振盯住地面默默想了会儿，猛然间抬头问道："你是说，每一个有暴力倾向的人？"

何平望着刘振那双严厉的锋芒毕露的眼睛，屈服地叹口气道："是的，每一个。"

"除了……"刘振紧追不舍。

何平深深吸了口气，艰难地说道："除了老人、妇女、儿童……"

"我要看看这种控制器，你还有没有？"刘振打断道。

"库里还有一些，我这就派人去拿……"

"不用了！"刘振伸手拾起地上的一把匕首，飞快地向门外跑去，边跑边喊，"我要一部大型计算机，一些精密工具，快！"

刘振回到卧室时，何平已把他想要的工具准备齐了，只是看到刘振鲜血淋漓的双手，骇得说不出话来。

"不用害怕！"刘振笑道，"我从外面那堆尸首中找到的，暴徒的尸首。"

良久，刘振自桌边站起身，转头看着忐忑不安的何平。

"正如你所说的，这种仪器的确能抑制大脑中的暴力思想，只是它的功能远不止于此，"刘振提高声音，"它更能激发出生命体潜意识中隐藏的原始的野蛮心理!"

何平被这句话搅得心惊肉跳,颤声道:"有……有……有这么……厉害吗?"

刘振用两根手指捏起那一寸大小薄如纸张的控制器,以一种欣赏宝物的神情注视着:"太妙了,简直就是一部活电脑,发明它的人绝对是天才!

"铂磁三合体是高能磁力学中最难攻克的关键,这种三合体能激发出以我们现有的科学常识理解不了的能量,现代经典物理学不能完善地解释它,因为这种能量似乎类似于生命体的思维领域中的灵魂力量。

"这种高磁粒子结构处于激发状态时,它的能量转换形式极类似于甚至可以说完全相当于大脑中信息脉冲的传递,其运行速度和信息携带量更较大脑思维有过之而无不及!古往今来,有多少科学家竭尽全力,梦寐以求地想以此为借鉴研制出一种能模仿甚至能代替人脑进行思考的仪器,以把人类从繁重的脑力劳动中解脱出来。如今,发明这控制器的人才真正做到了这一点而且完美绝伦!这人是个伟大的科学家,如果他把这种技术运用在正途的话!"

何平听得一头雾水。

刘振解释道:"这么跟你说吧,这种控制器能模仿和复制被植入者的思维脉冲信号并能取而代之。刚刚我大致研究一下,发现它有四至六个运作程序。处于第一程序时,仪器会复制出类似愉悦兴奋的神经信息,大脑会根据这种信息进一步调整人体的各种功能。只要大脑中反复出现这种神经信息,不管何时何地何种环境,植入者都会表现出满足感和愉悦感!"

"所以会任劳任怨而心情愉快吗?"何平问。

"是!"刘振又道,"可是当第二程序运作时,仪器会发出烦躁狂暴的信息并能引导人体产生一系列失控反应。大脑一旦被这种信息占据，植入者就会表现得异常暴躁。如果该信号达到一定强度，就有可能将人脑的主观意识和自由意识封闭起来，并有可能激发出天性中原始的本能和兽欲。你要知道，原始野蛮人仅仅为了争夺食物就会拼上性命的！"

何平惊愕已极，茫然点头。

"这控制器实在是精妙至极。没有合适工具，我暂时还不能断定其他几个控制程序有何功用，只是这两个程序已经够要命的了……而且这种装置还有个精确的辨别系统，当受它控制的人产生狂暴欲望时，他身边每一个没植入该装置的人都会成为他幻想中的敌人。打个比方说，如果我带有控制器而你没有，当我发狂时，不管你是我多亲密的朋友，我都会毫不留情地，确切地说是毫不知情地杀死你！"

"天哪！"何平惊出一身冷汗，"太可怕了。"

"是啊，科学技术如果发展到不加控制的地步，那的确是非常可怕的一件事。"刘振语重心长地说。

"不管是谁发明的这种仪器，我都打心眼里佩服他！"刘振道，"当然是从科学的角度上。"

可是藏在刘振心中的话却没说出来。有一点刘振和何平都清楚，在这个星系中，能有如此精湛的科技手段，能有如此精妙设想的只有一个人，那就是——总统刘青云。

3

穆岛是个富饶美丽的地方，因为与"回光返照"的大雅四恒星相距较远，灼热的光线到达这里时已不是十分可怕了，即便是这样，穆岛星的生态平衡仍遭到巨大的破坏，大部分动物植物抗拒不了高温和高核辐射而相继灭绝了。存活下来的都是些适应能力较强的生物，而这些生物也因自然环境的巨变大大地调整了自身的生存方式。动物们几乎脱尽了身上所有的毛发；种类不同的植物亦为了适应强烈的光线，一律呈现出灰黄这种不易吸收热量的颜色，仅仅在数十年间就完成了为适应自然环境而作出的自身转变。这大概算得上是生物进化史上的一大奇迹吧。

阿瑞斯星的武装舰队甫一登陆，士兵们就觉得心惊肉跳。

穆岛虽比阿瑞斯星球疆域辽阔，而且硕果仅存的自然景致亦非常美丽动人，可不知为什么，这里给人一种死气沉沉的感觉，美得如画，却也静得如画。穆岛更像是上古时代的一座文化遗址，美轮美奂却不带有一丝生气！

联合王国总统刘青云正安怡地歇息在馆邑中。方才他已经听取了下属们的汇报，证实了这里发生的一切都同他设想的一样，顺利，而且完美。

穆岛国的暴民们，即那些所谓的具有暴力倾向的身强体壮的男人们，这会儿几乎全都趴在地上，而且气喘吁吁地宛如大病初愈心力交瘁的样子。将军们禀报说，这些暴徒好像用尽了全身气力，已没有丝毫抵抗之意或抵抗之力了，根本用不着武力镇压。

"当然了！"总统心说，"这是我的小控制器的杰作！不可能有人能抵挡住它的威力！现在这些人就像是被切断能源的机器。思维控制器就是能源开关，只要我启动开关，他们就会服从我的任何指令而且不遗余力！"

"嘿嘿……"总统兴高采烈地自软椅中站起，悠闲地踱向窗边，"他们现在是一种什么感觉呢？是杀了那么多人感到累？还是因亲手杀死自己的父母妻儿而感到悔恨呢？恐怕是累吧！因为他们已经没有思想了！这些人已经只剩下一堆躯壳而失去灵魂了。这更像是一群不具备思考能力与神经中枢的最低级、最原始的生物，只等任人宰割了。"

刘青云大声笑起来，他觉得距离自己的目标已越来越近，那目标想起来是那般美好而指日可待了！

"从今天起，你们就是我最得力的军队！我最强大的力量！我要带领你们去打垮所有那些自称科技进步、武力强大的，不听从我号令的国家，你们将无往而不胜，因为没有任何事物能抵挡住你们的野蛮，再高的科技也不能，野蛮才是能战胜一切的力量！"

兴奋之余，老人亦意识到目前尚有个很棘手的问题，那就是刘振，他已有些后悔让刘振跟来了。可是刘振此行的理由十分冠冕堂皇，一则身为国防科技院的主管，了解这里发生的事本就是刘振的职责；二来他挂念至交何平的安危，探望一番也在情在理，刘青云总统实在想不出理由拒绝刘振同赴穆岛。

"这孩子心思太过灵透……"老人脸上的笑容渐渐褪去，"以刘振的能力，迟早会了解此事真相，只是希望他别知道得太早，妨碍我的计划……唉，这孩子又固执又倔强，一旦察觉出我的秘密谁知道会做出什么事来，我这么做可全都是为了他呀！"

总统正自苦想如何才能稳住刘振，猛然间一种强烈的异样的感觉充溢在身周，以他精湛的心理物理能，他知道一股强大无比的能量正在迅速逼近。

刘青云蓦地转过身，两眼盯住大门口。门声响处，一束威猛的能量波铺天盖地袭来，瞬间就将刘青云牢牢裹住并压得他透不过气来。他立时感受到了身体和精神上的巨大压力。老人定睛细看，刘振出现在门口正大步向自己走来，随着他的走近，刘青云觉得身上的压力越来越强，并被这巨力逼迫得一步一步向后退去。直到跌坐在那张软椅上，老人才得暇运用自身意念能全力抵御。

老人发觉自己的意念能被毫不留情地淹没在对方强大的能量场中，丝毫不起作用，看到刘振仍似毫不知情地大步走近时，老人声嘶力竭地叫起来。

"刘振！刘振！不管你要做什么，先冷静下来！"

一心想探知真情的刘振闻言一怔，不由得停下脚步，并立时意识到自己有可能已经冒犯了总统大人那本不该受到任何冒犯的威严，也认识到自己不等侍卫通报就闯进内室来的行为是鲁莽无礼的。于是他深吸了几口气，并使自己的情绪稳定下来。

　　与此同时，加诸王国总统身上的无形巨力亦突然间消失得无影无踪，正自全力抵御压力的总统不由得身子向前一倾，险些从软椅上倒下来。他赶忙正起身形，重振威严，端坐在椅上，做出从容不迫的样子，却暗自拭着头上的汗，心有余悸地暗叹："好险！"

　　终于镇定下来的刘青云想起刘振刚进门那气愤中带有疑惑的神情时，心下松了口气，暗想："看来他还不知道实情，也不是向我问罪来了。"可是抬头看了看刘振，一颗心又猛地悬起来。

　　"看他平定自若、毫不做作的神态，好像并不知道刚刚他的意念力险些要了我的老命！这是怎么回事？"老人迷惑不解地想着想着猛然一惊，"难道？难道刘振已将意念能控制至收发由心的程度了？不可能啊！他怎么进步得这么快！可为什么我的护身潜能对他不起作用？"

　　老人想得没错，以刘振现今的能量场的强大，自己已远不是他的对手了，刘振确已将自身潜能锻炼到了最高境界。此刻，这无比强大的能量已经同他的身体融为一体，成为他身体机能的一部分，就像一些人体本能一样，能自然而然地根据身周环境来调节机体作出相应的反应，而不再需要主观意念的牵引了。只不过这个成果，他们两人都还没有意识到而已。

　　刘振对自己身体上的变化丝毫不以为奇，以为只是人体的自然成长，并不知道强大的意念能已经像血液一样浸透到周身上下的每一个细胞中。如今，他本身就已是个强大的能量场。这种神奇的能量，不仅可以用来防身，还可以随时随地采择四周环境能源中的能量来壮大自己。这正像宇宙中的恒星一样，随时吸取自身边飞过的流星和其他物质来增强自身的亮度。

刘振对此并不知晓,对于深感兴趣的"心理物理学",他只是全身心地投入到科研中,而不抱有任何奢求和欲望。可也正是这种无为无求的心理境界才使他不知不觉地到达了科学领域的最高峰,也是生命里程的最高峰。

刘振并未掌握完全自如地控制意念能的本领,所以每每在他情绪波动时,自身能场也会随之产生异动。但尽管他的潜能尚不够完美,此时此刻他就像一只尚在卵中的已发育完全的幼雏,只需轻轻啄破那层卵壳,它就能脱颖而出,成为真正的神圣的生命。

那灵异的意念能又何尝不在期盼着,刘振能早日冲破这最后一关而大放光彩呢!

"刘振!为什么这么焦急?"总统略带责怪地问。

"这……"刘振说道,"总统先生,我的确失礼了,只是有件非常重要的事欲向您请教。"

"什么重要的事?"总统不动声色。

"您……您是否给何平下了命令,要他在穆岛人身上植入某种思维控制仪器?"

"啊,确有此事!"刘青云解释道,"那是我新近的一项发明,该仪器的用意是监控穆岛人的思想动向。一旦有反动分子产生谋反或作乱心理,我便能及时采取措施加以制止,有利于特使何平对这个星球的合理管治。当然,你也清楚,铂三合体的高效磁动能类似于大脑的思维信息传递,我设计的这种仪器能产生类似脑兴奋信息的脉冲信号,这也有利于穆岛民众的情绪稳定。怎么,你对此感兴趣?"

刘振微微一笑:"我为您的远见卓识及精妙的设想感到无比钦佩,总统先生。只是,不知道您在穆岛暴乱之前,是否从这种控制器上察觉出它的征兆呢?"

"这,倒是没有……"总统没想到刘振会有此一问,答道,"我也觉得奇怪，为什么没有事先觉察出穆岛人的思想异动，以至于没能预先制止这场悲剧。"

"是不是控制仪器出故障了呢？"刘振小心翼翼地问。

"这个……我倒没想过，确实应该检查一下……"

"您的思维控制器必定有个操纵程序运作的终端装置吧？"

"当然。"

"能否让我研究一下？我想您为了找出暴乱原因，为慎重起见也必定把它带来了。"刘振微笑道，"就让我为您检测一下这种思维调控系统是否出现故障吧！您国事繁重，不宜过多劳累，这些琐事还是让我替您做吧！"

"这……"总统一惊。

"怎么，您信不过我的能力？"刘振笑问。

总统自知入了刘振的圈套，却也无可奈何，只得取出一架十分精巧的终端调控仪，对刘振道："你能替我分担一些劳累的事务，我太高兴了，太高兴了……"

刘振抱着仪器走出去时，刘青云已恨得咬牙切齿了。

几日后，刘振不告而别，独自返回阿瑞斯星。

第十二章

1

穆岛大局已定，联合王国又恢复了正常秩序。

刘振数月推病不出，联合王国总统几次造访不得，心下怏怏。

刘青云将自己在"心理物理学"之所得——远距传物、超时空穿梭等诸般神妙功用结集成文，派人送至刘振府上，刘振命来人原封带回并转达谢意。

政府要员都在为刘振的病体担忧，见总统大人亦因此每日愁苦，心下不胜感叹，羡煞了二人的深厚情谊。

夜晚，刘振愁肠百结地坐在桌边苦想了几个时辰，终于耐不住夜深人静的寂寞，带着愁容入睡了。

"刘振！……刘振！"

刘振于沉睡中猛地惊醒，朦胧中觉得有个声音在呼唤自己的名字，他坐起身来向四周打量着，仔细寻找那声音的来源，只是并未发现有人，夜依然静得令人心碎。

"刘振！"那声音蓦地再次响起，刘振惊得自床上跳下来，直觉得这声音仿佛很熟悉。

"刘振！"那声音苍老，沉稳，却似乎缥缈得仿佛来自天宇。刘振额头已见汗珠，仔细地四下找寻，却只觉得那声音如此捉摸不定，瞻之在前，悠然在后，却又盘旋激荡，久久不散。

"刘振，你听到了吗？"刘振猛然意识到，这声音并没有荡漾在空气中，而是……回响在自己脑海中！

"是谁？"刘振大声问。

"我是你的祖父！"声音慈祥而热情。

"我的祖父？"

"孩子，不要用声音，用你的心灵与我交谈！"

刘振一怔，却听话地闭上口，心道："那怎么交谈？"

"用心去想就可以了。怎么，你不相信我是你的祖父？"

"我……"刘振心说，"我相信。"

"哈哈……"那声音笑，"为什么相信？"

"我不知道为什么，"刘振想，"但我相信。"

"很好。我的孩子，亲情是一种最奇妙的感情，它不受时间和空间的约束，即使我们远在天涯，即使你从未见过我，你也能感觉出我们之间的亲情。"

"大概是这样的。"刘振答。

"我是来帮助你的，我的孩子。"那无声的声音有质无形，清晰地印在刘振脑海中。

刘振不"说话"，静静地等待。

"你现在遇到了很大的困难……"

刘振静静地"听"。

"你有崇高的理想，也曾为心中的正义事业而奋斗不已，你天性善良却优柔寡断，你有超凡的能力却执迷于事物的表象而不能自拔，所以才遭受这么多的磨难。不是吗，孩子？你在罪恶与痛苦面前畏首畏尾，你在对和错的选择上瞻前顾后，直到现在你还在为对和错而迷惑着！"

"是！"刘振心叹。

"本质！刘振，本质！一件事物的好与坏，一种行为的善与恶，都只是在不同角度不同立场对这些外在形态的看法而已。什么也不能改变事物发展的本质!"

"是。"刘振答。

"对行为而言,它所表现出的善恶美丑只是它的表面形式,行为的目的才是它的本质。行为手段的高明低劣,善良卑鄙并不重要,而且丝毫不能改变其目的的本质。"

刘振无语。

"你的目的是什么?你心目中的本质是什么?"

"和平……"刘振回答,"正义。"

"那很高尚,也很正确,只是你是否会认为高尚的目的必须要以高尚的行为去达到呢?"

"这……"

"不!"那声音斩钉截铁地道,"达到目的的手段只是一种方式,不管这方式表现得如何丑恶卑劣,只要能达到高尚的目的,这手段就是正当的!"

"这……"

"刘振,不要再执迷不悟了!"那声音苦口婆心,"善良与美德只是人为地给自己的心灵设置的愚蠢枷锁。抛开这些枷锁,扔掉这些束缚吧,向着你心中的目标,向着那高尚的目的,放手去干吧!用一时的痛苦和虚假的罪恶,来换取高尚的成功是值得的!"

刘振无语。

那声音等待了一会儿,并未得到刘振的回答,又道:"我能预见你的未来,孩子,你想知道么?"

"未来会怎样?"刘振问。

"你将成为整个星系最杰出的领袖,你会凭你无人可及的能力把人民从苦难中解脱出来!这世界是属于你的!"

"为此,我会付出些什么代价?"

"……"

"回答我！"刘振问。

"很大的代价！精力、青春，有些迫不得已做出的举措而导致你良心的愧疚，以及将时时受到目光短浅的人对你的某些表面上邪恶的行为的指责，和忍受这些指责与辱骂并且义无反顾的勇气。"

"我明白了……"刘振道。

"我希望你能真的想明白，也希望我这些话能加强你追求高尚的信心。"

"……谢谢你！"

"再见，孩子，希望你好自为之。"

声音戛然而止，转瞬间，刘振的脑海已寂静得如同安谧的夜空，刘振喃喃地说道："再见……"

刘振拥被而坐，彻夜未眠，直至天色大亮，他才恍然大悟。

2

刘振隐退的消息震动了朝野。

最震惊的莫过于刘青云总统，他读着刘振给他的信函，心中百感交集。

> 尊敬的总统先生，请原谅我不能再在您的率领下为国民效力了，因为我不得不对您说，"人各有志"。
>
> 您的崇高理想我无比钦佩，但您实现理想的方式我不敢恭维。目的固然重要，但是凭卑鄙的手段而达到的目的，用无止境的杀戮来换取的和平，我不认为这值得自豪。
>
> 我不赞成您的以武力换得和平的事业，我退出，并希望您也早日退出。
>
> 我辞去国防科技院主管的职务，并准备独身迁往原和平星旧

址——翼星四号居住，我对政府各界及我的朋友宣称此举是因为我身患重病需要静养，我想您能了解这其中的真正原因。

　　亲爱的祖父，请原谅我不能当面这么亲切地称呼您。亲情的确很重要，但世上比亲情重要的东西尚有许多。我将在翼星时时注视着您和您的国家，如果您体恤民众，维持和平，我将衷心地祝福您；如果您仍要采取您那种方式（出于礼貌，对您的手段我不作评价）来达到您的目的的话，我将不顾亲情，不顾一切地阻止您！

　　至于星系领袖云云，我对此不感兴趣。

　　希望您好自为之！

不肖孙刘振宇

看着这封信的落款，总统刘青云苦笑不已。

两年后，刘青云顺利地将大雅星系中原本各自为政的数十个生命聚集区域统一起来，正式建立起规模极其宏大的星系国家——大雅帝国，阿瑞斯星被立为星系帝国的宗主星，集经济、政治及军权于一身的刘青云自然而然地被推举为帝国皇帝。

3

　　希欧斯星系的强权联盟，畏惧于统一后大雅星系武力的强大，不敢再行寻衅。刘青云却并未因其示弱而放过它，内政大体稳固后，尽起帝国雄兵，正式向希欧斯强权星系宣战。

　　一番异常激烈的争斗后，希欧斯的外太空防御舰队被击溃，大雅帝国皇帝率大军在希欧斯的君主星——罗地亚星登陆。

　　击散了地面部队后，硕大的旗舰缓缓降落在罗地亚星坚硬的地表上。刘青云步下飞船，一眼看见地面上的红赭色土壤，立时明白了，该星之所以在不足万年的发展中,就将其经济、科技、武力都提高到稳稳能与大雅星系匹敌程度的原因。

那深红的土壤中富含大量的铁族金属,正是这种极普通却决定着现代科学技术发展速度的金属,使该星系在极短时间里就富强到令人惊叹的地步,也是该星系领袖每每引以为豪并自认为有力量四处侵略的原因。

看着罗地亚星的战俘,打量着泰伦种族那又矮又粗的形体及他们满头满身浓密的毛发,刘青云笑了起来,他由面前这些身高不及自己一半的小矮人联想到了他们制造的同样又短又粗的桶状飞行器。

"那些飞桶的速度倒蛮快的。"皇帝开口道。

"是,陛下。"身边的武装舰队指挥——现任帝国国防长官答道,"希欧斯的战斗飞船武力平平,除了原子跃迁技术外毫无可取之处,罗地亚星的君主就是凭了他飞行器上的原子跃迁发动机,才在最后一刻逃出包围的。"

刘青云板着脸瞪了他一眼,显然对没能擒获罗地亚君主这个结果并不满意。

"原子跃迁技术已被该星系开发到极限……"将军并未注意到皇帝的脸色,仍自顾自地说着,"这种技术是以原子核外电子的分层跃迁为原理,将……"

"我知道原子跃迁的原理!"皇帝冷冷地打断他。

"是!陛下。"将军一惊,乖乖地闭口肃立在一边。

皇帝又白了他一眼,才扭过身去看那些战俘。矮小粗壮的俘虏们被神经枪打得浑身酸软,趴在地上叽里呱啦地吼个不停,刘青云回头问:"他们喊什么?"

"这……"知晓泰伦种族语言的翻译官支吾了一下,立时被皇帝的立眉冷眼吓出汗来,结结巴巴地道,"他们……他们骂咱们凭借武力,侵……侵略……"

"哼！"皇帝冷冷一笑，"当年他们不也是这样子侵犯大雅星系？不过没有得手罢了。"

刘青云看了会儿喧闹不已的泰伦人，不耐烦地皱起了眉头："告诉他们，谁能说出他们的君主逃到哪去了，可免一死。"

翻译将此话告知战俘们，矮人们的叫骂声更大了，刘青云虽听不懂泰伦族语，但那些矮小生物脸上的厌恶表情和嘴里发出的呸呸声却是任何人都明白其含义的。

"愚蠢。"皇帝小声骂了一句，回头下令道，"严刑审问，军阶高的收押，没有用的立即正法！"

"是！"军官们的回答声中，皇帝头也不回地离去。

泰伦人虽可以凭借着原子跃迁战舰在外太空与大雅帝国的武装舰队稍作周旋，但地面部队却丝毫不能抵御帝国的强大攻势，首都很快沦陷，几天后，大雅帝国接管并控制了整个罗地亚星球。皇帝一面下令以罗地亚为基地，向三国强权联盟中的另两个星球发动猛攻，一面以武力肃清罗地亚星上的反抗或有可能形成反抗的政府残余军力。

刘青云尝了一口被泰伦族人誉为珍肴的食品，立时呸的一声吐了出来。

"这是什么东西！"皇帝懊恼地想。他觉得，自己劳心劳力大费周章获得的这个星球的控制权，怕是得不偿失了。

偌大的罗地亚星球上几乎可以说没有任何东西能让这位大雅星系的主宰者满意。泰伦种族本就身形矮小，他们的日用品、住所以及交通工具等都是袖珍得如同大雅族的儿童玩具，形状奇特样式美观却不具有任何实用价值，更不消说这里地势险恶、气候无常以及那令人作呕的美食了。皇帝陛下入驻已经几日了，还一直没找到合适的居所，今日驾临的这座泰伦人最奢华宽敞的会议厅，还赶不上刘青云的阿瑞斯的寝宫中那卧室大。总而言之，除了这里的金属矿藏极丰，帝国皇帝认为罗地亚星毫无价值，充其量可以用作抚育大雅种族后代的幼儿园——前提是,还需改造这里的气候环境。

刘青云用阿瑞斯的饮料漱清了嘴里的异味,厌烦地想道:"不知别的星球怎么样?"然而他心中很清楚,其他星球恐怕同这罗地亚星一模一样,也许更糟。

"那个叫什么阿拉塔的罗地亚君主呢?还没有下落吗?"皇帝定定心,向下属问道。

"是阿拉塔普,皇帝陛下,仍没有他的确切行踪,我们的专家根据他逃逸的方向猜测,有可能逃到云根星了。"

"猜测?"皇帝不悦,冷笑数声,把那军官吓得不敢言语。

"把罗地亚的反抗组织消灭干净后,立刻命令远航舰队征讨云根星球!"

"是!"军官肃立。

"抓不到罗地亚君主,唯你是问!"刘青云冷冷地道,并自转开身去不屑再看那将军脸上的汗水。

罗地亚星的肃反工作在皇帝的严令下进行得十分顺利,许是抵抗组织的力量太弱小,帝国部队很快克服了包括气候、地势等诸多困难,轻易地将小个子泰伦人收拾得服服帖帖。刘青云心情舒畅,决定亲率大军讨伐云根星。

4

浩渺宇宙中,繁星似尘。

希欧斯环状星云的中心主恒星四周,只围绕着四五颗 J 型暗红色的行星,云根星是其中最大的一颗。

云根星球在射电望远镜的屏幕上越来越大了,大雅帝国的尖端科技把这颗几十光年外的行星的图像扫描得如同近在咫尺般异常清晰。大型监测系统密切注视着云根星球外围空间的动静,并能追踪到星球表面的飞行器的起落以及任何一只试图逃离云根星的飞船。几十光年虽说异常遥远，但对于刘青云设计的宇航器来说，指日可达。

庞大的帝国舰群在宇宙空间中宛如一颗发光的细菌般渺小，千余艘磁动力战船编成一个规则的金字塔形。正对着目标云根星球疾驶，硕大而非常灵敏的菱形飞船，巧妙地躲闪着宇宙中的流星碎片和太空垃圾，却丝毫不影响整体队形的齐整和行进的速度。皇帝乘坐的巨卵形金色旗舰被牢牢地裹在舰群中心，它的护卫舰紧紧贴在光滑的外壳上，看起来极其壮观。

"相对而言，"刘青云坐在舒适的软椅上，边咀嚼口中的食物，边含糊不清地说，"还是自己的国家好。"

侍卫军官并未理解皇帝所言何指，毕恭毕敬地答道："当然，皇帝陛下。"

"连食物都比别的星球上的可口。"皇帝继续嘟哝着。

"当然，皇帝陛下。"军官这才明白了皇帝的牢骚，略感轻松地偷偷笑了笑。

"那个罗地亚星，跟个笼子似的。走路都直不起腰来！真无法想象泰伦人是怎么生活的！"

"当然，皇帝陛下。"

"你还会不会说点别的？"皇帝仰起头嗔道。

"当然……啊……"

刘青云正欲责骂这个呆笨的军官，前舱驾驶台的警报声已清晰地传入他的耳际，"去看看怎么回事？"

侍卫官还未来得及转身，驾驶舱的工作人员已跑进来报告道："皇帝陛下！舰队正前方发现不明引力场……"

"怎么？说详细点！"

"是！光子探测系统发现正前方有一体积很小的发光物，该物体具有极强的引力场。从其场强数据来看，似乎具有极大的质量，我们试着发射了各种能量的探测波,但全都没收到反馈信号,科技人员推测这是一颗引力极大的类黑洞型中子星体。"

"中子星?"刘青云吃了一惊,只是以往的探查和自己的经验告诉他,希欧斯星云中并没有黑洞一类的中子星体,而且近期内也不可能形成此类星体。

与此同时,所有的战舰都向旗舰指挥官报告说,发现了前方数光年处的强大能量场,舰队正进入它的引力场范围,而且正在承受着它越来越明显的吸引,战舰前进速度也明显加快了。

如果真的是一颗类中子星挡在前路,那是异常危险的,所有的天体科学家都会告诉你一件事:一颗质量极大的恒星内能枯竭,面临衰亡时,会将它的气体外壳全部射出去而内核急剧收缩,收缩到极限时就会形成体积极小密度极大的纯中子物质。这种坍缩星体具有巨大的引力场,它的引力巨大到甚至包括光子在内的任何形式的电磁波一旦进入引力范围就会被牢牢吸住,且有去无回。任何被它吸附住的物质都会质变成为它自身星体的一部分,这是异常危险的,因为这意味着毁灭。

刘青云站起身来,心下紧张却丝毫未现出惊慌,他镇定地命令工作人员仔细测试引力场附近空间的温度。

顷刻,一名军官跑进来汇报说,该不明引力场附近仍然保持着宇宙的恒定温度——绝对零度。皇帝闻言一怔,他惊疑参半地判断:"这不是类中子星!按照常规,这种内部温度极高的中子星体会把它邻近的宇宙空间灼热到无法忍受的地步。这并不是什么中子星!可这强大能场是哪儿来的?难道,难道是希欧斯强权联盟的新式武器?"想到这,刘青云不免一惊,可又随即放弃了这个观点,以罗地亚星的科技水平纵观全希欧斯星系,不可能有如此高明得令人难以理解的技术手段。

正在皇帝苦思冥想时,高亢的警报声已响彻了整个舰队,战舰的仪器表明所受到的外来吸力已经越来越明显,飞船的紧急求生逃逸系统已全部自动开启,红色警报在天宇中交相辉映,闪个不停。

"停止前进!"皇帝当机立断,"全舰队停机待命!立刻重新设定前行路线,避开不明引力场!"

拿到重新设定的轨迹数据,刘青云仔细推算了一下,才发现,现今在各个方向上的调整转向都有可能受到不明引力的波及。转向已经来不及了,只有全速后退才有可能挣脱开引力场的束缚,他正要下令舰群全力后撤,各战舰的警报已突如其来地响成一片。

"报告,舰队正后方亦发现不明引力场……"

"报告,左翼舰队探测到类中子星引力……"

"报告,右翼战舰遭受不明外力干扰……"

"报告……"

一时间,皇帝发现,他的帝国舰队已莫名其妙地陷入不明吸引力的全方位包围中。更为奇特的是,该引力似乎作用在整个舰队,亦似乎加诸每艘战舰上。所有飞船都在试图脱离束缚,但是各个方向的推进力都被那引力巧妙地抵消了,不论发动多大的推进动力,都不能使飞船的位置改变分毫!

帝国舰群被这不明引力场牢牢地凝固在宇宙中,而且显而易见那引力场越来越强大,以至于每艘战舰的船体都在咯吱作响,似乎随时都会被引力扯成碎片。

刘青云的冷汗浸透了全身,他的军队被不明不白地扔进了死亡的深谷里,他甚至都搞不清缘由就已陷入极残酷的困境中。

接下来的事更糟,舰队的动力系统、电力照明系统、无线通信系统,甚至可以说一切机械系统都莫名其妙地停止了运作。

飞船与飞船之间的联系中断了,宇航员与战士们被隔离在已然独立的战船里,战舰无形中已成了囚禁它的乘客的黑暗牢笼,而且,一大群牢笼静静地悬挂在黑暗中。

黑暗的宇宙是可怕的,这可怕在迫使每个人将心中的恐惧尖叫出来,只是男人的尊严却让黑得可怕的飞行器中亦静得可怕。军人们呆站在黑暗中,似在默默地等待着。他们等待什么呢?是光明重现,还是死亡将临?

空气再生系统因失去了电力而失效,战舰中可供呼吸的空气愈来愈稀薄,每个人都预料到必死的结局。旗舰上,军官们于黑暗中转过头面向他们的皇帝,似乎在期待着皇帝这一次也能像往常一样,让他们脱离危境。

"还记得我说过的话吗?"一个声音蓦然响起,把正在静心思考的帝国皇帝惊得浑身一抖。

"谁在说话!"刘青云怒斥道,他的叫骂声把黑寂氛围中的军官们骇了一跳,没人知道皇帝在训斥谁。

"还记得你曾对我说过的话吗?"那声音中带着嘲弄。

"谁这么无礼?简直不成体统!"刘青云再次大骂,他四下张望着,试图找出是哪个人这么大胆,一再出言不逊。可是在一片漆黑中,他只听到侍卫军官用颤抖的声音回答:"皇帝陛下,除了您,没有任何人在说话。"确信这些军人们其实并未听到什么时,他猛然醒悟到,这是超自然感官的信息交流。这信息发自传送者的脑电波并只在目标者的大脑深层感知中引起共鸣,除接收者外的任何人都不能凭其自身的感觉器官得知该信息的具体内容。无怪乎军官们对皇帝冲着空气大喊大叫的行为表示惊异不解。

"心理物理能?"刘青云一念及此,立刻猜到此刻是什么人在跟他的军队过不去,他轻松地吁了口气,道:"不管你想干什么,你的玩笑也太过分了,要知道,你现在已经冒犯了我!"

"噢!真对不起!"那人浅笑一声,只是笑音未落时皇帝面前的一座大型监测屏幕突然亮了起来,久在黑暗中的军人们乍见光亮,齐齐轻呼了一声。

刘青云心中一喜，立刻吩咐军官们去检查一下，看飞船是否已恢复正常。

"皇帝陛下！"一名军官飞跑回来报告道，"旗舰的电力系统、原子动力仍旧处于失控状态。"

"其他战舰呢？"皇帝急问。

"整个舰队都处于全面瘫痪状态。"

"那……那这是怎么回事？"皇帝指着面前的大屏幕大声问道。

军官支吾着不知该如何回答，他确实想不明白，在全舰队的能源处于冻结状态时，这屏幕是靠什么运作的。

老皇帝皱起眉头想了一想，立刻明白了自己此刻的处境，那个开此等玩笑的人正在向自己表明一种姿态，那就是他能随心所欲地控制这支军队，它已落入了他的掌握之中，他必是欲有所求，如若帝国不予理睬，他有能力毁了这支舰队。

"你这是在向我挑战吗？"皇帝微哂道。

那声音不答，军官们见他们的皇帝陛下仍在莫名其妙地自言自语着，心下惊恐万分，以为老人已被眼前的困境骇得精神崩溃了。

"好吧！我接受了！"刘青云冷冷一笑，定下心神，双手虚抱在身前，猛地逼出自身的潜能。

随着老人体内能场的舒展，他的躯体慢慢亮了起来。那光亮起初十分暗淡，只是浅浅的一小团，却也将老人的脸以及身前的一小片空间映红了。渐渐地，亮光越来越盛，船舱中也慢慢明亮起来。将军们也都察觉到了皇帝身体的异样，那老人就像一只通了电的灯泡似的，逐渐变得耀人眼目，军人们张着大嘴，愣愣地盯着他们的君主，直到他身上的每一个细胞都闪现出火红的光芒。

老人忽然深深地吸了口气，随即将两只虚抱成球的手作势向外猛地一扩，随着他的动作，他身上的光团亦蓦然迸出他的肉体，并立刻在他身周形成了一个光艳照人的极美丽的光环。

此时，战舰中已被老人用内能激发出的光芒映得很明亮了，所有人都清清楚楚地看到了皇帝陛下身体的变化。那身体正被一簇金红色的流动着的光焰所笼罩着，使那肉体凡胎显得圣洁无比。男人们被这个天仙下凡般的皇帝惊得目瞪口呆，一些人已不自禁地对着光幕膜拜下去，口中犹自喃喃祈祷着。

光晕仍在迅速扩张着，随着光线越来越强盛，刘青云的形体容貌已渐渐模糊不清了，只在光晕中时隐时现，若有若无，仿佛已与光辉融为一体了。

其他战舰上的士兵在黑暗中立刻察觉出他们那只巨卵形旗舰的变化，起初，旗舰上有些光亮闪现出来，只是渐渐地，那光亮越来越强，直到……

从帝国皇帝激起自身的意念强能到整艘旗舰被他的潜能映得通体透明，那只是一眨眼的事，只是在从未经历过此景的人们眼中，这是奇特而漫长的。

刘青云运用意念能照亮了他的飞船，而且立刻使旗舰自外来能场的束缚中解脱出来，这只飞船上的所有机械设备在刹那间恢复了正常功能。

军官们的欢呼声中，那个声音由衷地赞叹道："收之藏芥子，放之弥六合。你已找到了意念的真谛！"

刘青云见自己的力量取得了满意的效果，便有惊无恐地向挑战者发出质问："不需要再故弄玄虚了，现身吧！"

话音刚落，舰舱中蓦地一阵大亮，仿佛黑夜间的闪电似的，以异常凌厉的强光直刺人们的眼睛，众军人的视觉在由暗到明中刚刚适应过来，又被这耀眼的光芒闪得睁不开眼。连正用意念制造光晕的老皇帝，亦忙不迭地用手挡在眼前不敢逼视。那闪电过去后，船舱中已凭空多出一人，他年轻英俊的脸上挂着一丝笑容，悠然自得地立在皇帝面前。

刘青云慢慢收回了逼在身外的潜能，欣喜地发现在自己的能量撤出后，他的飞船仍在正常运作，并没有再次陷入困境之中，老人松了口气，抬起头来直视来者。

很奇怪的是，刘青云并未对不速之客的奇特举止和无礼行径表现出惊讶或是明显的敌意，而是像一位正在迎接如约前来的嘉宾的好客主人似的，友好地笑了笑。他抬手阻住欲有所行动的荷枪的卫兵，却并未阻住将军们的惊呼声。这惊呼与其说是惊讶，不如说是惊喜。

军官中有不少是经历过几年前阿瑞斯星球上那场大政变的，在视觉恢复后，立时认出了来访者并不自禁地叫出声来："刘……刘振？是刘振？"

刘振洒脱地转过身向认识他的那些人亲切地笑了笑，随即回头道："您好！祖父！"

在众人的惊讶中，皇帝踱到椅边慢慢坐下："别来无恙吧，我的孩子。"

"我很好，祖父……啊，我是否该称呼您为皇帝陛下呢？"

皇帝冷冷地抬起脸："我并不认为你这是在讽刺我！"

"恕我冒昧，我只是想知道您愿意以哪种身份面对我。"

刘青云抬起手，示意众军官退避，冷冷开口道："是大雅帝国皇帝又怎样？"

刘振一笑，从容说道："如果我面对的是大雅星系的君主，我将直言相告您的帝国现下正在犯着的罪行，而且如果您一意孤行的话，我将全力阻止您！"

"罪行？哼！"皇帝一声冷笑，不以为然，"如果是你的祖父呢？"

"如果您愿意以亲情为重……"刘振道，"我也要劝阻您不要再错下去，当然，方式会委婉些！"

"这么说，你这次来……"

"我这次来，只是要提醒您悬崖勒马。"

"此话怎讲？"

"我希望能与您就您的帝国恃强凌弱的行为谈判一番，以期能达到某种以星系间和平相处为目的的共识。"

"谈判？你有什么资格同我大雅帝国谈判？"

"我代表希欧斯星系的两亿生灵……"刘振说着说着将手向后挥了一下，身后那块大显示屏上立刻闪现出泰伦人的逃亡君主——此刻正在云根行星将养生息的阿拉塔普的一脸怒容。

"我代表希欧斯星云领袖阿拉塔普和他治下的无辜百姓向您要求和平！"

"无辜百姓？"帝国皇帝说道，"什么时候以四处侵略为乐的强权联盟的民众也成了无辜百姓？"

"在您用武力侵犯他们的时候！"刘振毫不示弱。

"嘿嘿，"刘青云冷笑，"既然这样，我认为你有资格同我大雅帝国谈判，如果你执意要与我势不两立的话。"

"不是同大雅帝国……"刘振亦笑道，"是同您谈判，尊敬的皇帝陛下。虽然我身后是希欧斯的几亿民众，但此行完全是以个人名义来善意地同您磋商此事。"

"悉听尊便！"皇帝冷冷道，"总之你是来与我为敌的！"

刘青云站起身，望着舷窗外依旧陷于沉寂的帝国舰群，开口道："既然要谈判，我希望你拿出一些诚意来。"

"请原谅我的无礼，我这就向您表达我的诚意！"话音未落，在刘振的意念及处，旗舰四周的战舰的原子发动力不约而同在震颤中，同时恢复了运作。

听到军官们报告说不明引力场已突然消失，舰队一切系统恢复正常时，皇帝始自松了口气。

"请坐！"大雅皇帝指着面前的座椅对刘振道。

"是！"希欧斯的拯救者刘振表达了谢意后从容落座。

"刘振，你的科研进行得怎样了？"刘青云想了片刻，露出慈祥的笑容，温声询问道。

"谢谢您的关心，关于我的研究——确切地讲，是在您的指导下我的研究——毫不夸张地说，我已掌握了心理物理学的绝大部分精华，它的应用效果，我想您刚刚体验到了。"

"是啊！威力的确不同凡响，我真为你骄傲，我的孩子！你已无愧于你的刘氏血统！"

刘振闻言一笑，略显腼腆，心下却明白，祖父在试图以亲情来动摇自己的立场和决心。刘振表现了一下谦逊后，说道："祖父，我很佩服您的魄力与智慧，您能在很短时间内，就将大雅星系四分五裂的几十个行星国家统一在一起，而且使绝大部分行星都能在没有武力强迫下自愿地归附，尤其难能可贵。我亦为您拥有如此辉煌的成就而感到高兴。"刘振望着皇帝微显自豪的神情，笑了笑，话头一转，"可这又是为了什么呢？"刘振用手指了指舷窗外极宏伟的战舰群，"您已经拥有了规模极大的泛星系大国，您亦拥有了超凡的事业，您将几十个国家融为一体，更具有极大的历史意义，大雅国民的世代子孙都永远不会忘记您的丰功伟绩。在星系繁荣稳定逐渐富强的今天，您为何又要兴师动众，以武力来侵犯希欧斯呢？虽然希欧斯星系曾经敌视和冒犯过我们大雅星系，甚至也曾侵犯过我们的阿瑞斯星，但那都是由昔日联盟领导的野心和暴力造成的，而且都已成为过去了。现任联盟领袖阿拉塔普是个热爱人民、热爱和平的仁义君主，已为他先辈做下的错事向大雅星系道了歉，并几次表示欲与您的大雅帝国建立友好关系，欲成为您帝国的友善邻邦。您却几次都拒绝掉，现在又要以武力征服希欧斯！我不明白您为什么要这么做？您还需要什么？权力？地位？荣誉？这些您已经得到了。即使您为了满足您的虚荣心，可您现在已经是大雅帝国七十亿民众的君主了！请原谅，作为您的晚辈，我要说一句，我并不理解您的动机！"

一番鸿篇大论说下来，刘振已有些许激动。皇帝却淡淡笑了笑，露出不以为然的神色，随即顾左右而言他道："大雅四恒星再过十二万个星系标准年就要焚毁了。"

刘振一愣。

刘青云接着说道："据我推算，再过四五百年大雅四恒星的氢—氮转化过程就要结束，那时，它将把它的气体外壳以绝大速度抛到星际空间中。"

"是。"刘振想到上百亿生灵的命运，神色黯然，却又高声反问道，"可这与您侵略希欧斯有什么关系？"

"啊哈哈……"帝国皇帝仰天豪笑。笑了一阵后，他冷冷地望向刘振，脸上浮现出决然的悲怆之色，"孩子，你有没有想过，大雅四自焚时，我们国家的命运？"

刘振无言。

"大雅四恒星的热辐射范围是七千万立方光年，在这个范围内，有我大雅星系。首当其冲有希欧斯星系，还有几个小型的星云类星系，不消说十万年后的恒星自毁，就是几百年后，大雅四的晚年期抛射的大量高核物质，就会让它周围几个星系的数百亿生灵遭受一场莫大的洗劫！当然，大雅星系中，阿瑞斯星球的人民能凭那黄金保护壳免遭涂炭，可是其他星球呢？其他星系呢？最保守的估计，将有84%以上的生命在这场灾难中死亡。他们该怎么办？他们没有能力造什么保护层，难道他们就该死亡吗？我们就该眼睁睁看着吗？"

听着皇帝说话的语气，刘振怔怔地瞪大眼睛："您不是想说，您以武力侵略他们，是为了要挽救他们吧？"

"正是这样，我征服他们就是要挽救他们！"刘青云激动地叫道，隐隐然已把自己当成宇宙的主宰。

"我不但要征服大雅星系，我还要征服希欧斯，我要将所到之处所有生命聚集的星球都统一起来。如果任凭他们一盘散沙各自为政的话，他们将免不了在宇宙演变中灭亡！"

刘振听得张口结舌，无言以对。

"这个世界，只有强者才能生存，只有强者才有能力、有资格生存！有能力、有资格做这世界的主人！我现在正是在替这个世界挑选它的主人，我的甄选工作正在顺利进行着。我会在这些星系中，挑选出最强壮的种族，挑选出体质与智力最高的种族，再把他们带到我在大雅星系兴建的基地去，以阿瑞斯星为首的几个大星球将陆续建成重金属保护措施，以成为避难所和人才基地。我挑选出的人将接受身体改造和心理物理能训练，意念能会把他们改造得更健壮、更具智慧也更具适应能力，他们的后代会更加健康聪明。只有最健壮最聪明的人才能成为世界的主人、生活的主人！到那时，任何宇宙灾难都不能影响他们幸福美好的生活！"刘青云神色激昂，兴奋不已，"那些体弱愚笨的生命，将在宇宙的剧变中被自然淘汰掉，或者被我的强大军队消灭掉。这虽然很残酷，但只有这样，我们的文化、生命形式才能永远发展下去，而不会成为宇宙演变的牺牲品！我这么做是为了大局着想。这是维持生命的唯一办法！人们理解也好，不理解也好，我都要这么做，因为这是我的愿望，也是我的责任。"

"责任？您不要忘记，您也是生命中的一员，您没有权力单凭您的意愿就决定诸多无辜生命的生死！"

"我当然有权力！"皇帝咆哮道，"我能把生命从困境中解脱出来，我会让生命以更完善的形式永远生存下去。我为人们找到一条生路，尽管这不为人们所理解，但他们总有一天会理解我的。他们会为我所做的一切而感激不尽！没有什么能阻止我！你也不能！"

刘振又惊又怕，他面对着须发怒立、状似野兽的祖父，被他的豪情壮志惊得哑口无言。

"好了，废话少说！既然你代表阿拉塔普来与我谈判，就说说你的目的和条件吧。"

"那，好吧。"刘振耸耸肩，"阿拉塔普表示，只要您停止武装侵略，退出希欧斯的领地，他将尽弃前嫌，甚至可以对您给他国家造成的伤亡损失概不追究，只要您大雅帝国不再侵犯希欧斯，并就和平与疆界划分达成共识。他将与您签订一项星系和约，和约由您起草！"

"哈哈！"皇帝冷笑出声，"尽弃前嫌？做梦！"

"您仍准备……"

"我仍准备做我要做的事。"

"这么说您不同意维护和平了？"

"不同意又怎样？"皇帝讥笑道。

"希欧斯将在阿拉塔普的带领下，尽全部力量与您大雅帝国决一死战！阿拉塔普发过誓言，为了他国家和人民的利益，他决不会退缩。"

"那么你呢，刘振，你也要同我决一死战吗？"

刘振深叹口气，郑重地道："我站在正义的一边。"

"好一个站在正义的一边！"刘青云笑着，心中极为失望，他原想刘振能理解自己的苦心，与自己并肩作战，共同与星际生命的命运抗争。以刘振的实力，他们祖孙二人联手会事半功倍。即使刘振不理解，只要他不插手进来，刘青云自认为有能力有把握实现自己的抱负。但是如今，刘振已明确表示决不会任自己为所欲为，那只有……刘青云仔细想了半天，心里下了决心："为了所有生灵的利益，只能做出些牺牲了……"

"孩子……"皇帝小心翼翼地说，"我是你的祖父，你是我这世上的唯一亲人，我不想与你互相敌视。我妥协了。我将撤回我的军队，不会再让你为难了。谁让我是你的祖父呢！"刘青云无可奈何地干笑了一下，并立时发现自己的姿态引起了刘振的强烈反应，年轻人明显地放下了戒心，欢快地露出笑容。

刘青云暗暗握紧双拳，表面上却异常平静地道："你见到你的好朋友何平了吗?"

"没有,这两年我忙着自己的科研,没有时间去看望他。"

"他现在已经是阿瑞斯及四大行星的总督了。"

"这太好了。"刘振灿烂地笑道。

"喏!他就在你身后。"刘青云用头朝刘振身后一点。

就在刘振又惊又喜地把心思全放在好友身上并飞快地回身去看时,帝国皇帝用自身潜能向他发起了最强烈的攻势。

那一瞬间,似乎一切都停滞住了,时间也似定住了,一股无形无质的强大能量在刘青云的身体骨骼的格格作响中猛地溢了开来。旗舰上的仪器被这猛烈的能量的波动激得闪烁出噼啪的明亮火花,并在那一刹间全部失去功能。

照明系统忽明忽暗地闪了几次后,终于恢复了正常,而皇帝却颓然跌坐在椅上,他好似已用尽了全身的力气,脸色灰白,双手颤抖,浑身上下汗水淋漓。半晌后,他才似有些许恢复了精力,拿起手帕擦擦脸上的汗珠,抬头看到眼前丈许方圆的光球,满意地笑了。

侍卫们早已冲了进来,却都站在当地发呆,在他们眼中,尊敬的皇帝陛下正坐在那里有气无力地微笑,刘振却像被什么定住了似的,背对着皇帝,一动不动地离地尺余,凭空站着。

刘振在毫无防备时突然被制,他那灵异的意念能也在他下意识的对祖父的敬畏中失去了护体神效。在被强大力量举起并定在空中的一瞬间,他曾一度被祖父的强能激得失去知觉,当心理物理能自动地引发他体内的能场以进行抵抗时,他才清醒过来,并立时意识到了自己的处境。

刘青云费力地站了起来,向光球走过去,只不过几步之遥,老人却累得好似用了莫大的力气,他抬起手用嘶哑的声音命令道:"搬……搬过来。"见侍卫们并未听懂他的话,已无力气作出解释,只是费力地做了个调转方向的手势。卫兵们这才明白皇帝的意图,于是纷纷走上前去，欲用手将只是在空中悬浮着的雕像般的刘振搬动。突然，卫兵们感受到一阵电击般的麻痛，并被那莫名的巨力弹跌回来，他们揉着摔痛的躯体疑神疑鬼地盯着刘振，却再也不敢靠近分毫。

刘青云无奈地苦笑，这些凡人自然看不到，甚至想也想不到，在刘振身周有一层极为强劲的能量壳。这能量壳把刘振牢牢地禁锢住，也不容许凡夫俗子们对他冒犯分毫。

老人只得打起精神，激起体内残存的意念能，抬起一根手指，远远地缓慢触动了能量。意念能牢笼中的刘振，保持着原来的姿势，一点一点地在空气中转动起来，直至转到与老祖父面对面才停下。刘青云已累得险些瘫倒在地，脸上没有一丝血色，双唇动着却发不出一丝声音。

刘氏二人的神奇异能及古怪行径早已为大雅帝国的公民深知并津津乐道了，而且，现今在士兵们面前的两个人，一个贵为皇帝，一个万人景仰，军人们自知没有资格也没有能力介入他们两个人的游戏中。在将老人搀扶到座椅上，擦汗伺候一番，尽到皇帝侍卫的职责后，军人们知趣地退了出去。

经过半晌调息，老人看起来已恢复了体能。

"滋味如何？"刘青云调侃道，"你肉体的一切机能都已被我锁定。尽管我也知道，以你的潜力，不一定能锁住你的神经细胞的活动，但这无关大局，意念能虽然发自意识，却也需要机体的配合，没有肉体，你的心理物理能毫无用处。现在你只剩下一个无用僵化的躯壳了，换言之，如果我不解除对你的禁锢，这躯壳也不属于你了，你只剩下思想了，毫无力量的，一堆大脑神经元而已！"

皇帝甚感自豪地欣赏着他的杰作。

"我知道你能听到我的话，或者是用意念感觉到我说的话，你能感觉到加诸你躯体上的一切，却没有能力作出哪怕最微弱的反应。当然，这是我对心理机能的又一种深入认识，我把无形无质的意念能锻炼到了有形有质，并用我的有形控制了你的无形。我发明了这种方法来对付你，仅仅是对付你，这种方法对不具备高深意念能的人毫无用处！"

无形光球中的刘振如石雕般立在老人面前。

"嘿……"老人低声笑起来，"你别想从我的禁锢中挣脱出来，虽然你的心理物理能已远较我强大，但你别想从我的能量中逃出来，这是我的能量！"

"心理物理能的特点就像生命的外在形体一样，虽然在本质上和基本构造上相同，但由于掌握此能的人生理与心理条件不尽相同，他们发出的能量在性质上也就表现得大同小异。在本质上，你我二人精通的意念能都属于心理物理能，在性质上，我是我的，你是你的，这正如当你面对一个外星生命时，虽然你们口中说出的同属于一种语言，但如果你不懂他所使用的方言，你就不会理解他正在说什么。你现在正面临着这样的情形。虽然你亦精通意念能，但你永远不会知道，我的意念能是由我大脑中哪一部分的哪几亿个神经细胞所形成，并通过哪一部分的哪几亿个细胞释放出来。这就像个密码，一个极复杂的天文数字的密码。不解开这个密码，你永远不能弄明白这层禁锢你的能量的性质，你也就永远不能脱身出来！"

刘振面无表情地似在倾听。

"我想你能理解你现在的处境吧！在这个意念球中已完全是真空，我的禁锢使你完全脱离了可以存活的空气，并隔断了你与外界所有形式的能量流通。每个人都向往着精神上的超脱，现在只有你做到了，虽然是在我的帮助下，你现在已经完全与世隔绝了！

"你现在是在后悔自己的一时大意，还是在愤恨我的手段卑鄙？我不知道，我也不想知道……这对你对我都不重要了。对你而言，一切都不复存在了，甚至在你那球中世界中，连时间都不存在了。"

尽管没有任何响应，老人仍忍不住成功后的自豪感，自顾自饶有兴味地面对着刘振凝固的容颜解释着他的战果。

"你是否感到窒息？存于你体内的供机体运作的能量已快耗尽了吧？这只是个开端。首先，你的呼吸系统会因为没有空气而变质；接着，当你体内的脂肪消耗殆尽时，你的消化系统亦渐渐萎缩。这一切都是很痛苦的，而且只作用在你的脑细胞感知系统中，即使你体内的大部分器官都毁掉了，你的外形也不会丝毫改变！"

"我知道你具有极强意念能，但这也正是你痛苦的根源……"刘青云恶毒地笑道，"你能把任何高分子分解成你肉体急需的氧和营养，而且为了生存，你的意识会不由自主地这样做的。最有趣的是，你明明知道分解你自身的一部分细胞来供养另一部分细胞的存活，那无异于饮鸩止渴。但为了生存，你却只能而且不得不那么做，为了延续生命，是什么事都能做得出的。哈哈，你看，我只是禁锢住你，而你却在慢慢地杀死你自己，是你自己杀死自己的！

"这是不是很残酷？为了多活些时日，你就要自我消耗、自我分解。可不那么做，你立时就会死！这不是很有趣吗？你分解你的一只脚，是为了让那没脚的身体多存活一些时间。一个人在被迫用这种方法延续自己的生命时，会有什么感想呢？

"其实，我倒希望你的意念能并未强大到能保护你的意志不受禁锢。因为那样的话，你会毫无痛苦，你会成为一个冷冻着的人体模型，虽然无知无觉也无所谓有无生命，但你不会受到伤害。等我完成我要做的事后，我会解除对你的束缚，并为你注入新的活力。那时你又是一个生龙活虎的生命了，如果不是那样的话，你迟早会……"

"唉！"老人的神色逐渐黯淡，声音也苍老了许多，充斥在他脸上的是失去亲人的痛苦，"我不想失去你，孩子，我对不起你，但是，但这是你逼我这么做的，你为什么要反对我？为什么要反对我！"

老人越说越生气："我做的有什么错？我想挽救这些受苦人的生命，我想让他们生活得更好，这有什么错？你为什么不能理解我，为什么要同我作对！你现在也知道，用愚蠢的方式，使生命苟延残喘是不智的，但你却不得不这么做！仅仅是为了毫无价值地存活上片刻，这有什么意义？那些所谓的无辜百姓也都是这么愚蠢，这么执迷不悟！如果他们服从我的安排，虽然也许立刻就要死去，却也许会活得更好，因为这起码还有希望，而固执地拒绝我只能是死路一条！"

帝国皇帝激动地高谈阔论又使他感到老迈的身躯精疲力竭了。他坐回椅中，闭目养了会神，重又睁开了精芒四射的眼睛。

"我承认，我这么做有满足私欲的成分，我不否认我的权力欲望，那是在我几十年前被逼出家园时形成的欲望。当我被人剥夺了一切时，我就梦想着，有一天我也要拥有无上的权力。我要征服一切，主宰一切！

"我承认我的自私，贪婪，还有我那可怜的虚荣心和自尊心。我不容许有人贬低我的人格，冒犯我的尊严；我更不允许有人怀疑我的能力。对这些人我会不顾一切的，哪怕天涯海角，穷我一生精力也要予以报复。从我被迫到那杳无人烟的和平星时，我就立下毒誓。从那天起，我活着，我所做一切的目的就是要把那些曾经触犯过我的人逐一踩在脚下！"

老人的双手配合着他亢奋异常的情绪在空中有力地挥舞着，那握紧的双拳上青筋暴露。

"那几十年里，我每天夜里都不能入睡，白天却躺在黑暗中。那些曾羞辱我的人的面孔，一张张地在我眼前浮现，我想他们有朝一日落在我手中的情景，我咬牙切齿地体验着复仇和权力的快感！"

老人狂妄地笑了片刻，又恢复了往日的冷静。

"如果我能成功的话，不但满足了我个人的欲望，而且对生命发展的历程极具意义，这是两全其美的事，何乐而不为之！

"可偏偏有这么多人反对我，尤其是你，我最不能容忍的就是我的亲骨肉居然会站在我的敌对面，并口口声声说维护正义！"

"哼!"皇帝整了整装束,仪态威严地站起身,"没有人能阻止我,你也不能!尽管这样对待你使我内心很痛苦,但我只能这样做。如果你能理解我的表白,你就会意识到你的死很有价值,你牺牲了自己的性命却换得数百亿生灵的存活!

"没有人能阻止我达到我的目的!为了它我不惜一切代价,如果有一天,这目的需要我也要献出我的生命,我会毫不犹豫地去做,我会的!毫不犹豫!"

皇帝转过身,高声唤道:"战舰指挥官。"

守候已久的军官们应声而入。

"已有确凿证据表明,逃亡首领阿拉塔普就在云根星上,而且正在聚集军力准备负隅顽抗。命令舰队立刻全速驶向云根星,全力进行清剿,如果有必要的话,不惜将云根星摧毁!"

第十三章

1

宛如黑色天鹅绒礼服上装饰的亮片，浩瀚的宇宙中，无数的星星闪烁个不停，有一片空间看起来比较明亮，那里的星星也仿佛要较他处密集，而且，那些星星的光芒要悦目得多。

大雅帝国的主宰惬意地抚玩着衣服上那些亮闪闪的饰物，看了眼属于他的密如繁星的攻击飞行器群落，以及这些战舰牢牢围住的云根星球，愉快地笑了。

云根星球的首次反击被侵略者轻易地摧毁了，帝国舰队的各种探测仪器上都明显地表现出，逃亡君主阿拉塔普正在集结最后的力量准备要同大雅人决一死战了。

帝国军队已经截获了泰伦人的多次求援信号，而皇帝并未下令要士兵们采取技术手段予以封锁和扰乱。刘青云的意图，本就是想把希欧斯星系的所有敌对力量全都诱到云根星来，然后一网打尽。帝国皇帝丝毫不怀疑自己这支远行的讨伐舰队是否有能力消灭掉全希欧斯星系的武装力量。因为超时空远距传输技术已使得舰队很快补足了因激战而消耗的武器装备和给养，那颗云根星上的泰伦人却没有这么幸运。

希欧斯的领袖阿拉塔普曾愁容满面的期盼着友邦的救援，他早已清楚自己的处境，云根星的军力同帝国军队相差悬殊，是他那些矮壮可爱的臣民们同仇敌忾的决心才让阿拉塔普坚持到现在。否则的话，不用说大雅人的威猛武器，单凭帝国军队的残酷手段，云根星就早已灰飞烟灭了。

同军官们商讨许久之后，阿拉塔普作出了最佳战略部署：如果有人来增援，云根星将尽起残兵，冲上天去，全力攻击，与援军们来个里应外合；如果无人来援，那就只能尽力死守，守一天算一天。或许，帝国军队久攻不下，会撒手而去的。

"大雅人再残忍，也不会把这颗云根星球彻底炸掉吧？"阿拉塔普心想，"况且，还有那个自告奋勇前去谈判的年轻人，也许他真有能力阻住大雅帝国军队呢！"

此刻，大雅帝国皇帝刘青云，正踌躇满志地站在旗舰的舷窗边，远远眺望着希欧斯星云的主恒星，和自己大雅星系之母——大雅四恒星；这两颗在星际视野中最明亮的恒星，让老人感慨万千。

"这两颗恒星孕育了两个星系的无数生命，可我很快就会将它们合二为一！让它们成为我的星星，成为我的太阳！"

2

交战双方暂作休整后，正准备重燃战火时，被围困者的援军赶到了。

不计其数的原属希欧斯强权联盟国的救援者们，刚刚赶至云根星的外层空间，还未来得及稍作喘息，就在联盟舰队的命令下，将来自大雅帝国的侵略者紧紧包围住了。与此同时，在得到援军的确切消息后，阿拉塔普立即出动了云根星所有具有攻击能力的飞行器，在云根星的内层空间组成了一个反包围圈，把大雅帝国的战舰牢牢地挡在国土之外。

刘青云的军队立时陷入了腹背受敌的境地，外面是数以万计的联盟军舰队，里面将面对着泰伦人的凶狠反击。

大雅士兵们脸上露出明显的忧色，因为从武器和人员数量上讲，对云根星的攻击就已经是以少敌众了，更何况现在敌人的数量又一下子多出数倍。最要命的是，只要抬眼望去，落目处尽是泰伦人的形状古怪的飞船。原本是帝国以少数战舰围住了云根星，现在是，泰伦人将大雅军队牢牢围困住了！

帝国皇帝冷冷一笑，成竹在胸，他一边豪言激励着手下的将士们，一边不动声色地命令，将舰队一分为二，一半与云根星军队针锋相对，另一半则掉过头来，抵挡住赶来增援的，在他的眼中不堪一击的乌合之众。

援军们的确是乌合之众。来自联盟国的各个星球的军舰，简直就像马戏团一样，各式各样。飞行器挤成一堆，有极大的，有很小的，有圆的，有扁的，甚至其中有一些居然是用于旅行的商业性飞船。显然是联盟军用来凑数的，不过其数量之多，的确让侵略者们出了一身冷汗。

尽管这些乱七八糟的飞行器来自不同的地方，但大家都是为了一个目的赶到这里的。于是，虽然援军的阵形看起来混乱不堪，但远远望去，这些战船仍然是层次分明，乱中有序，就像是云根星一条漂亮的卫星环。

云根星成了一个极为壮观的战场。

处于云根星外围空间四层包围圈中最外面一层的就是数目极多的联盟援军，在它们里面的是来自大雅帝国的侵略者。帝国那些硕大的菱形战舰以毫不在乎的姿态藐视着这些意图里应外合的敌人们。再向里是刘青云亲自统领的一半战舰，他将全力阻止云根星的军队与援兵们集结在一起。最里面当然是阿拉塔普的守军了。这四层军队，将云根星牢牢地围住，就像是这星球的四层保护罩，极宏伟壮观。

云根星的桶形飞船几次试图冲开帝国舰队的包围去与援军会合，但大雅人飞船的能量网实在太强大了，在损失了一些飞船后，阿拉塔普退回他的阵地上,等待着总攻它的敌人。

"开火!"刘青云冷笑着发出命令。

"开火!"阿拉塔普咬牙切齿地喊道。

三支军队几乎同时向各自的对手展开了致命的攻击,突然间闪烁出的高能光束,将星空一下子映得通红,远远看去,就像一颗恒星突然爆发一样,美丽而壮观。

3

也许是这些时日以来,大雅帝国军队中的士兵们经历过的怪事太多,也许是男人们根本没意识到发生了什么事,所以,当帝国舰群的高能武器打在敌人身上却仿佛是为敌人战舰清洗污物般温柔无力时,军人们只不过是将眼睛稍微瞪大一点而已。

联盟军队却没这么幸运,他们似乎想都未想过那些超越常规的异常事物。大概是家国被洗劫的满腔仇恨的作用吧,当自己满以为可以沉重打击侵略者的,带着复仇的激情和快感的枪弹呼啸着刺向敌人,然后就像空气中的气泡一样无声无息地消逝时,粗矮健壮的泰伦人已然暴跳如雷了。眼看着帝国那强劲的超磁粒子高能光束撕裂了联盟舰队的能量保护罩,击在那些飞桶和奇形怪状的飞行器上时,泰伦人都有一种壮志未酬身先死的悲壮感。只是敌人的打击像搔痒般毫无伤害,甚至连飞船壳体上的太空微尘都未落一粒时,小个子泰伦人呆住了。

第一轮攻击波在双方都货真价实地目睹着己方武器有效击打在敌人战舰上,而双方战舰都在武器的无效中丝毫未损的情况下告一段落。

双方士兵手忙脚乱地检验各自的武器装置,忙着修正诸如功率、方向以及有效距离等等在想象中有可能导致攻击无效的系统,心想:"这次可便宜你了!"

刘青云气急败坏地跳起身，抬手就打了战舰指挥官一个耳光，大骂道："怎么搞的，这么近都瞄不准？你们这些笨蛋！"

于暴跳如雷中，老皇帝亦觉得有些蹊跷，他很快镇静下来，吩咐道："查看一下，舰队的武器系统是否出了毛病。"

老人心想："如果是技术上的失误，那么全舰队的所有攻击武器都出毛病，这不大可能。况且敌人的令人心惊胆战的攻击亦没有效果。如果说战场上正在激战中的双方的武器同时出现故障，这也太巧了吧。"

只是眼下的形势已不容人多想，抵抗者们显而易见要发动第二次攻势了。

如潮的炮火带着怒气喧嚣而来。刘青云望着舷窗外耀眼的激光束，急忙下令战舰将能量大部分集中到能量盾上，来抵挡对手那骇人的全力攻击。

只是枪弹并未能真的击打在能量保护盾上，它们在双方飞行器之间，在飞向目标的中途被阻住了！仿佛一个无形的巨盾把帝国战舰保护了起来，而且在接受了希欧斯飞船的各种粒子武器打击后，那巨盾渐渐变得明亮起来。

泰伦士兵们被眼前这一连串匪夷所思的事搞得头晕眼花，首先是自己手中的武器打不着敌人，现在那横在战场中间的不知何物的东西，不但挡住并全部吸收了他们发射出去的能量，而且越来越亮，直到亮得看不到帝国舰队。

帝国的军人们欢呼起来，在目睹了皇帝用神奇手段把战舰从黑暗中解救出来后，每个人都认为这又是他们至高无上的皇帝陛下的一次神功显现。他们一边高呼万岁，一边心想：皇帝的手段竟奇妙如斯："他妈的！太神奇了！"

刘青云皱着眉，盯着舷窗外越来越耀眼的光幕，听着耳边军人们的欢呼，突然间感到头皮发炸。他一个激灵跳起来，看着眼中满是恭敬的将军们,几步疾跑到安置刘振"遗体"的那间舱室门口,一把拉开舱门,仔仔细细审视过后,他再也控制不住自己心中的惊骇,双腿一软,瘫坐在地上。

"皇帝陛下!皇帝陛下……"军人们见状大惊,赶紧跑上前去将老人扶起,刘青云脸色铁青,浑身抖个不停。

"刘……刘振呢?"皇帝抖动着双唇挤出几个字。

军官们这才注意到,原本关押刘振的那间舱室中已空空如也,急忙四下寻找,在把旗舰翻了个底朝天后,军官们颤抖着声音报告:"没……没了……"

"没……没了?"皇帝满头大汗,军官们点头。

"快给我……全……全力开火!打……打……打!"老人吼叫着。

时间这个东西很是奇妙,往往是人们认为时间很短的,其实很漫长;认为很长过程的,其实却很短暂。当几支军队所有用于攻击的能量都消耗殆尽时,军人们眼巴巴地盯着面前那巨大的光幕,握着手中的长枪,心中都认为,这是他们一生中最难熬的一刻。

刚一开始,士兵们发现,只要一扣动扳机,自己手中的武器中贮藏着的能量就会以极快的速度,以违反制造者意愿的方式飞泄而去。最后,哪怕是已停止了射击,那些战舰上的能量——用来伤害对方的武器中的能源——仍在毫不留情地飞逝着,直到消耗殆尽。

星空间重又回复了宁静,枪炮不再轰鸣,军人们呆呆地站在那里,不知道该说什么好,也许是根本就想不起要说什么。

那保护了帝国舰队也保护了希欧斯飞船的在战斗双方中间挨打的光幕仍是那么耀眼,而且越来越亮,当军人们把所有的怒气和枪弹能量都用到使这个大光幕增加亮度上时,或者说,当光幕吸取了所有的能量后,它已亮得不能再亮了。

许是物极必反吧,那光幕在灿烂了片刻后,蓦地,却又是极其自然地消失在空间中。就像孩童们常玩的吹肥皂泡游戏一样，那亮闪闪的气泡在空气中越来越大，越来越美，在它极尽美丽辉煌时，却噗的一声爆掉了，消逝得无影无踪。辉煌时烂漫夺目，消逝后一切皆空，幻显无穷，盛极即衰。而这使这些男人们的力量、斗志、心神俱失的大肥皂泡，却连噗的一声都没留下。

所有人都呆呆地立着，一动不动，即使在星空由极明亮突然恢复又陷入黑暗时，人们也只不过是眨了眨眼睛而已，最骁勇好战的军人在不知所措之余都不由得感到一阵轻松惬意。

"这么说，这个仗可以不打了……"军人们心想，可不是，枪炮都没用了，战斗还怎么打得下去呢？

军人们你看看我，我看看你，不约而同地丢下手中的枪械，眼中流出一丝暖意。

帝国皇帝刘青云，目不转睛地盯着夜空中那光幕由盛至无，冷汗淋漓，气喘不休。

4

"谢谢您，祖父！"

一个声音自虚空中蓦地响起，突如其来，震撼回荡在所有人的耳际，响彻在黑寂的星空。

"我要衷心感谢您，因为您教会了我一件事，那就是：当别人不接受你的观点时，最好的解决办法就是用你自己的力量去迫使他们顺从。"

无论是矮小的泰伦人还是那些来自另一个星系的侵略者们，都让这犹如鬼魅的声音弄得神经紧张、不知所措，一些从未经历过这种事的人已经在东张西望地找寻声音的源头了。

"不过，我认为在这么做之前，必须要具备两个极严格的条件，第一,你的观点要足够正确;第二,你的力量要足够强大!您以为呢,我敬爱的祖父?"

刘青云牙关紧咬,脸色惨白。

"怎么了?"那声音讥笑起来,"莫非是良知发现了,以至于您自觉无颜与我对话?"

皇帝闻言冷哼一声,费力地自侍卫们的搀扶中挣脱出来,摇晃了一下,方自站稳。老人正正衣冠,清清喉咙,尽力恢复了平素的庄重,但眼中的失落和十分明显的绝望却是无论如何也掩饰不住了。

"你在哪儿?"刘青云问,话一出口,连自己都觉得自己的声音苍白无力。

"我?我是谁?"那声音奇怪而愉快地问。

"你,你不是刘振吗?"刘青云铁青着脸道,这个名字说出口,却引得军人们一阵诧异。

"我不是刘振!"

刘青云闻言浑身一震,飞快地眨了眨眼睛。

"也许我曾经是刘振,但现在不是了。"那声音似在浅笑。

"你现在不是了,这……是什么意思?那你……你是谁?"皇帝抬起头讷讷地问道。

"我什么都是,又什么都不是!'我即是空,空即是我,我即是我,空即是空!'您一定记得这句由上古宗教流传下来的精奥偈语吧!"

"别再愚弄我了,你到底在哪儿?"

"我无处不在!"

刘青云使劲摇了摇头,坚持着不被这些莫名其妙的话搞糊涂,无力地问道:"你是怎么出来的?"

"这要托您所赐!是您将我禁锢起来,将我与自然宇宙的一切联系都封锁住。正是您为我提供了一个绝好的环境和机会,一个再生的机会!"

"再生?"刘青云疑惑不解地抬起了头,对科学的兴趣使他暂时忘却了失败的痛苦和束手就擒的难堪。

"是的,再生!"那声音愉悦地道,"我得以抛却我的肉体,抛却我的灵魂。我冲破了尘世的一切羁绊,我的心灵获得了再生,确切地说,是永生!"

"心灵?"

"是呀,对你我来讲,心灵不就是心理物理能吗?"

"这不可能!"刘青云飞快地否决道,"心理物理能虽然不同于其他任何一种物理范畴内的能量形式,但它只是一种能量而已。确切地说,它不过是将精神与意念转化为机械能的一种科学方法。所谓的心灵,也不过是我们给它冠上的一个美名。至于说到'永生',宇宙间根本没有一种物质式能量能够达到永恒。何况'能量'就其本身而言是无机的,它可以被创造,也可以被毁灭,永恒不过是相对时间而言的一种说法。你是个杰出的物理学家,怎么可以说出'能量永恒'这样的胡话呢?"

"您只说对了一半!心理物理能的确不同于其他形式的能量,因为,它是涵盖一切物理能量形式的能量。它是物理科学以及其他一切科学的本质,因为它是宇宙的本质。心灵则是超越心理物理能的更高级的能量。当你的心理物理能升华为'心灵之能'时,你就会发现,宇宙间的一切,花草、生命、恒星等等都只是一种能量,是被心灵所约束的,由心灵创造的能量。科学家们只看到了这些能量的组合方式和外在表现形式,并没有想到其实它们本质上只是一种简单而高尚的能。而且,正因其简单,所以才高尚!这种心灵之能充满了宇宙,约束着宇宙,因为宇宙本身也是一种能而已。只不过这种能太过巨大,以至于科学家们被吓得仅仅了解了宇宙的表面就停步不前了。简言之,宇宙就是心灵和能量在更高意义上的组合,物理学就是研究能量构成宇宙的方式……"

"那么说,心灵就是研究能量构成宇宙的方法了?"刘青云快速地补充道。

"完全正确!时下的物理学家只看到了宇宙的结构,却未注意到它之所以能表现出某种结构的原因。"

"那你是怎么……"

"您是问,我是如何能达到这一理论高度的吗?"

"是。"老人沉声道。

"那是拜您所赐!本来,我拥有丰富的物理知识,拥有强大的心理物理能量,这些使我已经从微观表象上十分透彻地理解了宇宙形式。而您将我从心理物理能,从自然宇宙中完全隔离出来。我为了拯救众多希欧斯星系的生命而极欲从您的禁锢中挣脱出来时,我又发现了物质、能量、心灵这三者间可逆的转换的本质。于是,我又在宏观本质上理解了宇宙。在我将我的肉体转化成我的能量,并利用您用来束缚我的能量升华为'心灵之能'时,我超脱了。"

"超脱?"

"是的,其实我本应升华到与宇宙同在,而您那妄图以一人力量改变宇宙演化规律的行为又把我拉向了人间。"

"那我……"

"哈哈……"刘振开心的笑声在宇宙间自由地回荡着,"您是说,既然我能做得到,那么您是否也能做到,是不是,祖父?"

老人满面通红,低头不语,眼中却露出几许期盼。

"您不能!"那声音斩钉截铁道,"您掌握各种学识和技巧,但您缺乏一门最为重要的学识,那就是哲学。您毫无哲学修养。迄今为止,控制您行为的是利己主义,而不是具有哲学思想的理智,要想充分有意识地控制心理物理机能,并将之升华为心灵,这需要成熟的完整的哲学的人格。因为,凡是理解了精神上的安宁与和平的人都不可能企图伤害人,而凡是没有理解精神上的安宁和平的人都没有能力去伤害人——即使用心理物理学的方法也无济于事,因为这种有创造力的能量不会去毁灭它自己!

"心灵创造了宇宙,心灵约束着宇宙以一定的形式存在。心灵创造了生命,心灵给予生命各种知识和力量。心灵绝不会允许它所创造的生命运用它给予的能量去毁灭它创造的宇宙!当您企图用它来毁灭它自己时,您就引发了能毁灭您自己的同一性的各种冲突。难道您没有发现,您运用心理物理能想毁灭我的肉体和我的心灵时,您自身的潜能部分的身体结构已经受到损坏了吗?如果您一意孤行,坚持这样做下去,您会毁了您自己!"

"这么说,是你救了我,我还要感谢你的救命之恩喽?"刘青云语带不屑地讥笑道。

"的确如此,我挽救了您的生命,我以心灵之能化解了您身体里的能量与心理的剧烈冲突。这冲突随时会焚毁您的肉体。当然,您不必为此而感谢我,因为我已经从您身上得到了我所需要的。"

老人一怔,略一思索猛然大惊,"你吸取了我的潜能!"

"是这样的。不过,在您动怒前,请您往舷窗外看看。"

刘青云忍住怒火,依言转身向外看去。落入他眼底的是浩瀚无际的宇宙。

漫漫宇宙中,繁星温柔地闪耀着,极远处,一条淡淡的银河横贯在天际,一切是那么宁静、祥和。刘青云看着眼前的景色,突然间感到从未有过的轻松。宇宙在他眼中第一次显得这么美丽,这么圣洁,老人目不转瞬地凝望着天际,怒火渐渐从他眼中逝去。代之而来的,是淡泊的喜悦,和温情。他脸上泛起一丝笑意。

"很好,尊敬的祖父,我很高兴看到您领悟到宇宙的美丽。"

"是的,非常美丽。"老人慢慢转回身,眼中闪烁着智慧的光芒。

"我取走了您的潜能,但您仍拥有渊博的学识,您仍可以用您的智慧去创造美好。"

"是的。"刘青云扭头看了眼士兵们手中的武器,慈祥地露出了淡淡的笑容。

5

金碧辉煌的阿瑞斯星。

这个被刘青云修缮一新的星球,风采更胜当年。武器防御系统更比当初坚固和强大,而那跟随皇帝远征希欧斯的舰队悄无声息地穿过防御系统,出现在星球表面时,星球的卫士们惊得目瞪口呆。

星球总督何平带着助手机器人狄娜赶至飞船降落地点时,这里早已被如临大敌般的帝国军队围得水泄不通了。

远征的勇士们,谈笑着自战舰上鱼贯而出时,何平不禁用手指敲了敲自己的脑袋。

"这到底是怎么回事?"当确认了这确实是远征队伍后,何平疑虑万分,"怎么事先没有任何消息就回来了?是无功而返吗?可是看那些士兵们脸上的笑容,不像是吃了败仗呀。是凯旋吗?不对呀,如果大胜而回,照皇帝的习惯,早就大张旗鼓地欢庆一番了,怎么会这样悄悄地回来呢!"

直到看见了他的皇帝刘青云,何平才快步冲上前去。

刘青云友好地冲他的得力部下笑了笑。

"你好。"

"呃?"何平一怔。

老人温柔地拍了拍何平的肩膀,平和地道:"我该去干我的工作了。"说罢,绝尘而去,留着何平张大了嘴,怔在当地。

"你好吗,我的老朋友?"

"谁?"何平又是一惊,身周除了狄娜已无他人,"谁在说话?"

何平惊问。

"是我呀!怎么,这么快就不记得老朋友了?"一个熟悉的声音又一次在耳边响起。

何平飞速地转了一周,结巴着问道:"是……是……啊,是刘……刘振吗?"

"是!"那声音回荡了一阵,在何平身前定住。随着声音渐渐消逝,何平眼前蓦地涌起一团物事,它就像空气中的一团灰尘一样,随风荡动着,最后,这堆尘土幻化成为何平非常熟悉的一个人的形象。

"刘振?"何平冲上去,却立刻像触电一样弹了回来,那飘浮不定的形象也因他带起的冲力而扭曲起来。何平忘却了手臂的酸麻,失声惊问:"刘振,你怎么变成这样?怎么回事,你不是在翼星养病吗,又怎么跑到皇帝的飞船上!又怎么把自己搞成这样?这……这……"

"刘振"扭动的身体终于静止下来,那似人的影像露出了笑容,"你好,何平,请原谅我不能拥抱你一下,因为我现在只是一团能量,如果再碰你一下,会伤着你的。"

何平惊讶得不知说什么好,那影子人转头向狄娜笑道:"你还好吗,狄娜?"

机器人并未表现出丝毫的亲热,而是飞快地退了一步,躲在何平身后。它的眼睛虽然看到的是"刘振"的形象,可是它的传感器却分明告诉它,它面前的是一种无法描述的极其强大的能量团,就像当年刘振用来制服它的能量一样,神秘而强大,而且,显然要比那更可怕!

"别怕,狄娜,我不会伤害你的。"影子笑道,"相反,我还会帮助你。你是个机器人,你的机体比生命的肉体坚强得多,不信的话,你摸我一下试试看,我向你保证,这对你绝无害处。"

机器人狄娜大概是记起了昔日朋友刘振的音容笑貌,也许是抵挡不住那温柔婉转声音的诱惑,犹豫着挪步向前,小心翼翼伸出它的机械手臂，看了眼面前"刘振"的动人笑容，终于握住了刘振伸出的手。

眼前的情景，并非像何平想象的那样，两个好朋友久别重逢后的欢聚。在两只"手"握在一起的那一瞬间，"刘振"猛地亮了一下，而机器人就在这夺目光芒中惊呼倒地了。

"你，你这是干什么？"何平又惊又怒，一边叫着，一边欲伸手将他的机器人搀扶起来，却被"刘振"大声喝止了。

"别动它！"

"为什么？"

"别担心。"刘振笑道，"我不会伤害它的，难道你不信任我？"

"这个……"何平疑惑地缩回手，定定地望着眼前的影子。

"你需要我解释一下吗？"

"是的！"

"我选定它作为大雅星系的主宰。"

"它？狄娜？机器人？为什么？"何平连问。

"因为只有它能拥有我需要的寿命！"

"寿命？"

"是啊，只有它这个机器人才能活到这颗大雅四恒星面临焚毁的时候，任何有机生命都不会有那么长的寿命。而且不单单是因为寿命。刚刚，我又给了它我的知识，我教给了它基本的哲学思想，我又为它的机体注入了不会枯竭的强大的能量。而且，我还改造了它的思维结构，使它能拥有一个有机生命的真正的思维能力。试想一下，还有谁能比它更适合做这个星系的领袖呢——一个正直、博学、拥有活力和创造力的长命万岁的'领袖'？"

"啊，这……你简直把我搞糊涂了，你不能给我从头解释清楚吗？"何平央求道。

"那可要从博士和希欧斯的那场战争说起……"

"战争！"何平猛地叫起来，思维也从迷茫中回到了现实世界，"说起战争，我得问问，博士打败了吗？"

"没有。"刘振一笑。

"那是打赢了？"何平问。

"也没有！"

"那，那是……"

"战争结束了，确切地说，从此以后，再也不会有战争了！"

"为……为什么？"

"博士听从了我的劝告，同希欧斯星系签订了永久性的和平条约，而且双方业已答允，永久性地放弃杀伤性武器，所以，战争结束了。"

"那博士怎么办，他会……"何平闭上嘴，朝四下望了望，"博士会甘心放弃皇帝宝座而让狄娜担任领袖吗？"这个疑问被咽到了肚子里。

"其实，这个人选本来就是博士提出的，他不会反对，而且会全力支持你们的，因为，他已超脱了。"

与此同时，狄娜已慢慢苏醒过来，当它的秀目注视到何平与刘振时，露出了动人的一笑。何平吃惊地从机器人眼中观察到了生命的激情和智慧，更令他惊讶的是，这机器人起身后在拍打身上的泥土时，居然皱了皱眉。

"哈。"刘振笑了一下，满意地道，"何平，你已看见了，狄娜已经拥有一个真正女人的喜怒哀乐和情感，而且我保证，她将在最短时间内，通过自身的体验，而领悟到生命的真正的意义——高尚和美丽！"

何平无语。

"狄娜。"刘振唤道，"你感觉怎么样？"

"很好。"女人抬起头，目中充满感激之情，"谢谢你让我拥有这一切，我不会让你失望的！"

"不，狄娜，我要你记住这一点，你并不需要感谢我，因为你是属于所有生命的。你要为每一个人的幸福而奋斗不已！"

"是！我会的！"

"很好，我在你大脑中设了一个程序，它将在大雅四再次衰毁时自动启动，到时你会知道怎么做的。而且，相比你的寿命而言，这个时刻并不很遥远，因为，以我的能量，我只能把大雅四的自然生存过程倒退四五十万年。"

"你说什么？"何平大吃一惊，"你能把大雅四倒退几十万年？"

"是的，这很正常。就宇宙本身而言，能量以不变的本质，以不同的方式从一种形式转化到另一种形式。大雅四的能量，使我星系中的万物得以延续，使这个星球上的树木开花结果，使生命繁衍生息，使这个有机世界得以发展。我只需要把它给予我们的能量聚集起来，再还给它，就会使它的生命延续下去，而不会毁灭。"

"你是说，你要从生命身上吸取能量？那，那它不会对生命本身造成伤害？而且最为严重的是，你在企图以个人的力量干扰自然宇宙发展的历程！"

"不不，你理解错了。首先，我并不是从生命体身上夺取能量，我是在做一种交换。我要吸取的只是生命体中的那部分心理物理范畴内的能量，也就是潜能和意念能。这种能量的有与否，并不影响有机生命的身体和智慧的正常自然进化。其次，我不是一味地吸取，我是在做一种交换，在被吸取潜能的同时，都能得到相应的科学知识和哲学思想。我想所有人都会乐意做这种交换。最后，我要说我并没有试图阻止宇宙自然发展的脚步，我只是想让它在原地打个转，在大方向上波动一下。几十万年后，它仍会回到今天这个起点，而且会沿着这个点继续发展下去。况且，几十万年在浩渺的历史长河中只是个微如灰尘般的小插曲而已。你不必为此大惊小怪。"

刘振转头道："狄娜，你还有什么疑问？"

"我怕我不足以担当如此重任。"

"你能的！你有我的知识，我的力量，再加上你的能力，只要你努力，你就能够做好的。相信我！"

"好的！"狄娜的目光中流露出坚定的信心。

"对了，还有一件重要的事……"刘振又补充道，"星际勘探的工作要继续下去，重点要放在另一个宇宙世界的太阳系。既然这么长时间我们的祖先都没回来探过家，看样子，他们在太阳系新居住点的生活环境一定比这里好，要想办法找到他们……"

"好了。"刘振环目四顾，"我要去了。"

"你还会回来吗？"

"我永远会与你们同在！"

刘振转过身，抬起头对着天边的大雅四恒星说：

"它就要升起来了，新的生活要开始了。"

图书在版编目（CIP）数据

井底的天堂 / 姜耷著. —上海：文汇出版社，
2021.7
ISBN 978-7-5496-3574-0

I. ①井… II. ①姜… III. ①幻想小说－小说集－中国－当代 IV. ① I247.7

中国版本图书馆 CIP 数据核字 (2021) 第 122141 号

井底的天堂

著　　者　姜　耷
责任编辑　徐曙蕾
装帧设计　董红红

出版发行　文匯出版社
　　　　　上海市威海路755号
　　　　　（邮政编码200041）

照　　排　南京理工出版信息技术有限公司
印刷装订　上海颛辉印刷厂有限公司
版　　次　2021年7月第1版
印　　次　2021年7月第1次印刷
开　　本　890×1240　1/32
字　　数　300千
印　　张　11.5

ISBN 978-7-5496-3574-0
定　　价　68.00元